로보스케이프

로봇, 인공지능, 미래사회

로보스케이프 로봇, 인공지능, 미래사회

초판 1쇄 발행 2016년 12월 30일
초판 2쇄 발행 2017년 4월 20일
초판 3쇄 발행 2017년 11월 5일
지은이 김기흥·김명석·김윤명·김진택·박상준·송영민·엄윤설·유선철·이진주·전치형·한재권·황희선
펴낸이 공홍 **펴낸곳** 케포이북스 **출판등록** 제22-3210호
주소 서울시 서초구 반포대로14길 71, 302호
전화 02-521-7840 **팩스** 02-6442-7840 **전자우편** kephoibooks@naver.com

값 16,000원
ⓒ 김기흥·김명석·김윤명·김진택·박상준·송영민
엄윤설·유선철·이진주·전치형·한재권·황희선, 2016
ISBN 978-89-94519-99-9 03300

로보스케이프

로봇, 인공지능, 미래사회

김기흥 김명석 김윤명 김진택 박상준 송영민
엄윤설 유선철 이진주 전치형 한재권 황희선

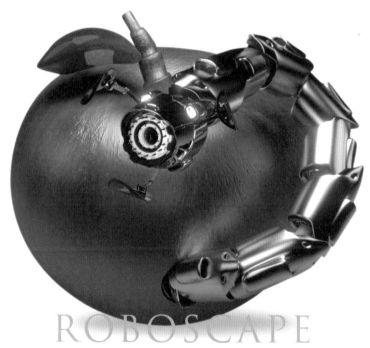

ROBOSCAPE

ROBOT, A. I., FUTURE SOCIETY

케포이북스
KEPHOI BOOKS

  2016년 3월의 이벤트를 기억한다. 세계 최일류 바둑기사인 이세돌이
인공지능 바둑 프로그램 알파고와 대국을 벌여 1 : 4로 패배한 일 말이
다. 대국 전에 자신이 질 것이라고 생각지 않는다는 그의 말을 들으며 전
혀 과장이나 허풍이라고 믿지 않았던 터라, 대국 결과는 내게도 적지 않
은 충격이었다. 1997년에 세계 체스 챔피언 카스파로프가 IBM의 인공
지능 딥블루에게 패배했을 때 바둑 또한 같은 경우에 처하리라 생각하
기는 했지만, 그때로부터 한 세대도 되지 않는 짧은 시기에 이런 일이 벌
어지리라고는 예상치 못했기에 충격이 더 컸다.

  생각해 보면, 체스나 바둑처럼 규칙이 정해진 게임에서 컴퓨터가 인
간을 이긴 것은 계산기가 인간보다 뛰어난 성능을 보이는 것처럼 당연
한 일이라 할 수 있다. 그럼에도 불구하고 인공지능 프로그램의 발전 속
도와 현재의 관련 양상들을 생각하면 놀라지 않을 수 없다. 인공지능의
발전은 구글이 각종 서비스를 쏟아내고 있는 데서 보이듯 상업화를 앞
두고 있으며(『한국일보』, 2016.5.20), 이와 관련해서 '킬 스위치'와 같이
그에 따르게 될 문제의 기술적인 대비책이 준비되기도 한다(『한겨레』,
2016.6.6). 이대로 전개된다면 말 그대로 인간의 지능과 유사한 기능을

하는 '강한 인공지능'이 실현될 날도 멀지 않으리라고 생각하지 않을 수 없다. 따라서 'SDF 서울디지털포럼 2016'에서 인공지능의 긍정적인 기능과 부정적인 위험에 대한 논의가 펼쳐진 것은 어떤 의미에서도 이벤트성 행사라고 할 수 없다(『노컷뉴스』, 2016.5.19). 마치 영화에서처럼 인공지능 로봇이 우리들 주위를 활보하게 될 날이, 영화가 상정하는 미래보다 훨씬 더 빠르게 다가올지도 모르기 때문이다.

이러한 예상은 현실과 동떨어진 SF적인 몽상이 아니다. 조금만 눈여겨보면, 인공지능은 물론이요 로봇 자체가 놀라운 속도로 진화하고 있으며 그에 따라 극과 극을 달리는 다양한 전망이 나오고 있다는 점을 금방 알 수 있다. 우리 주변의 뉴스만 몇 가지 추려 봐도 사태가 분명해진다.

다양한 분야에서 최신식 로봇이 활용되는 것은 우리나라에서도 금방 확인된다. 전라남도 고흥군 앞바다에서는 해파리를 제거하기 위해 무인청소기가 등장한 바 있고(『동아일보』, 2016.8.2), 인천공항은 4개 국어를 할 수 있는 안내 로봇을 올해 말에 등장시킬 계획이라고 한다(『조선일보』, 2016.7.1). 과학기술이 우리보다 발달한 다른 나라들에서 더한 경우가 있음은 물론이다. 미국의 인명구조 로봇 '에밀리'가 그리스의 레스보스 섬 근처 바다에서 300명에 가까운 시리아 난민들을 구조했다는 소식이나(『이티뉴스』, 2016.5.20), 미국 댈러스에서 총격 사건 현장에 폭탄로봇이 투입된 것(『조선일보』, 2016.7.9) 등이 좋은 예이다.

앞에서 든 인공지능 외에 로봇 기술 일반의 발전 또한 놀라운 수준을 보이고 있다.

아무런 전기 장치도 없이 햇빛을 받아 생체조직으로만 움직이는 가오리 형태의 바이오 로봇이나(『경향신문』, 2016.7.7), 역시 배터리 없이 화학 반응을 통해서 실리콘으로 만들어진 몸을 움직이는 '옥토봇'이 개발되는 등(『경향신문』, 2016.8.25), 지금까지 존재하던 로봇과는 차원이 다른 신개념 로봇 또한 등장하고 있다.

우리의 일상생활에 밀착된 경우들도 많다. 교통수단에서의 로봇 개발을 살펴보자. 자율주행자동차의 개발은 이미 전 세계적인 추세를 타고 있으니 따로 말할 것도 없다 할 때, 현재 눈길을 끄는 것은 단연코 드론이다. 독일의 이볼로 볼로콥터 사는 최근 20초 만에 이륙하여 시속 24킬로미터의 속도로 날아가는 유인 드론의 시험 비행에 성공했으며, 중국이나 유럽 연합에서도 비슷한 연구개발에 박차를 가하고 있다(『한겨레』, 2016.4.22). 교통체증 문제를 시원하게 날려버릴 기술 개발의 성과라고 할 만하다. 환경문제를 낳지 않는 태양광 운송 수단의 개발 상황 또한 눈부시다. 스위스 기술진이 개발한 '솔라 임펄스 2'가 태양광 전지로 얻은 동력만으로 하와이-샌프란시스코의 4,200킬로미터 구간을 횡단하는 데 성공했고, 미국에서는 태양광 패널로 도로를 덮어 가로등과 신호등을 조절하고 눈이나 빗물을 없애는 '솔라 로드웨이' 시제품이 등장하였으며, 그 외에 세계 곳곳에서 각종 솔라 자동차, 솔라 보트 등을 개발하고 있는 것이다(『노컷뉴스』, 2016.4.25).

산업 부문 또한 예외가 아니다. 실업 문제에 대처하기 위해 선진국들이 펼치고 있는 '제조업 유턴 정책[reshoring]'의 결과를 보면, 각종 행정적인 조치 외에 생산 공정의 자동화가 미치는 영향 또한 크며 이에 따라 정작 실업률 저하에는 한계가 있게 되는 상황이 펼쳐지고 있다(산업통상자원부 정책게시판). 개별 기업 차원에서는, 바코드와 센서, 로봇 팔의 3중주로 작동하는 스마트 공장을 가동함으로써 선진국에서도 제조업의 경쟁력을 갖추는 상황이 벌어지기도 한다(『한국일보』, 2016.6.9).

기타 분야에서도 로봇 관련 기술의 개발이 다양하게 펼쳐지며 논란을 일으키고 있다. 최근 전 세계에 열풍을 일으킨 '포켓몬 고' 게임은 증강 현실(Augmented Reality) 기술의 현실 적용 양태 면에서 획기적인 것으로서 각종 인명 사고를 낳기까지 했는데 머지않아 로봇 기술과도 연계될 것이다. 3D 프린팅 또한 다르지 않다. 홍콩에서는 한 아마추어 전문가가 3D 프린팅 기술을 이용해서 전 세계적으로 유명한 여배우 스칼렛 요한슨 로봇을 제작함으로써 초상권 침해 문제 논란을 야기하기도 했다(『한겨레』, 2016.4.21). 2010년 첫선을 보인 섹스 로봇 '록시'와 관련한 논란(『아시아경제』, 2016.5.23)은 따로 말할 것도 없다.

지금까지 대략 훑어 본 대로 로봇 기술의 발전은 우리가 생각하던 것보다 훨씬 더 빠른 속도로 훨씬 더 다양한 분야에서 진행되고 있으며, 찬탄과 우려가 섞인 논란을 불러일으키고 있다. 인간의 연장으로서 우리의 노동을 편하게 하고 효율성을 높여 주는 도구와 기계의 최신식 버전으로서 로봇이 가져다 줄 긍정적인 효과가 막대한 것도 사실이지만, 현재의 사회 상태에 심각한 변화를 야기하고 인간성 자체에 대해서도 근본적인 혼란을 초래하는 등의 부정적인 영향 또한 큰 것이 사실이다.

사정이 이러하니 무엇을 할 것인가. 로봇과 로봇 기술의 현황에 대한 이해 위에서, 그와 관련해서 제기되는 문제의 내용과 의미가 무엇인지를 파악하고, 로봇과 더불어 살아가는 데 있어 필요한 자세가 무엇일지를 생각해 보아야 한다. 바로 이러한 사항들에 한 권의 책으로 두루 답해 보기 위해서『로보 스케이프―로봇, 인공지능, 미래사회』가 준비되었다. 사태 자체가 끊임없이 변화하고 있으므로 어떤 생각도 결정적인 답이 될 수는 없겠지만, 로봇과 관련해서 우리가 알고 생각해야 할 것들 일반이 포괄될 수 있도록 가능한 대로 여러 방면에서 접근한 결과가 『로보 스케이프─로봇, 인공지능, 미래사회』이다.

이 책은 크게 두 부분으로 나뉘어 있다. 1부는 서로 하는 일이 다른 각 분야 전문가 12인의 로봇 이야기를 모았고, 2부는 그 중의 몇몇이 따로 모여 진행한 좌담으로 이루어졌다.

1부 '로봇으로 교차되는 열두 갈래 길'은 다시 네 개 장으로 구성된다. 1장 '로봇 공학의 최전선'에는 일반인들의 입장에서는 낯설 수 있는 첨단 로봇공학의 발전 분야에 대한 정보를 소개하는 글들을 모았다. 송영민 교수의 「소프트 로봇─생체모방 로봇의 진화」는 연체동물의 움직임을 흉내 내는 생체모방 로봇 연구의 일환으로 진행된 소프트 로봇 개발의 현재 양상과 기대효과 및 관련 기술의 발전상에 대해 알려 준다. 황희선 박사의 「의료 로봇의 기술 발전으로 본 여러 분야 기술의 통합」은 기계 및 전기전자 공학 지식 위주로 발전해 온 산업용 로봇과 달리 수술 로봇의 발전 과정에서 보이는 복합적인 기술 융합 현상을 제시하면서 의료 로봇 개발에 따른 기능 향상과 응용처의 확대 양상을 보여 준다. 유선철 교수의 「극한환경 로봇의 세계」는 사람이 작업하기 어려운 상황에서 사람을 대신해 주는 로봇이 쓰이는 분야들을 소개하고, 제작하는 수준 및 방식이나 산업 기술 연관 면에서 극한환경 로봇 공학 분야가 갖는 고유한 특징을 설명하고 있다.

2장 '인공지능 로봇의 문제'는 알파고 이후 온 국민의 관심사가 되다시피 한 인공지능 개발과 관련된 글들로 구성된다. 한재권 교수의 「인공지능 로봇의 역사와 미래」는 생각하는 도구로서의 로봇의 발달 과정을 관련 기술의 개발 양상을 따라 소개하면서 인공 신경망 제어 기술의 발전이 어떻게 인공지능을 낳았는지 설명하고, 인공지능 로봇 연구가 해결해야 할 문제와 그에 대한 우리의 자세를 제시하고 있다. 전치형 교수의 「알파고, 후쿠시마, 광화문광장—인공지능 사회의 한 해석」은 인공지능 알파고와 이세돌 9단의 역사적인 바둑 대국이 벌어진 시간(2016.3)과 장소(서울, 광화문)에 주목해서 인공지능이 어떤 사회적 의미를 가질 수 있는지를 검토하고, 사람들이 앞으로 인공지능에 대해서 어떤 식으로 생각하고 말할 수 있을지를 질문해 보고 있다. 김윤명 박사의 「인공지능(로봇)의 권리」는 인공지능 기술의 개발에 있어 궁극적으로 필요한 것이 철학이라는 문제의식에서 로봇을 어떤 것으로 보기보다는 공존의 대상으로서 로봇을 어떻게 대우할 것인지를 고민하자고 제안하고, 이와 관련되는 법적 문제들을 폭넓게 정리, 소개해 준다.

3장 '로봇의 사유가 나아가는 길'은 로봇 공학의 발달이 인공지능 로봇의 개발을 앞두고 있는 시점에서 우리가 갖춰야 할 태도를 인문사회과학의 견지에서 성찰하는 글들로 이루어져 있다. 김명석 교수의 「로봇 인문학과 로봇 사회학」은 1만 년의 기술사·문명사에서 로봇의 개발이 갖는 의미를 인간 고유의 속성으로 여겨지는 자율성과 자기 의사의 문제로 조명하여 로봇과 인간의 정체성을 고찰하고, 로봇 기술의 새로운 발전 또한 이성과 진선미로 특징지어지는 인간 공동체 속에서 이루어지리라고 예측한다. 김기홍 교수의 「누가 포스트휴먼을 두려워하랴—포스트휴머니즘에 대한 비판적 고찰」은 과거와는 달리 인간중심주의를 벗어나서 인간과 기계의 새로운 관계 형성을 바라보는 포스트휴머니즘의 관점을 전면적으로 검토하면서, 인간이나 기술이 상호 연관되어 현실을 구성한다는 사실에 주목할 필요가 있음을 밝혀 준다. 김진택 교수의 「로봇, 그만큼의 넉넉한 몸-영혼」은 인공지능 기반의 로봇이 등장함에 따라 로봇과 우리의 존재가 몸-영혼의 차원에서 상호 영향을 미치는 네트워크상에 존재하게 된다는 판단 위에서, 인간이 인간과 기계의 총체적 조화를 실현하는 상설 조직자, 통역자로서의 역할을 담당해야 한다는 생각을 제기하고 있다.

4장 '상상과 실제 사이의 로봇과 인간'은 생활문화의 측면에서 로봇을 생각해 본 글들을 담고 있다. 박상준의 「로봇, 인간 욕망의 거울-SF에 나타난 인간적 상상력을 중심으로」는 로봇 이야기에 대한 사랑과 로봇이 가져올 심대한 변화에 대한 고민의 부재 사이의 간극을 좁혀야 한다는 문제의식에서 로봇과 인간의 관련에 대한 SF적인 상상들을 검토하고 로봇 개발이 안고 있는 인간학적인 지점들에 대한 사유를 요청하고 있다. 이진주 대표의 「아이 낳아주는 로봇은 없나요?-에바부터 또봇까지」는 로봇이 등장하는 다양한 문화콘텐츠들에 부과된 여성성의 양상을 페미니즘의 견지에서 통시적으로 검토한 뒤, 소프트 로봇, 소셜 로봇의 창시자가 여성이라는 사실의 의미를 제시하면서 다가올 로봇의 시대에 펼쳐질 남녀 관계에 우리의 주의를 돌리게 한다. 엄윤설 교수의 「로봇의 시대에 예술을 말하다」는 로봇과 공존해야 할 미래 사회에서 인간만이 할 수 있는 일이란 사랑을 본질로 하여 마음을 움직이는 예술과 같은 것이라는 진단 위에서, 예술가적 발상으로서의 창의력과 긴밀한 의사소통을 통한 융합력이 미래 로봇 시대를 대비해 갖춰야 할 경쟁력임을 역설하고 있다.

9

이 책의 2부 '로봇 시대를 살아가는 방법'은 국문학을 전공하고 과학 문화 활동을 하고 있는 필자와 철학자 김명석, 키네틱 아티스트 엄윤설, 로봇 공학자 한재권, 의료 로봇 연구자 황희선의 5인이 진행한 좌담의 기록이다.

로봇의 정의를 다시 짚어 보며 로봇에 대한 이해를 확충한 위에서, 현재 진행되고 있는 로봇 개발 기술의 현황과 방향을 점검하는 것으로 논의가 시작되었다. 참석자들 각각의 전공이 다른 까닭에, 이야기의 주안점은 자연스럽게 로봇의 발전에 따른 문제와 그에 대한 우리의 자세에 놓여졌다. 경제나 법, 윤리, 인간의 맥락에서 로봇 기술의 발전이 갖는 의미가 무엇인지에 대한 허심탄회한 논의를 통해서, 인문학자들뿐 아니라 로봇 공학자들 또한 로봇의 개발에 따른 문제들에 대해 날카롭고도 깊게 고민하고 있음이 확인되었다. 더 나아가서, 로봇 관련 문화와 로봇과 함께 하는 미래를 맞이하는 자세에 대해서도 자유로운 이야기가 오갔다.

이 책을 준비하는 데 있어 많은 도움을 받았다. 가장 먼저, 각자 분주한 일정 속에서 흔쾌히 참여해 귀중한 원고를 주신 필자 분들께 깊은 감사를 드린다. 『로보 스케이프─로봇, 인공지능, 미래사회』 작업이 인연이 되어 좀 더 풍성한 미래를 기약하고 그로써 우리 사회에 작으나마 기여할 수 있게 되기를 희망한다. 로봇과 관련해서 이 귀한 필자 분들을 섭외하는 데 도움을 주신 아시아태평양이론물리센터(APCTP) 과학문화위원 분들께도 감사의 말씀을 드린다. 원고의 수집과 좌담회 개최 등 전체 일정을 진행하는 데 있어, 포항공과대학교 기초과학연구소와 연구기획

팀, 아태이론물리센터의 예산 지원이 있었다. 이 자리를 빌려 감사의 뜻을 표한다. 오래된 상황이지만 출판 시장이 안 좋음을 돌보지 않고 흔쾌히 『로보 스케이프─로봇, 인공지능, 미래사회』를 출간해 주신 케포이북스의 공홍 대표님과 좋은 책을 만드는 데 애써 주신 직원분들께도 고마운 마음을 전해 드린다. 끝으로 이 책을 읽어 주실 미지의 독자 분들께도 감사의 말씀을 드리고 싶다. 과학문명의 산물이 우리의 삶에 깊은 영향을 미쳐 온 세상에서, 앞으로 닥칠 더 큰 변화를 어떻게 지혜롭게 맞이할지를 함께 생각해 주시는 독자의 존재야말로, 우리들 필자 각각에게 가장 큰 힘이 되는 까닭이다.

2016년 초겨울 포스텍 무은재에서
박상준

차례

제2부 **좌담 : 로봇 시대를 살아가는 방법**   213

진행 : 박상준

좌담 : 김명석, 엄윤설, 한재권, 황희선

로봇으로 교차되는 열두 갈래 길 | 제1부

1장
로봇 공학의 최전선

송영민, 소프트 로봇 –생체모방 로봇의 진화
황희선, 의료 로봇의 기술 발전으로 본 기술의 융합
유선철, 극한환경 로봇의 세계

소프트 로봇 생체모방 로봇의 진화

송영민

| 생체모방 로봇 | 로봇의 다변화

　"마치 캄브리아기 동물의 다양성을 보는 것 같다." 이 말은 카네기멜런대학의 로봇공학 교수인 일라 레자 누르바흐시가 그의 저서『로봇 퓨처』에서 언급한 말이다. 과거의 로봇 모양이나 역할에 비해 비교할 수 없을 만큼 다양해진 최근 로봇분야의 창의성 폭발을 한마디로 적절하게 표현한 말이 아닐까 한다. 예전에는 서너 개 제조사에서 부속품을 제조했기 때문에 비슷한 로봇을 다량으로 제작했으나 지금은 상황이 많이 다르다. 오늘날에는 연구소마다 다양한 크기와 무게, 모양의 로봇들이 제작되는데, 여기에는 3D 프린터와 레이저 절삭 기술 등 값싸고 빠른 제작 기술의 발전이 한 몫 했다고 본다. 누르바흐시 교수가 로봇의 다양성을 언급하며 캄브리아기를 떠올린 것은 생체모방을 연구하고 있는 필자로서 매우 흥미롭게 느껴지는 부분이다. 캄브리아기 대폭발 이후 이전에 3개에 불과했던 동물문(門)이 38개로 급격하게 증가하게 되는데, 이와 유사하게 로봇의 종류도 기존에는 오직 '인간'을 모방한 로봇만 존재했다면 지금은 온갖 다양한 '동물'을 모방한 로봇들이 매우 폭발적으로 개발되고 있기 때문이다. 인간이 하던 힘들고 위험한 일들을 대신해 주는 로봇의 개발, 여기서 더 나아가서 인간은 자신들이 가지지 못한 생명체의 뛰어난 능력을 모방하고 이를 활용하기 시작한 것이다.

생체모방 로봇(biomimetic robot)은 곤충, 새, 물고기, 그리고 여타 동물들을 연구해 생명체의 우수한 특성을 로봇기술에 접목함으로써 기존의 로봇시스템이 극복하지 못했던 수많은 난제 해결을 가능하게 한다. 예를 들어 동그란 바퀴가 달린 로봇은 평지에서는 순탄하게 이동할 수 있지만, 경사진 곳이나 울퉁불퉁한 곳에서는 이동에 제약이 있다. 인간을 모사한 2족 보행로봇의 개발을 통해 문제를 어느 정도 해결하는 것이 가능하지만 험지 이동, 고경사 등반, 고속운동 등은 어렵다. 이런 경우 고양이, 치타 등 포유류의 4족 보행 메커니즘을 모방하면 위 언급한 모든 일들을 매우 순탄하게 수행할 수 있다. 지상로봇의 개발범위는 여기에 그치지 않고 곤충의 6족, 거미나 지네류의 다족 보행을 모방한 로봇을 개발하고 있다. 공중로봇은 새나 곤충의 비행을 모방하지만, 단순히 새처럼 퍼덕이는 움직임만 갖는 비행체를 만드는 것이 아니라 새의 움직임을 적극적으로 모사하여 높은 에너지 효율을 갖도록 한다. 수중 로봇의 초기 연구에는 붕어와 같은 형태의 움직임을 갖는 로봇이 주를 이루다가 최근에는 가오리, 해파리, 펭귄 등과 같은 형태의 다변화가 이루어지고 있다. 최근에는 수중과 육지에서 모두 활용 가능한 수륙양용 로봇, 날다람쥐나 박쥐 등에서 영감을 얻은 지상과 공중에서 활동이 가능한 공륙양용 로봇 등도 개발되고 있다.[1] 본격적인 로봇 종(種)의 다변화가 일어나고 있는 것이다.

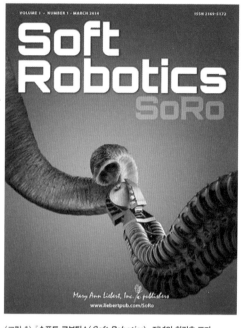

〈그림 1〉 『소프트 로보틱스(*Soft Robotics*)』 저널의 창간호 표지
실제 코끼리의 코와 '소프트' 로봇 코끼리 코의 만남

| 소프트 로봇(soft robot) |

인간에게 도움이 된다면 자연계에서의 모방대상엔 제한이 없다. 무엇이든 모방 내지는 채용을 할 수 있다는 말이다. 코끼리의 코를 모방한다고 가정해보자. 코끼리는 코를 이용하여 숨을 쉴 뿐만 아니라 물을 마시고 나뭇잎을 뜯고 작은 물체를 잡을 수도 있다. 동화나 애니메이션에서 코끼리는 일반적으로 사랑스럽고 푸근한 동물로 묘사되곤 하는데, 거기에는 '부드러운' 이미지의 코가 한 몫 할 것이다. '부드러운' 코끼리의 코는 뼈가 없다. 뼈가 없기 때문에 관절도 없고 그래서 매우 유연하고 우아한 움직임을 보일 수 있다. 즉, 코끼리 코를 모방한다는 것은 기존 로봇에 '유연성'을 부여할 수 있다는 뜻이 된다. 보통 로봇이라고 하면 금속재질의 차갑고 딱딱한 이미지가 떠오르지만, 이제 '부드러운'

---

1 한국과학기술정보연구원(KISTI)이 선정한 2014년 10대 미래유망기술에도 생체모방 로봇이 선정되었으며 앞으로 산업계나 군사 분야에서 널리 쓰일 것으로 기대되고 있다.

로봇이 생활 속으로 들어오기 시작한 것이다. 이를 '소프트 로봇(soft robot)'이라 한다. 딱딱한 고체나 금속을 사용하지 않고 대신 실리콘(silicone)처럼 부드러운 재료로 만든 소프트 로봇은 코끼리, 문어, 애벌레 등을 본뜬 것으로 생체모방 로봇의 진화된 형태이다.[2] 이제 생체모사로 구현할 수 있는 로봇의 범주가 연체동물 또는 이와 유사한 기관으로까지 확장된 것이다.

소프트 로봇을 연구하는 학문 또는 이러한 기술 분야를 소프트 로보틱스(soft robotics)라고 하며, 이는 유연한 소재의 활용을 통해 강체(rigid body)로 이루어진 전통적인 로봇의 개념을 탈피하는 새로운 로봇 기술 분야를 일컫는다. 인간이 제작한 로봇은 철, 구리, 자석, 플라스틱 등을 포함하며 전자적 또는 기계적 제어를 통해 물체를 단순하게 반복적으로 이동시키거나, 계산을 통한 정교한 짜맞춤 등을 담당한다. 그러나 자연계 대부분의 생명체는 부드러운 재료로 구성되어 있으며, 딱딱한 외골격(exoskeleton)으로 구성되어 있는 곤충들조차도 애벌레 기간 동안에는 온몸이 유연소재로 이루어져 있다. 사람도 언뜻 보면 강체로 생각할 수 있지만, '딱딱하다'라는 인상을 주는 뼈는 성인 몸무게의 11% 정도 밖에 되지 않는다. 게다가 체내에서 음식물 소화나 배출 등의 운동을 관장하는 내장기관들은 모두 유연소재로 되어 있으며 모양을 매우 크게 변형할 수 있는 물질들이다. 자연계의 실정이 이러하니, 생체 모방형 로봇의

....

2 『소프트 로보틱스』 저널의 책임 편집자인 터프스 대학의 배리 트리머(Barry Trimmer) 교수도 그의 논문에서 소프트 로보틱스는 로보틱스 분야에서의 '생체모방적 진화(bio-inspired evolution)'라고 일컬었다. 단순 진보(progress)가 아닌 진화(evolution)라는 용어를 쓴 것은 주목할 만하다. S. Kim et al., "Soft Robotics : a Bioinspired Evolution in Robotics", *Trends in Biotechnology* Vol.31, No.5, 2013, pp.287~294.

범주가 소프트 로봇으로까지 확장되는 것은 어찌 보면 매우 당연한 일이라고 생각할 수 있다. 지금은 생체 모방 로봇의 일부로서 소프트 로봇이 포함되지만,[3] 수십 년 후에는 소프트 로봇의 일부로서 생체 모방 로봇이 존재할지도 모른다.

유연하게 움직인다는 것을 보다 공학적으로 표현하자면 움직임의 자유도(degree of freedom)가 높아진다고 할 수 있다. 강체 로봇은 운동의 자유도가 매우 낮으며 관절 수를 늘릴수록 자유도는 높아지지만 그만큼 제어가 복잡해진다. 반면 소프트 로봇은 자유도가 무한대이다. 로봇 장난감은 팔을 정해진 방향으로만 움직일 수 있지만, 푹신한 솜으로 만들어진 인형은 팔을 동서남북 어느 방향으로든 돌릴 수 있다는 것을 생각하면 이해하기 쉽다. 강체 로봇이 장애물을 만날 경우 그것을 회피하거나 극복할 수 있는 움직임은 몇 가지로 제한될 수밖에 없는 반면, 소프트 로봇은 자기 자신이 가진 무한 자유도를 이용하여 대부분의 장애물을 지나쳐갈 수 있다. 이러한 장점은 위험한 재난 지역의 수색이나 구조작업에 이용될 수 있다. 소프트 로봇이 강체 로봇에 비해 장점만 갖고 있는 것은 아니다. 정밀도는 강체 로봇에 비하여 비교적 떨어질 수밖에 없다. 강체 로봇은 한정된 개수의 관절을 정확히 제어하면 최종 자세 역시 정확히 이루어지지만 소프트 로봇은 높은 자유도와 변형 한도로 인해 정밀도는 오히려 떨어지게 된다. 최대 하중 면에서도 소프트 로봇이 불리하다. 자연계에 있는 동물들 중에 무게가 꽤 무거운 동물들이 대부분 딱딱한 뼈로 몸체를 이루는 이유도 최대 하중을 높이기 위한 측면이 있다.

....
3 전부 포함되는 것은 아니나, 현재까지 발표된 소프트 로보틱스 기술의 대부분은 생체 모방적 접근으로 시작된다.

마지막으로, 특정 물체를 잡아서 들어 올리거나 하는 조작 측면에서는 강체 로봇과 소프트 로봇이 각자 다른 상황에서 장점을 발휘한다. 물체의 크기나 모양이 명확하다면, 그에 최적화된 강체 로봇이 가장 유리하다. 그러나 물체의 형태를 예측할 수 없거나 깨지기 쉬운 물체인 경우는 소프트 로봇을 선택하는 것이 더 좋은 경우가 된다. 소프트 로봇은 부드럽기 때문에 다른 물체와 충돌해도 탄성으로 인해 깨지지 않고, 복잡한 형태의 물체라 하더라도 부드럽게 감싸서 들어 올릴 수 있다.[4]

| 왜 지금 소프트 로봇인가? |

앞서 언급한 것처럼 소프트 로봇이 강체 로봇에 비해 장점만 있는 것은 아니다. 오히려 단점도 경우에 따라서는 매우 치명적이다. 애초에 흐물흐물한 로봇을 만든다는 것 자체가 제작자에게는 엄청난 도전이 되는 것이다. 그런데 왜 하필 이 시점에 소프트 로봇이 본격적으로 개발되기 시작한 것일까? 첫째로는 앞서 잠시 언급했다시피 생체모방에 대한 관심이 최근 들어서 급격하게 증가했기 때문이다. 생체모방은 원시시대부터 있었다고 알려져 있지만[5] 1997년 재닌 베니어스의 『생체모방』이라는 책이 출간되면서부터 하나의 학문분야로 정립이 되고 연구 및 개발이 본격적으로 이루어지게 되었다. 생체모방 활동의 척도를 나타내는
....

4 D. Trivedi et al., "Soft Robotics : Biological Inspiration, State of the Art, and Future Re-search", *Applied Bionics and Biomechanics* Vol.5, No.3, 2008, pp.99~117.
5 원시시대에 사용하던 화살촉, 칼 등 사냥무기들이 짐승의 날카로운 발톱을 모방한 것이라는 점에서 생체모방이라 여겨지고 있다.

다빈치 인덱스(Da Vinci Index)에 따르면, 생체모방 활동은 2000년에서 2016년 사이에 7.5배 성장했고, 학술논문도 6배 이상 증가했다.[6] 생체모방은 기본적으로 다름을 인정하는 학문이다. 인간이 자연계 동물들의 모든 장점을 가질 수 없듯이, 동물들도 자기 활동에 맞는 적합한 구조 및 기능만을 가졌을 뿐임을 인정하고 이를 적절히 활용하는 것이다. 이를 로봇에 적용하자면, 로봇의 활동범위 및 목적에 따라 우리가 필요한 부분만을 자연으로부터 얻어오면 되는 것이다. 이러한 사고의 확장이 로봇 제품의 다양화를 야기하고, 소프트 로봇의 개발로까지 연결된 것이다.

두 번째 이유로는 사회적 필요성의 증대를 꼽을 수 있다. 우리 주변에서 흔히 볼 수 있는 기계 중에 기존 강체로봇의 부적합한 응용예가 하나 있다. 바로 인형뽑기 기계(Crane Machine)이다. 소정의 돈을 넣고 레버를 통해 크레인의 위치를 조정 한 후 버튼을 눌러 크레인을 내려 크레인에 인형을 걸리게 하여 게임기 밖으로 인형을 건져내는 게임이다. 게임 원리는 너무나 단순해서 초등학생도 할 수 있지만, 난이도는 매우 높다. 그 이유는 바로 크레인에 붙어있는 그리퍼(gripper)의 움직임 자유도는 매우 낮은데 반해, 인형의 모양 및 배치는 복잡하기 때문이다. 게임의 승리 확률을 높이기 위해서는 부드럽고 움직임의 자유도가 높은 소프트 그리퍼(soft gripper)를 만들면 된다. 물론 게임에서는 가급적 적용하지 말아야 할 도구이지만, 산업에서는 매우 큰 관심을 갖고 있다. 시장 동향 연구 기관인 Allied Market Research에 따르면, 현재 산업 로봇 시장에서 부드럽고 유연한 물건을 다룰 수 있는 로봇의 시장가치는 약

....
6 http://www.pointloma.edu/experience/academics/centers-institutes.

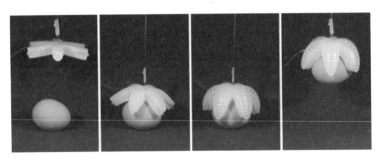

〈그림 2〉 소프트 그리퍼(Soft Gripper)

100억 달러로 산출되며, 소프트 그리퍼의 시장 규모가 급성장할 것으로 예상된다고 한다. 이러한 사회적 요구가 소프트 로봇의 개발을 촉진하고 있으며, 해외에서는 Soft Robotics Inc., Empire Robotics Inc., Pneubotics 등 벤처회사를 통해 소프트 로봇 시제품을 출품하고 있다.

로봇은 더 이상 인간의 단순 작업을 대신하거나 위험한 작업 환경에서 인간을 대체하는 용도로만 이용되지는 않는다. 로봇의 활용범위가 산업현장을 넘어 가정, 의료, 서비스의 영역으로 점차 확대되면서 부드러운 로봇에 대한 인간들의 요구는 늘어나고 있다. 오늘날 공장의 산업용 로봇은 제품의 고속 대량 생산을 가능케 하고 인간에게 많은 혜택을 주고 있지만, 인간과 교감하는 사회적 로봇이 되기는 어렵다. 딱딱하고 무거운 산업용 로봇에 사람이 부딪히기라도 하면 자칫 목숨을 잃을 수도 있고, 악수를 하고 싶어도 손이 부러질까봐 불안해서 할 수 없을 것이다. 인간과 로봇이 더 가깝게 지내려면 기존의 강함을 줄이고 부드러움을 좀 더 키워야 할 것이다. 이런 점에서 소프트 로봇은 매우 큰 장점을 갖고 있다. 코끼리 코나 문어 발 등을 모방한 로봇 팔이 개발된다면 악수를 할 수도 있고, 유리컵이나 계란 같은 물건도 선뜻 내어 줄 수 있을 것이다. '안전'이 보장된 친밀한 로봇이 탄생하는 것이다. 영화 〈빅 히어로〉의 주인공 로봇 베이맥스는 바람을 불어넣은 튜브를 붙여놓은 모양으로 생겼는데, 보기만 해도 푹신푹신할 것 같은 느낌이 드는 매우 포근한 소프트 로봇이다. 의료용 로봇인 베이맥스를 통해 영화 속 인물들이 간호를 받고 그 안에서 위로를 얻는 건, 베이맥스의 기계적 능력과는 별개로 베이맥스의 부드러움에서 오는 것이다. 소프트 로봇이 지속적으로 개발된다면 아마 베이맥스 같은 로봇도 머지않아 우리의 현실세계에 다가올 것이다.[7]

| 몇 가지 새로운 가능성 |

소프트 로봇이 개발될 수 있었던 배경에는 자연에서 영감을 받은 핵심 아이디어 외에도 새로운 재료의 개발과 성숙된 제조기술이 있다. 우선 몸체의 소재로는 실리콘 탄성체(elastomer), 하이드로겔(hydrogel) 등 탄성계수(modulus of elasticity)가 생명체의 구성성분에 가까우면서도 인체에 무해한 유연한 소재가 이용된다. 구동은 몸체 내부 공압실에 압력을 인가하거나 와이어 또는 형상기억 합금 구동기 등을 삽입하여 이루어지는데, 최근에는 마이크로 제조기술의 발달에 힘입어, 작은 생명체를 모방한 로봇들도 개발되고 있다. 연구는 여기에서 그치지 않는다. 소프트 로봇의 주목적은 로봇에 유연성을 더한다는 것인데, 이에 더하여

....
[7] 실제로 베이맥스라는 캐릭터의 고안을 위해 영화 제작진이 찾아간 곳은 카네기 멜론 대학의 소프트 로보틱스 연구실이다.

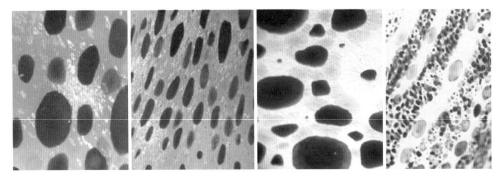

〈그림 3〉 문어 피부의 다채로운 색변화

연구자들은 소프트 로봇에 새로운 기능을 부여하기 시작했다. 사람들이 문어를 연상하면 가장 먼저 흐물흐물한 8개의 문어다리를 떠올릴 텐데, 사실 문어의 가장 큰 특징 중에 하나는 주위 환경에 따라 피부색을 매우 다채롭게 변화시킬 수 있다는 것이다. 위장술의 왕(king of camouflage)으로 불리는 문어의 표피 내부에는 몇 가지 색의 색소와 컬러필터 그리고 난반사층이 있어 다양한 색의 조합을 만들어낼 수 있다. 하버드대 연구진은 공기압의 힘으로 고무로 된 몸체를 움직이는 소프트 로봇에 색소를 주입할 수 있는 공간을 확보하여 주변 환경과 유사한 색소 주입을 통해 위장이 가능한 로봇을 개발했다.[8] 이러한 위장 소프트 로봇은 정찰 등의 목적으로 적진에 몰래 침투하는 데에 이용될 수 있다.

화려해 보이는 기술이지만, 사실 여기에는 치명적인 단점이 있다. 주변 환경이 어떤 색인지 '보는' 기능이 없는 것이다. 문어는 눈을 통해서 주변 환경을 관찰하지만 피부를 통해서도 어느 정도 인지하는 것으로

·········
8   S. A. Morin et al., "Camouflage and Display for Soft Machines", *Science* Vol.337, No.6096, 2012, pp.828~832.

알려져 있다. 이에 착안하여 일리노이대의 연구자들은 빛을 감지하여 피부색을 바꾸는 로봇을 개발했다.[9] 광검출기를 통해 들어온 빛이 전기 신호를 만들어내고 이 전기신호가 작은 히터에 열을 발생시키면 그 열로 인해 열변색(thermochromic) 재료의 색을 바꾸게 되는 원리이다. 이 모든 작업이 탄성체로 구성된 얇은 인공 피부의 내부에서 일어나는 일이다. 광검출기, 히터, 그리고 이들을 연결하는 금속 배선들은 모두 반도체 공정을 통해서 제작되기 때문에 개별 소자의 크기를 실제 문어의 조직처럼 수십 마이크로미터 수준으로 만드는 것도 가능하다. 또한 여기에 들어가는 반도체 소자들은 그 두께가 매우 얇기 때문에 휘거나 늘어날 수 있다. 최근 스마트 폰이나 모니터, 태블릿 등에 이용되는 유연 전자소자 기술(flexible electronics technology)이 소프트 로봇에 적용된 사례라 할 수 있다. 이런 형태의 소프트 로봇의 발달은 반대로 유연 전자소자 기술의 진보를 앞당길 수도 있을 것이다.

몸체의 소재로는 생명체의 구성성분을 이용할 수도 있다. 하버드대 위스생물공학연구소에서는 물속을 헤엄쳐 다니는 '인공 가오리 로봇'을 만들었다.[10] 쥐의 심장근육세포를 배양해 만든 근육 조직을 고무재질의 피부 내에 이식하여 별도의 동력원 없이 근육만을 이용해서 움직일 수 있도록 하였다. 머리 부분에 위치한 근육조직이 빛에 반응하도록 조작하여 청색광을 쪼이면 전기신호 발생에 의해 근육이 수축하는 현상

· · · · · · · · ·

9   C. Yu et al., "Adaptive Optoelectronic Camouflage Systems with Designs Inspired by Cephalopod Skins", *Proceedings of the National Academy of Sciences USA* Vol.111, No.36, 2014, pp.12998~13003.

10 S.-J. Park et al., "Phototactic Guidance of a Tissue-Engineered Soft-Robotic Ray", *Science* Vol.353, No.6295, 2016, pp.158~162.

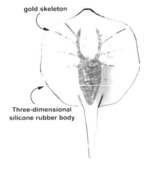

Tissue-engineered ray

gold skeleton

Three-dimensional
silicone rubber body

Little skate (*L. erinacea*)

〈그림 4〉 인공 가오리 로봇과 실제 가오리

을 이용한 것이다. 소프트 로봇에 생체 조직을 접목시킨 이런 사례는 잘 하면 인간이나 다른 생명체에도 소프트 로봇을 적용시킬 수 있을 것 같은 기대를 갖게 한다. 복잡한 전기선과 기계 장치들로 연결된 로봇 팔은 인체와 유기적으로 연결되기 어렵겠지만, 생체조직들과 생적합성(bio-compatibility)을 갖는 재료들로 구성되어 있다면 어느 정도 가능하다. 무쇠로 만든 강한 로봇 팔보다 부드러운 재질로 이루어진 조금은 섬약한 소프트 로봇 팔에 더욱 친근감이 있을 것은 자명하다. 인공 가오리 로봇을 만든 하버드 연구진의 다음 목적은 배터리 없이 동작하는 인공 심장이라고 하니 소프트 로봇 기술과 인공 장기 기술의 융합 연구가 활기를 떨지도 모르겠다.

소프트 로보틱스는 로봇이 가야 할 방향 중 하나를 제시한다. 딱딱하고 강하기만 했던 그동안의 로봇 특징에 자연이 가지고 있는 유연함과 부드러움을 더해 사람들이 좀 더 다양한 분야에 로봇을 사용케 함으로서 인간의 삶의 질을 높이는 것이다. 앞으로 다양한 생명체의 모방을 통해 더욱더 풍성한 개발이 이루어질 것이고, 전혀 새로운 응용분야도 만들어질 것이다.

그러나 새롭고 독창적인 로봇의 개발이 꼭 성공을 보장하지는 않는다. 캄브리아기에 탄생한 동물들이 현재 모두 존재하는 것은 아니듯, 마찬가지로 캄브리아기의 동물문 폭발처럼 현재의 로봇이 여러 형태로 발전되고 있다고 해서 그 모든 형태의 로봇이 계속 성장하리라는 보장은 없다. 좋은 로봇의 기준인 에너지 효율성, 제작의 용이성, 수율, 단가 등의 장점을 충족시켜 인간 사회에서 적절히 적응할 만큼의 능력을 갖추어야 그 생존이 유지될 것이다.

동물의 다양성이 생태계를 유지시키는 근간이 되는 것과 비교하여 로봇 다양성은 인류에 어떤 영향을 미칠지, 그리고 어떻게 발전해 나갈지, 앞으로가 기대된다.

참고문헌

http://www.pointloma.edu/experience/academics/centers-institutes.

S. Kim et al., "Soft Robotics : a Bioinspired Evolution in Robotics", *Trends in Biotechnology*, Vol.31, No.5, 2013.

D. Trivedi et al., "Soft Robotics : Biological Inspiration, State of the Art, and Future Research", *Applied Bionics and Biomechanics*, Vol.5, No.3, 2008.

S. A. Morin et al., "Camouflage and Display for Soft Machines", *Science*, Vol.337, No.6096, 2012.

C. Yu et al., "Adaptive Optoelectronic Camouflage Systems with Designs Inspired by Cephalopod Skins", *Proceedings of the National Academy of Sciences USA*, Vol.111, No.36, 2014.

S.-J. Park et al., "Phototactic Guidance of a Tissue-Engineered Soft-Robotic Ray", *Science*, Vol.353, No.6295, 2016.

의료 로봇의 기술 발전으로 본
기술의 융합

황희선

알파고의 영향으로 인공지능에 관한 관심이 높아지면서 인공지능은 사람을 대신할 수 있는 새로운 기술로 고려되고 있다. 로봇과 인공지능이라는 새로운 기술은 사람과 기계의 경계선에서 무엇인가 기대감을 주는 영역인 것 같다. 특히 로봇은 컴퓨터 또는 인공지능이라는 머리를 가지고 실제 외부 환경에 물리적 접촉을 통해 영향을 미칠 수 있는 기술이다.

로봇 공학은 많은 면에서 여러 학문의 통합적 성격이 강하다. 앞으로 살펴보겠지만 다양한 분야의 기술이 융합되면서 효용성을 높이고 있고 각 응용 분야에 따라 기술이 발전하고 있다. 산업용 로봇의 발전이 로봇의 큰 발전을 이룬 것처럼 의료분야에 활용될 수 있는 로봇의 발전이 새로운 형태의 로봇 발전을 이룰 수 있을 것이다.

〈그림 1. 2〉 Unimate

우선 로봇을 의료 분야에 활용하기 시작한 초기의 환경을 알아보기 위해 대략적인 로봇 기술의 시작을 알아보는 것이 도움이 된다.

로봇이 대량생산되고 이용된 환경은 생산 공장 자동화와 밀접한 관계를 맺고 있다.

1954년에 미국의 George C. Devol이 'Unimate'라는 로봇을 만들고 1961년에 사업가 Joseph F. Engelberger와 Unimation 회사를 설립하였다. 1950년대 컴퓨터 산업의 발전을 바탕으로 프로그램을 통해 움직임을 제어할 수 있는 로봇 개념의 제품이 생산된 것이다. 초기에는 단순한 작업인 '들어서 놓기(pick and place)' 동작만 할 수 있었지만 시간이 지나면서 센서를 붙이고 좀 더 복잡한 동작을 할 수 있게 되었다.

당시 크게 성장하던 자동차 산업의 메이저 업체들인 General motor, BMW, Volvo, Mercedes Benz 등이 용접에 로봇을 활용하기 시작하면서 활용처가 늘어나고 Unimate는 산업용 로봇으로 최초로 대량 생산되었다. 이때 핀란드 Nokia, 일본 Kawasaki 등에서 라이센스를 얻어 산

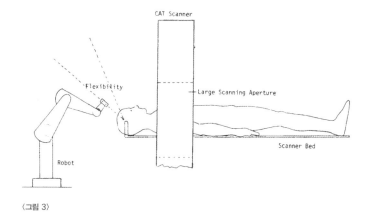

〈그림 3〉

업용 로봇을 제작하기 시작했고 Kawasaki는 지금도 로봇을 만들고 있는 회사 중의 하나다. 시간이 지나면서 자동차 산업뿐만 아니라 여러 생산 공정에서 로봇이 활용되면서 산업용 로봇은 널리 보급되기 시작했다.

산업용 로봇은 사람이 하기 힘들고 위험한 작업을 대신해 주는 목적으로 많이 사용되고 있으며, 이때 로봇의 큰 장점 중 하나가 움직임의 정밀성이다. 로봇의 끝단 위치를 밀리미터 단위로 조정할 수 있는 정확한 위치 결정이 커다란 장점이다.

드디어 1980년대 후반에 이러한 로봇의 정밀도를 치료에 응용하려는 시도가 있었다. 앞서 언급한 Unimation사의 PUMA 200이라는 로봇을 이용해서 뇌종양 생검을 위한 장치가 개발되었다.[1] 비록 생검용 바늘을 찔러 넣을 수 있도록 정확한 위치에 고정하는 단순한 장치이지만 정밀성이라는 로봇의 장점을 정확하게 이용한 것이었다.

자세히 설명해 보면 〈그림 3〉처럼 로봇을 CT 스캔 장치에서 미리 정

......

[1] Y. S. Kwoh, J. Hou, E. A. Jonckheere and S. Hayati, "A robot with improved absolute positioning accuracy for CT guided stereotactic brain surgery", in *IEEE Transactions on Biomedical Engineering*, vol. 35, no. 2, Feb. 1988, pp.153~160.

한 위치에 고정시킨다. 여기서 로봇과 스캔 장치의 거리가 중요한데, CT 이미지에서 얻은 생검 위치를 로봇 기준으로 변환하기 위해서이다. CT 이미지를 바탕으로 생검용 바늘의 위치를 정하고 로봇을 움직여서 바늘의 위치를 고정시킨다. 이때 로봇 관절 브레이크를 작동하고 전원을 꺼 로봇이 움직이지 못하게 한 후에 수술을 하는 의사가 수동으로 생검 바늘을 환자의 머리에서 생검 위치까지 밀어 넣는다. 로봇의 능동적 움직임보다는 수동적으로 정확한 위치를 고정시키기 위한 장치로 사용되었지만 그 시절 로봇의 장점을 잘 활용한 예이다.

지금까지 많은 로봇이 의료 활동에 응용되고 있다. 이러한 의료용 로봇의 큰 특징은 의료용 도구로 사용함에 있어서 의료용 승인을 얻어야 한다는 점이다. 대표적인 국제 표준인 ISO에 정해진 절차적 안전성과 실제 임상적 효용성이라는 면에서 허가기관 — 한국 식약청이나 미국 FDA — 의 허가를 받아야만 사용할 수 있다. 이러한 의료용 안전성 및 효용성에 관한 승인과 사업화를 위한 제품 측면에서 두 가지 중요한 제품이 개발되었다.

일반적으로 로봇이 작업을 하려면 대상물이 중요하다. 특히 대상물이 고체 형태로 모양이 고정되면 비교적 쉽게 다룰 수 있지만 물렁거리면서 모양이 변하는 대상은 고려할 내용이 많다. 사람을 대상으로 하는 의료 로봇에서는 인체를 구성하는 조직이 대상물이 되고 여기에는 뼈와 같이 딱딱하고 고정된 모양을 가지는 기관(hard-tissue)이 있고 안쪽 장기처럼 다양하게 모양이 변하는 조직(soft-tissue)이 있다.

Hard-tissue와 soft-tissue를 다루는 로봇은 조금 다른 경향을 보이고 이를 기반으로 분류해보면 의료용 로봇의 대표적인 제품이 이 두 가

지 응용처와 같다는 것이 자연스러운 발달 수순인 것
같다.

| 경조직 수술 로봇 |

사람의 뼈를 다루는 의료 로봇 관련해서 정형외과
수술에서 인공관절치환술에 사용할 목적으로 Curexo
사의 Robodoc이 최초로 개발되었고 기능이 계속해
서 개선되고 있다.

나이가 들어가면서 관절 연골이 점차 마모되는 퇴
행성 질환에 인공관절치환술이 많이 사용되고 있다.

〈그림 4〉 Robodoc

〈그림 5〉의 무릎관절치환술의 예처럼 각 관절의 손상된 관절연골을 뼈
와 함께 잘라내고 인공 보형물을 삽입해서 기존 무릎관절의 움직임을
낼 수 있도록 하는 것이다. 이때 인공 보형물은 기존 뼈 안에 삽입하고
고정한다.

인공관절 수술 후 좋은 결과를 얻기 위해서는 뼈를 깎아낼 때 인공 보
형물과 밀착이 잘 돼서 기존 관절 움직임을 보일 수 있도록 정밀한 가공
이 필요하다. 이를 수동으로 했을 때는 평균 1~4mm 정도의 오차가 있
고, 인공 보형물을 고정하기 위해 뼈의 중앙에 만드는 구멍의 크기가
36% 정도 더 크게 가공이 되는 문제점들이 있었다.[2]

....

2 Taylor, R. H., H. A. Paul, P. Kazandzides, B. D. Mittelstadt, W. Hanson, J. F. Zuhars, B.
   Williamson, B. L. Musits, E. Glassman, and W. L. Bargar, "An Image-directed Robotic Sys-

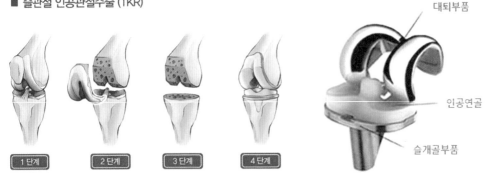

■ 슬관절 인공관절수술 (TKR)

대퇴부품

인공연골

슬개골부품

| 1 단계 | 2 단계 | 3 단계 | 4 단계 |

〈그림 5〉 무릎 인공관절치환술　　　　　　　　　　　　　〈그림 6〉 인공관절

이러한 점을 보완하고 정형외과 수술에서 필요한 정밀 가공 등을 위해서 CAD / CAM 기술을 활용할 수 있는 로봇을 생각했고 1990년대 초반에 미국에서 Robodoc이 개발되었다. Robodoc은 인공관절치환술을 수행하기 위해 기존 손상된 뼈를 어느 정도로, 어떻게 잘라야 인공관절과 잘 결합되어 기능을 잘할 수 있을지 의료영상 이미지 정보를 이용한 컴퓨터 시뮬레이션을 통해 수술 전에 미리 계획할 수 있다.

무릎 인공관절치환술을 위해서 생체에 적합한 소재를 사용해 원래의 무릎관절 동작을 재현할 수 있도록 〈그림 6〉과 같은 인공관절이 잘 개발되어 있다.

환자의 CT 정보를 바탕으로 뼈의 모양과 인공관절을 정합해서 뼈를 깎아 내는 모양을 미리 계획할 수 있다(〈그림 7〉).[3]

·········

tem for Precise Orthopaedic Surgery." IEEE Transactions on Robotics and Automation, 1994, pp.261~275.

3　Barrera, O. Andres, and H. Haider. "Direct Navigation of Surgical Instrumentation." In *Computer-Assisted Musculoskeletal Surgery*, Springer International Publishing, 2016, pp.99~113.

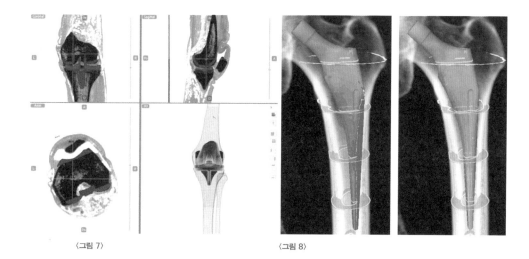

〈그림 7〉   〈그림 8〉

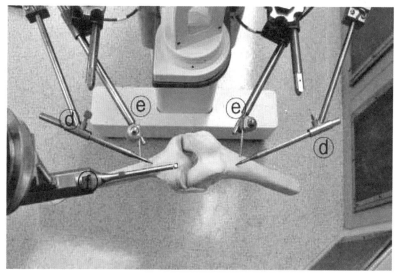

〈그림 9〉

황희선 | 의료 로봇의 기술 발전으로 본 기술의 융합

다른 예로 고관절 인공관절치환술에서 〈그림 8〉처럼 CT에서 얻은 뼈 이미지와 인공관절 위치를 비교해 가면서 인공관절치환술에 적당한 인공관절의 크기 및 모양을 선택하고 뼈에 인공관절을 고정하기 위해 만드는 구멍의 크기를 정확하게 계획할 수 있다.[4]

〈그림 8〉 왼쪽에서 보는 것처럼 기존 뼈의 구멍 가공이 잘못되어 인공관절에서 삽입고정 부분이 중앙에 오지 않고 한쪽으로 치우치는 것을 미리 알고(붉은색 표시) 오른쪽처럼 구멍의 크기나 방향을 수정할 수 있다.

이렇게 수술 전에 미리 계획된 경로를 따라서 로봇이 뼈를 가공하는 것이다. Robodoc의 각 장치들을 자세히 보면 수술 중에 뼈 위치를 고정하는 장치(e)가 있고 뼈 움직임을 감지하는 장치(d)와 결합해서 뼈를 잘라내는(milling) 장치(f)가 작동한다.

| 연조직 수술 로봇 |

인체의 연질 조직을 대상으로 하는 수술 로봇 중에 가장 대표적인 것이 복강경 수술 로봇일 것이다. 다빈치 로봇으로 많이 알려져 있으며 기존 복강경 수술에서 필요했던 여러 약점을 보완할 수 있는 도구이다.

복강경 수술은 피부 절개를 최소한으로 하여 시각 정보를 위한 카메라가 장착된 내시경과 수술을 위한 도구를 넣기 위한 구멍 2~3개를 활용해 신체 내부를 수술하는 기법이다. 수술 후에 흉터가 적을 뿐만 아니

---

4 Steen, Alexander, and Marcus Widegren. "3D Visualization for Pre-operative Planning of Orthopedic Surgery." SIGRAD, 2013.

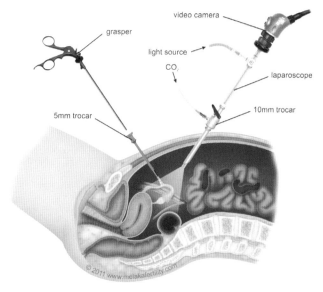

〈그림 10〉 복강경 수술

라 출혈이 적고 병원에 입원해 있는 기간이 짧은 것 등 여러 장점이 있어서 대중화된 수술 방법 중 하나이다.

1980년대 중후반 NASA에서 가상현실(virtual reality, VR)을 연구하는 Ames Research Centre에서 telepresence surgery라는 개념을 의료 로봇에 응용하려는 연구를 진행했다. Telepresence는 실제 위치하고 있는 장소에 상관없이 목적하는 장소에 있는 것처럼 느끼게 해 주는 기술이다. 감감을 통해서 느끼는 것들이 현실과는 다르게 사용자가 멀리 떨어진 다른 장소에 있다고 느낄 수 있게 할 뿐만 아니라 그 장소에 물리적인 힘도 미칠 수 있도록 하여 작업할 수 있도록 하는 기술이다. NASA에서 하는 우주 관련 연구들을 생각해 보면, 실제 사람이 우주정거장이나 달에 있는 것처럼 느끼고 작업할 수 있도록 하기 위해 필요한 기술이다.

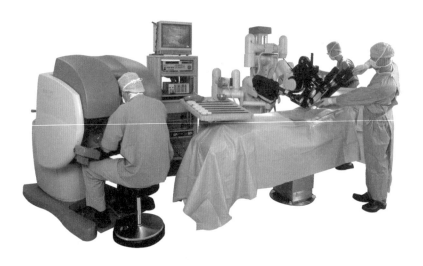

〈그림 11〉 Da vinci robot

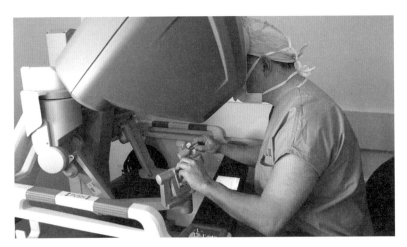

〈그림 12〉 Da vinci console

이런 NASA 팀과 Stanford 대학 로봇 팀이 함께 손 수술(hand surgery)을 위한 tele manipulator[5]를 개발했으며 실제 수술할 때 도구나 손에서 느낄 수 있는 감각을 전달하기 위한 기술을 개발하는데 집중했다. 예를 들어, 다른 곳에 있는 로봇에 충격이 가해지면 로봇을 움직이기 위해 사람이 잡고 있던 도구에도 떨림이 생겨 그 충격을 느낄 수 있다. 후에 외과의사들과 복강경 전문가들이 팀에 합류하면서 기존 복강경 수술의 약점을 극복할 수 있을 것으로 고려되면서 복강경 로봇 개발이 시작되었다.

이때 미국 군대는 전장에서 사용할 수 있는 원거리 수술 로봇 개발에 관심이 있었다. 그래서 처음에는 미 육군에서 자금 지원을 받은 Computer Motion 사에서 AESOP(Automated Endoscopic System for Optimal Positioning)이라는 로봇 팔을 개발하였다. 복강경 수술에서 의사의 음성 명령에 따라 복강경 카메라 위치를 조절할 수 있는 기능을 가진 것이었다. 그리고 얼마 후에 NASA와 Stanford 대학 팀에서 개발한 telepresence 개념을 다시 디자인하고 기술을 발전시켜서 Integrated Surgical Systems 사에서 da Vinci surgical system을 개발하였다.

〈그림 11〉처럼 복강경 수술을 수행하는 의사(왼쪽)는 콘솔에 앉아서 복강경 영상 장치를 통해 볼 수 있는 화면을 기반으로 로봇을 움직일 수 있다. 이 로봇은 사용 목적에 따라 로봇에 장착하는 도구를 바꿀 수 있다 (오른쪽).

복강경 수술 로봇은 대부분 이러한 tele-robot 기술을 활용한다. 복각경 수술 도구를 직접 잡고 수동으로 하던 복강경 수술의 불편한 점을

....

5 manipulator는 로봇 팔을 지칭하는 것으로 manipulation을 위한 도구를 의미한다. tele manipulator는 직접 manipulator를 움직이는 것이 아니라 다른 곳(tele)에 있는 manipulator 를 통신이나 다른 방법으로 움직이는 것을 말한다.

황희선 | 의료 로봇의 기술 발전으로 본 기술의 융합

〈그림 12〉의 콘솔 장치에서 카메라 영상을 보면서 두 손과 두 발을 움직여 로봇을 조종한다. 장점 중의 일례로 로봇을 사용함으로써 사람 동작과 이에 상응하는 로봇 움직임의 스케일을 조절할 수 있다. 의사가 콘솔에서 많이 움직이더라도 실제 로봇은 조금만 움직이게 만들 수 있어서 복강경 수술에 필요한 미세한 움직임을 구현할 수 있다.

현재의 수술 로봇은 수술 도구 개념으로 의사의 수술 행위를 좀 더 정밀하고 안전하게 할 수 있도록 한다. 사람들은 스스로 수술할 수 있는 로봇을 많이 상상하지만 의사의 관여 없이 수술 로봇이 자동으로 수술하는 것은 아직 기술적으로 많이 부족한 상황이다. 이러한 상황에서 복강경 수술 후에 절개된 부분 봉합을 수술 의사의 관여 없이 로봇 혼자서 하도록 하는 시도가 있었다.[6] 비록 단순하고 반복적인 작업이지만 자동화된 수술 로봇에서 필요로 하는 기본적인 기술에 대해서 논의할 수 있었다.

복강경 수술에서 봉합을 위한 도구를 활용해 〈그림 13〉처럼 반복적으로 절개 부위를 따라 자동으로 봉합을 진행했다.[7]

〈그림 14〉에서는 왼쪽의 로봇이 자동으로 진행한 봉합과 오른쪽의 사람이 진행한 봉합의 결과물이 비슷한 수준임을 확인할 수 있다.

여기서 중요한 것은 봉합하려는 대상의 모양과 위치 등을 정확하게 인지하는 것이다. 사람이 봉합할 때도 시각적 정보가 중요한 것처럼 로

....

6 Shademan, Azad, Ryan S. Decker, Justin D. Opfermann, Simon Leonard, Axel Krieger, and Peter CW Kim. "Supervised autonomous robotic soft tissue surgery." Science translational medicine 8, no. 337, 2016, 337ra64-337ra64.

7 Leonard, Simon, Kyle L. Wu, Yonjae Kim, Axel Krieger, and Peter CW Kim. "Smart tissue anastomosis robot (STAR): A vision-guided robotics system for laparoscopic suturing." *IEEE Transactions on Biomedical Engineering* 1, no. 4, 2014, pp.1305~1317.

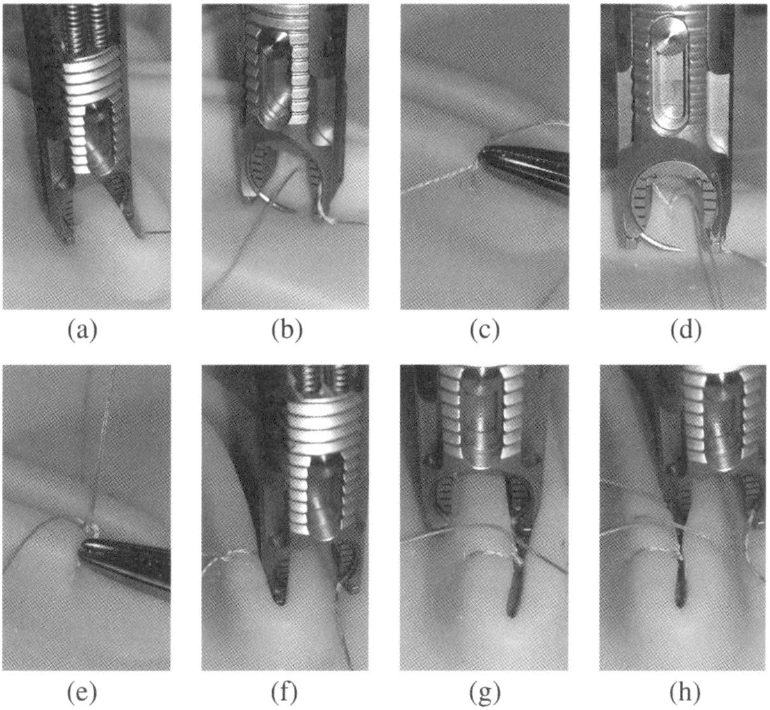

(a)　　　　(b)　　　　(c)　　　　(d)

(e)　　　　(f)　　　　(g)　　　　(h)

〈그림 13〉

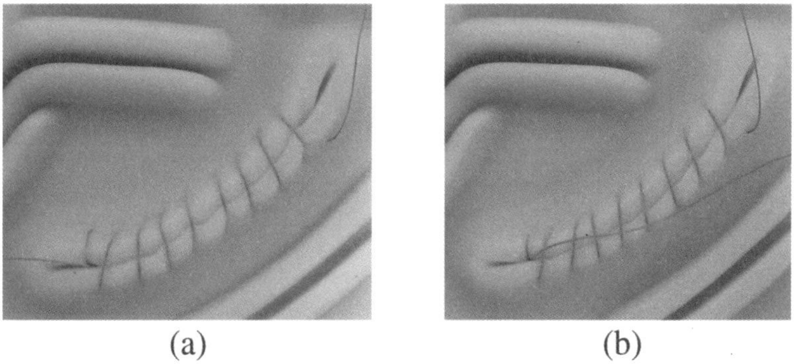

(a)　　　　　　　　　　(b)

〈그림 14〉

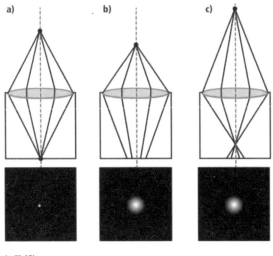

<그림 15>

봇도 위치를 파악할 수 있는 시각 정보가 중요한데 일반적인 카메라 한 개로는 2차원 평면 정보만 얻을 수 있어서 대상까지의 거리 정보가 부족하다. 사람이 두개의 눈에서 얻은 정보를 사용해서 거리를 확인할 수 있는 것처럼 로봇도 카메라 2대를 사용하면 거리 정보를 얻을 수 있다.

하지만 지름 20mm 정도의 작은 구경에 수술을 위한 도구와 카메라 2대를 함께 사용해야 하는 복강경 수술에서는 한 개의 카메라를 이용해서 거리 정보를 얻을 수 있는 방법이 있으면 좋을 것이다. 이러한 기능을 가진 카메라를 plenoptic camera라고 한다.

일반적인 카메라에서는 <그림 15>에서처럼 물체가 카메라 렌즈의 초점거리에 있을 때 a)에서 보는 것처럼 선명한 영상을 구할 수 있다. 하지만 물체가 초점거리 보다 가깝거나(b)) 멀게 있으면(c)) 영상이 선명하지 않고 뿌옇게 나온다. 이처럼 일반 카메라에서는 물체가 초점 거리보

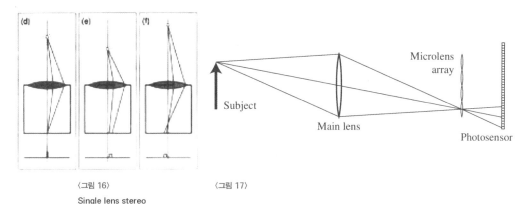

〈그림 16〉
Single lens stereo

〈그림 17〉

다 가깝게 있는지 멀게 있는지를 나타내는 정보를 얻을 수 없다.

'Single lens stereo'라는 개념이 있다. 이는 〈그림 16〉처럼 일반 카메라에서 렌즈의 왼쪽 반을 가리면 물체가 초점 거리에 있을 때(d) 이미지 장치에서 선명한 영상을 얻을 수 있는 것이다. 반면에 물체가 초점 거리보다 가깝게 있을 때는 이미지 장치의 중앙보다 오른쪽에 뿌연 영상을 얻을 수 있을 것이고(e) 초점거리보다 멀게 있으면 (f)에서 보는 것처럼 중앙보다 왼쪽에 뿌연 영상을 얻을 수 있을 것이다. 이렇게 single lens stereo 개념을 사용해서 여러 장의 영상을 획득하면 거리 정보를 얻을 수 있다.

'Plenoptic camera'에서는 main lens보다 훨씬 작은 렌즈들로 이루어진 array를 이미지센서 앞에 두고 이 마이크로렌즈를 통과한 이미지를 얻게 된다.

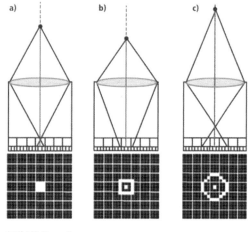

〈그림 18〉 Plenoptic camera

황희선 | 의료 로봇의 기술 발전으로 본 기술의 융합

〈그림 19〉 Plenoptic camera refocusing

이러한 구조에서 〈그림 18〉처럼 마이크로 렌즈를 통과한 빛이 각도에 따라 다른 영상을 보이는 것을 알 수 있다. 물체가 초점 거리보다 가깝거나(b)) 멀리 있을 때(c)) 마이크로 렌즈를 통과한 빛의 각도에 따라 이미지센서에 다다르는 패턴이 달라져 이미지센서의 패턴 정보를 얻게되면 물체의 위치 정보를 알 수 있게 되는 것이다.

이렇게 plenoptic camera로 얻은 영상에서 얻은 거리 정보를 잘 처리하면 한 장의 사진으로 focusing이 다른 영상을 얻을 수 있다.

봉합 자동화 과정에서 봉합하려는 상처 자국을 tracking 하기가 어려운 경우가 발생한다. 환자가 움직이거나 연조직을 잡고 조작하면서 너무 쉽게 휘어버리는 등의 문제로 가시광선 기반의 카메라만으로는 부족할 때가 있다. 이런 문제점을 해결하기 위해 수술 등에서 절삭이나 봉합의 대상이 되는 연조직을 다른 조직과 확실하게 구별하기 위해 마커를 사용한다. 일상생활에서 다른 것과 구별하기 위해 표시를 하는 것처럼 조작 대상이 되는 연조직에 바이오 마킹을 해서 카메라 등의 영상장치를 통해 다른 조직과 뚜렷하게 구별할 수 있도록 하는 기술이다.

복강경 수술에서는 가시광선에 기반한 마커 구별보다는 near-in-

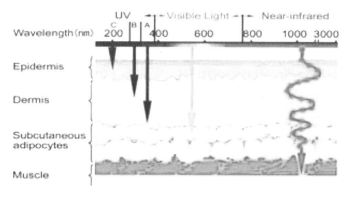

〈그림 20〉 Near infrared

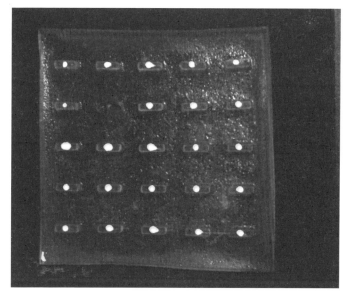

〈그림 21〉

frared(NIR)를 활용한 마킹을 활용한다. NIR 빛은 〈그림 20〉에서처럼 생체 내에서 투과율이 높아서 노이즈 대비 신호비가 좋아 뚜렷한 영상을 얻을 수 있다.

움직임을 보고 싶은 연조직에 ICG(indocyanine green)를 피펫 같은 기구를 이용해서 마킹을 하고 외부에서 LED(파장 760nm) 빛을 조사하면 ICG가 이에 반응해서 특정 파장의 빛을 방출하고 이 빛을 찍을 수 있는 카메라를 이용하면 연조직의 위치를 정확히 알 수 있다. 〈그림 21〉은 NIR camera 영상과 일반 가시광선 카메라 영상을 정합해서 보여주는 것으로 녹색의 마커를 확인할 수 있다.[8]

| 맺음말 |

처음 산업용 로봇을 활용해서 뇌 생검용 바늘의 정확한 위치를 고정하는 단순한 장치에서부터 정밀하게 뼈를 가공해서 인공관절치환술의 성능을 높이거나 복강경 수술 후 봉합을 자동으로 할 수 있는 로봇까지 발전하고 있는 수술용 로봇에서 필요한 기술들을 간략하게 설명했다. 비록 여기서 언급한 경조직과 연조직 수술 로봇은 의료 로봇은 물론이고 수술 로봇 분야에서 일부분일 뿐이지만 로봇을 매개체로 해서 여러 분야의 기술을 융합하면서 필요로 하는 기능을 구현 가능하게 하고 있다.

처음 Unimate라는 산업용 로봇을 만들었을 때 중요한 건 기계 및 전기전자 공학 지식이었을 것이다. 현재의 로봇은 여러 분야의 기술들이 모여서 새로운 응용을 개발해 내는 좋은 플랫폼이 되고 있다.

....
8 S. Leonard, A. Shademan, Y. Kim, A. Krieger and P. C. W. Kim, "Smart Tissue Anastomosis Robot (STAR): Accuracy evaluation for supervisory suturing using near-infrared fluorescent markers," 2014 IEEE International Conference on Robotics and Automation (ICRA), Hong Kong, 2014, pp.1889~1894.

참고문헌

Barrera, O. Andres, and H. Haider. "Direct Navigation of Surgical Instrumentation." In *Computer-Assisted Musculoskeletal Surgery*, Springer International Publishing, 2016.

Edward H. Adelson and John Y.A.Wang, "Single lens stereo with a plentoptic camera," IEEE Transactions on pattern analysis and machine intelligence, 14(2), 1992.

Leonard, Simon, Kyle L. Wu, Yonjae Kim, Axel Krieger, and Peter CW Kim. "Smart tissue anastomosis robot (STAR): A vision-guided robotics system for laparoscopic suturing." *IEEE Transactions on Biomedical Engineering* 1, no. 4, 2014.

Ren Ng, Marc Levoy, Mathieu Bredif, Gene Duval, Mark Horowitz, and Pat Hanrahan, "Light Field Photography with a hand-held plenoptic camera," Stanford Tech Report CTSR 2005-02.

S. Leonard, A. Shademan, Y. Kim, A. Krieger and P. C. W. Kim, "Smart Tissue Anastomosis Robot (STAR): Accuracy evaluation for supervisory suturing using near-infrared fluorescent markers," 2014 IEEE International Conference on Robotics and Automation (ICRA), Hong Kong, 2014.

Shademan, Azad, Ryan S. Decker, Justin D. Opfermann, Simon Leonard, Axel Krieger, and Peter CW Kim. "Supervised autonomous robotic soft tissue surgery." Science translational medicine 8, no. 337, 2016.

Song, Eun Kyoo, and Jong Keun Seon. Computer Assisted Orthopedic Surgery in TKA. INTECH Open Access Publisher, 2012.

Steen, Alexander, and Marcus Widegren. "3D Visualization for Pre-operative Planning of Orthopedic Surgery." SIGRAD, 2013.

Taylor, R. H., H. A. Paul, P. Kazandzides, B. D. Mittelstadt, W. Hanson, J. F. Zuhars, B. Williamson, B. L. Musits, E. Glassman, and W. L. Bargar, "An Image-directed Robotic System for Precise Orthopaedic Surgery." IEEE Transactions on Robotics and Automation, 1994.

Y. S. Kwoh, J. Hou, E. A. Jonckheere and S. Hayati, "A robot with improved absolute positioning accuracy for CT guided stereotactic brain surgery," in *IEEE Transactions on Biomedical Engineering*, vol. 35, no. 2, Feb. 1988.

극한환경 로봇의 세계

유선철

| 극한환경 로봇이란? |

극한환경 로봇이란 사람이 일할 수 없는 환경에서 작업을 하는 로봇이나, 사람에게는 매우 위험한 환경에서 대신 일을 해주는 로봇을 말한다. 예를 들면, 원자력 발전소 내부 수리와 같이 극심한 방사능에 누출되는 업무는 로봇이 할 수밖에 없다. 또한 화재진압이나 전쟁터에서의 임무수행은 사람이 할 수 있으나, 매우 위험한 일이므로 로봇으로 대체되고 있다. 더 나아가서, 단조롭고 힘들어 사람들이 기피하는 일도 점차 로봇으로 대체되고 있다. 극한환경 로봇들은 모양이나 기능이 중장비에 가깝고, 특수한 목적만을 위해 제작되므로 그다지 알려져 있지 않은 경우가 대부분이다. 극한환경 로봇은 다른 대체 수단이 거의 없으며, 극한환경 중의 활동이 늘어나고 있어 지속적으로 발전하고 있다.

| 극한환경 로봇의 활용분야 |

극한환경 로봇은 로봇에 의한 무인화의 이점을 가장 크게 누릴 수 있다. 잠수함의 경우, 승조원의 안전을 고려하는 것이 설계에서 가장 높은 우선순위를 가지고 있다. 생존 공간 및 숨을 쉬기 위한 산소공급 장치, 이중, 삼중의 안전장치 등 유인시스템만으로도 크기가 커지고 이를 위한 전원시스템 및 추진기도 덩달아 커지게 된다. 반면 잠수함을 수중 로봇으로 자동화 할 경우, 임무의 목표만 생각하고 설계하면 된다. 산소공급 장치 같은 것이 아예 필요 없게 되는 것이다. 탐사가 주목적이면 센서를 많이 달고, 무기로 쓰고 싶다면 어뢰를 많이 장착하면 된다. 또한 최악의 상황에서 로봇이 파괴되어도 인명피해 없이 금전적 손실만을 입으므로, 안전장치들도 대폭 줄어든다. 사람이 탑승할 때에 필요한 모든 유인시스템이 고스란히 빠지게 되는 만큼, 크기를 대폭 줄이면서 성능은 크게 높이며, 가격도 급격히 내려가게 되는 것이다. 정찰용 무인기인 '글로벌 호크(Global Hawk)' 역시 조정사에 관련된 모든 시스템이 빠지게 되므로, 날개가 크고 소형화된 독특한 형상의 동체가 나오게 된 것이다.

극한환경 로봇의 개발엔 막대한 개발비가 들어간다. 그러므로 부가가치가 높은 순서대로 로봇에 의해 자동화가 진행된다. 극한환경 로봇의 대표적인 예는 다음과 같다.

1) 전쟁용 로봇

거대한 군수시장이 존재하는 전쟁용 무기들은 오래 전부터 로봇에 의해 무인화가 진행되어 왔으며, IT기술의 발달과 더불어 개발 속도가 계속 가속화되고 있다. 전쟁용 로봇은 언론에 자주 등장하면서 가장 많이 알려진 로봇이기도 하다. 초창기에 정찰용 등 정보 수집이나, 군수물자 이송 등 비살상 분야에 적용되었으나, 이제는 총기나 폭탄 등 인명살상 기능을 추가하게 되어 논란이 되고 있다.

2) 자원탐사

희토류와 같은 고가자원 탐사 및 채굴을 들 수 있다. 육상에서 사람이 쉽게 가서 탐사할 수 있는 지역의 탐사는 거의 끝났다. 남은 것은 이때까지 사람이 탐사하기 어려웠던 지역들 — 북극, 심해, 사막, 험난한 산악 등 극한환경 지역들이다. 최근에는 자원 가격이 급등함에 따라 심해 자원탐사 / 채굴 로봇 등이 속속들이 개발되고 있다.

자원의 가격이 올라갈수록, 극한환경에서의 자원탐사는 치열해진다.

3) 구조용 로봇

위험한 화재, 재난, 건물붕괴 등에 사용되는 로봇이다. 지진으로 붕괴

된 구조물의 내부 상황을 미리 알아보는 소형 로봇부터, 화재 중에 사람을 구출해야 할 경우, 로봇이 접근해서 로봇 내부에 사람을 싣고 안전한 곳으로 이동하는 로봇까지 다양하게 발달되고 있다. 다양한 구조용 로봇이 개발되고 있으나, 현장에서의 적용은 어려운 점이 매우 많다. 우선 화재, 지진 등 재난현장은 변수가 많은 예측불가의 상황이며, 임무 자체가 사람을 구출하는 일이므로, 실패가 바로 인명사고로 직결된다. 구조용 로봇의 개발은 오랜 시간 현장에서의 실증과 개선을 거쳐 개발해야 하는 영역이다.

4) 우주용 로봇

인공위성, 탐사용 로봇 등 우주는 극한환경 로봇이 가장 많이 쓰이는 곳이다. 우주에 물체를 옮기기 위해서는 1kg에 수백~수천만 원의 비용이 든다. 이에 위성 등의 소형화, 경량화가 급속히 발달하여, 최근에는 약 10cm의 입방체인 CubeSat과 같은 초소형 위성도 나오게 되었다. 또한 로봇으로 인해 우주개발의 전개방식도 변하게 되었다.

1969년의 달 탐사는 유인시스템인 아폴로 11호를 이용하였고, 많은 제약이 있었다. 그러나 2008년의 화성 탐사는 소형화된 무인로봇시스템을 이용하였으므로, 우주 탐사의 범위를 비약적으로 늘리게 되었다. 향후, 우주용 로봇의 지능화와 소형화는 더욱 많이 진행될 것이다.

5) 수중 / 수상 로봇

강이나 바다와 같이 물에서 임무를 수행하는 로봇이다. 일반적인 선박을 무인화한 수상 로봇이 있으며, 잠수정과 같이 수중이동체를 무인화한 수중 로봇, 무한궤도 등을 부착하고 해저지형을 이동하는 수중 무한궤도 로봇(Underwater Crawler) 등이 있다. 수상 로봇은 범용 선박이나 보트에 무인조종장치를 부착하는 방법이 널리 사용된다.

수중은 우주처럼 사람이 활동하기 어려운 극한환경이므로, 로봇의 개발이 많이 진행되어 왔다. 수중 로봇은 수중드론, 무인잠수정이라는 이름으로 불리기도 한다. 수중 로봇의 경우, 고정익 비행기와 같이 이동성능에 특화된 어뢰형 로봇과 헬리콥터와 같이 정점유지 등에 특화된 호버링형(Hovering) 로봇 등이 있다. 수중 로봇은 해양조사, 하천의 환경 모니터링, 해저자원탐사, 군사작전 등에 사용된다. 무한궤도를 장착하고 해저지형을 이동하는 로봇의 경우, 자원채취나 해저케이블 매설과 같은 중작업에 사용된다. 또한 수중 작업용 로봇의 경우, 지능을 가지고 자율적으로 움직이는 로봇은 거의 없으며, 작업의 성격상 중장비에 가깝다.

6) 원자력 발전소 로봇

방사능의 문제로, 로봇이 많이 사용된다. 내부의 유지보수를 위해 이동할 때 바퀴를 사용하거나, 모노레일처럼 레일에 매달려서 이동하는

〈그림 1〉 정밀탐사용 포스텍 무인자율 수중 로봇(AUV) '싸이클롭스(Cyclops)'

〈그림 2〉 수중 로봇 싸이클롭스를 이용하여 생성한 3차원 해저지도

로봇 등을 사용한다. 원자로의 유지보수, 냉각수 내부의 작업 등에도 로봇이 사용된다.

7) 기타 로봇

관내 검사 : 파이프 내부와 같이 좁고 밀폐되어 있으며, 사람이 들어가기 어려운 곳의 안전검사에는 로봇이 투입된다. 상하수도는 사람이 상시 이용하는 특성상, 단수조치 없이 물이 흐르는 중에 검사를 하는 로봇들이 개발되었다. 또한 원유관이나 장거리 가스관등은 밀봉검사 등이 매우 중요하나, 인력에 의한 검사 및 유지보수가 어려우므로, 로봇이 많이 개발되었다. 관내검사는, 원통의 파이프 내부라는 정형화된 환경이므로, 극한환경 로봇 중에서는 상대적으로 개발이 용이한 편이다.

| 극한환경 로봇의 특징 |

극한환경 로봇은 일반적인 로봇들과 어떤 점이 다를까? 환경과 용도의 특수성으로 인해 다음과 같은 점이 대표적으로 차이가 있다.

1) 환경의 제약

극한환경 로봇은 작동환경에 제약이 가장 크다. 가령 우주의 경우, 진공은 10미터 방수에 해당하므로 로봇 동체의 밀봉은 어렵지 않으나, 극심한 기온 변화와 우주 먼지, 방사성 등을 견딜 수 있도록 로봇을 만들어야 한다. 해양의 경우는 방열의 문제는 크지 않다. 물은 0도 이상이며 로봇이 물에 잠겨있으므로 공기 중보다 오히려 기기냉각 등에는 유리한 환경이다. 그러나 깊은 수심에서 수압에 견딜 수 있도록 높은 강도의 동체를 설계해야 한다. 또한 물속에서는 전파, GPS가 통하지 않아서 통신과 위치 파악이 매우 어렵다. 이러한 특수한 환경에서 임무를 수행하기 위해서 로봇은 센싱과 액츄에이션(Actuation)이 모두 특수한 시스템으로 제작된다.

2) 신뢰도 중시

많은 경우, 로봇들은 속도나 정밀도, 범용성 등을 중요시 여긴다. 극한환경 로봇의 경우는 항상 신뢰도가 최우선이다. 군사용 로봇의 경우, 잘못된 곳으로 무기를 발사하면 무고한 사람들이 목숨을 잃을 수 있다. 우주 탐사 로봇의 경우, 우주로 쏘아올린 후에 로봇이 제대로 작동하지 않으면, 발사 비용 등 큰 손실을 입게 된다. 이와 같이 극한환경 작업 로봇의 신뢰도는 다른 로봇들 보다 훨씬 더 중요하다. 그래서 많은 경우 이중, 삼중으로 안전장치를 마련하며, 첨단의 기능보다는 신뢰성과 안전성을 최우선으로 생각한다. 이는 산업용 로봇과 비슷한 특징이기도 하다. 예를 들어서, 일반 로봇의 센서에 문제가 생기면, 에러 메시지를 보내고 작동을 종료할 수도 있다. 그러나 극한환경 로봇의 경우, 스스로 수리하거나, 대안을 찾아야 한다. 복구진단 프로그램으로 센서의 문제점을 파악하고, 재부팅, 프로그램 재실행 등의 수리 조치를 취하며, 그래도 해결이 되지 않으면 정상작동 하는 다른 센서들을 최대한 활용하여 주어진 임무를 최대한 완수하도록 운영방법을 바꾼다. 또한 검증된 기술만을 매우 보수적으로 도입하는 것이 일반적이다. 몇 년 간 상시 가동하여, 온도변화, 전압강하, 노이즈 등 여러 변수 속에서도 정상 작동하여, 신뢰성 보증된 부품이라면, 쉽게 대체하기가 어렵다. 우주 로봇에 아직도 수십 년 전에 쓰던 386이나 486 CPU가 들어간다는 보도가 나오는 이유는 이 때문이다. 산업용 로봇과의 차이는 공장과 같이 정형화된 환경이 아닌 예측불가의 변수가 많은 환경에서, 대량 생산되는 로봇 아닌 시제품 수준의 적은 수량의 로봇으로, 그 이상의 신뢰도를 확보해야 하는 점이다. 이 부분은, 극한환경 로봇 개발에 있어서 가장 어려운 점이다.

3) 특수 센싱 및 움직임

환경의 제약과 신뢰도를 매우 중시하는 특성으로 인해, 로봇의 센싱 방법이 환경과 목적에 맞게 특수화 된다. 가령 수중 로봇의 경우, 전파가 통하지 않으므로 초음파로 통신을 하며, 로봇의 위치도 초음파로 해저 면과의 속도를 재거나 내장된 관성항법장치(이동하는 물체의 가속도와 각속도를 이용하여, 물체의 위치, 자세 등을 측정하는 장치)를 이용한다. 같은 수중 로봇이라도 상수도 파이프의 내부를 검사하는 로봇의 경우, 초음파를 사용하면 메아리처럼 사방에서 소리가 울려서 사용이 어렵다. 이 경우는 로봇에서 레이저를 쏘아서 파이프 벽면과의 거리를 측정하는 방법을 사용한다. 물속에서 움직일 때도, 프로펠러 이외에도, 물고기나 거북이의 지느러미(발)처럼 다양한 생물의 움직임을 이용한 이동방법도 있다. 무중력 상태의 우주에서, 인공위성은 아주 정밀하게 자세를 바꿀 필요가 있다. 일반적인 제트추진방식 등은 너무 강력해서 정밀한 제어가 힘들다. 그래서 인공위성 등에는 자이로 효과(회전 중인 자이로를 특정 방향으로 비틀면, 비튼 방향의 수직 방향에서 새로운 비트는 힘이 나오는 현상)를 이용하여 섬세하게 자세를 제어한다.

4) 임무별 맞춤제작

환경에 제약은 로봇설계에 큰 영향을 미친다. 매우 제한된 환경 중에서 확실하게 임무를 수행하려면 선택의 폭이 매우 좁아진다. 딱 임무에 맞춰서 최적화 되도록 제작해야만 성능과 신뢰도를 보장할 수 있게 되는 것이다. 그래서 극한환경 로봇들은 여러 용도로 쓸 수 있는 범용로봇을 만들기는 매우 어렵다. 어려운 극한환경일수록, 임무와 용도에 맞게 세세한 부분까지 슈퍼카처럼 맞춤제작 하는 형태를 가지게 된다. 가령 해저 면에서 암석을 줍는 수중 로봇이라고 하여도, 조류가 빠른 곳에서 작업을 하는 경우는 추진력이 큰 대형 프로펠러를 장착해야 하며, 이에 필요한 전기 공급 시스템 및 로봇 동체도 대형화되므로, 결과적으로 대형 로봇을 제작한다. 반면, 조류가 약한 곳에서는 소형 프로펠러를 장착하여 소형 로봇을 제작해야 한다. 대형 수중 로봇을 조류가 약한 곳에서도 쓰면 어떻겠는가 생각할 수도 있다. 그러나 대형 수중 로봇은 수 센티미터 단위의 섬세한 움직임이 어려우며, 바다에 내리거나 올리기 위해서는 대형 크레인 등이 있는 큰 배가 필요하다. 이러한 큰 배는 운용 가능한 항구나 항로에 제약이 있다. 결국 단독주택처럼, 사용자의 주문과 목적에 딱 맞게 맞춤제작 하는 형태로 만들어진다. 같은 수중 로봇이라도, 운용심도, 조수상황, 핵심이 되는 탑재장비의 특성 등에 따라, 재질과 크기 등이 전혀 다른 형태로 제작된다.

5) 보수적인 지능부여

극한환경 로봇에 지능을 부여하는 일은 매우 보수적이다. 가능하면 최대한 사람이 모니터링을 하거나, 자동화가 되더라도, 결정적인 순간에는 사람이 개입하여 중요 결정을 내릴 수 있는 형태로 개발된다. 아이폰의 시리와 같이, 다양한 지능과 알고리즘을 부담 없이 넣고 개발할 수 있는 환경이 아니다. 대표적인 예가 굴삭기나 불도저 같은 중장비의 경우이다. 중장비의 작업은 사람이 야외에서 원시적인 조작을 지속적으로 반복하며 진행한다. 중장비에 지능을 부여하여 자동 로봇으로 만드는 일은 기술적으로 크게 어렵지는 않다. 대부분의 작업들이 단순 반복이기 때문이다. 그러나 현실에서 중장비 로봇은 찾아보기 힘들다. 왜냐면 로봇이 실수할 경우의 영향이 너무나 크기 때문이다. 가령 굴삭기 작업 중에 상하수도관이나 도시가스관을 잘못 건드리면, 파열과 함께 큰 사고가 난다. 또한 작업장 주변에 보행자가 있을 경우, 작업의 실수는 인명사고로 이어질 수 있다. 통신이 어려운 수중 로봇의 경우, 최신의 인공지능을 부여할 경우, 고도로 복잡한 임무를 수행할 수 있는 가능성과, 인공지능의 문제로 바닷속의 바위에 충돌하여 파괴되거나, 심해에서 부상하지 못하여 로봇을 잃어버리는 위험이 동시에 존재한다. 이러한 이유로 극한환경 로봇의 지능부여는 매우 보수적으로 느리게 진행될 수밖에 없다. 육상에서 이미 충분히 검증된 신뢰도가 높은 지능에 알고리즘을 조금씩 추가하면서 안전성을 확보하고 있는 것이다.

| 극한환경 로봇 산업과 기술 |

슈퍼카는 수요자와 용도가 양산자동차와 다르다. 가격에 민감하지 않은 부유층이 까다로운 요구를 하고, 소수의 유명회사에서 전 세계의 수요를 맞추고 있다. 극한환경 로봇의 산업구조는 슈퍼카와 흡사하다. 그토록 어려운 극한환경 중에서도 로봇을 이용해서라도 꼭 수행해야 하는 중요한 일거리인 만큼, 사용자들은 고가의 비용을 지불한다. 또한 임무의 중요성이 큰 만큼, 로봇을 만드는 곳의 신뢰도와 명성을 중요시 한다. 극한환경 로봇은 소수의 회사나 제작그룹에서 전 세계의 수요를 맞추고 있으며, 연구개발 역시도 한정된 곳을 중심으로 이루어진다. 어려운 점이 많지만 고부가가치이며 매우 안정된 시장이라는 매력으로 인해 끊임 없이 많은 곳에서 도전을 하고 있다. 또한 최근에 중국을 중심으로 국가 적 차원의 기술 확보 차원에서 연구개발이 이루어지고 있다.

　극한환경 로봇 기술은 대표적인 아날로그 타입의 기술이다. 오랜 경 험과 축적된 노하우, 오래된 인프라 기반, 시스템 기술 등이 함께 필요 하다. 이는 프리미엄 진공관 오디오와 매우 비슷한 산업이다. 역동성이 가장 중요한 디지탈산업과는 정반대인 셈이다. 예를 들어서, 수중 로봇 에 사용되는 첨단소너를 분해해 보면, 최첨단의 휴대폰처럼 특수소재나 첨단반도체가 사용되는 경우는 거의 없다. 일반적인 부품이 대부분이 다. 그러나 전자회로 자체가 오래 축적된 경험의 산물이며, 군데군데 모 르게 들어가는 맞춤형 부품들은 회사만의 비법이다. 또한 수십 년에 걸 친 실해역 실험을 통해 최적화된 소프트웨어가 탑재된다. 이러한 시스 템을 오랜 경험을 가진 엔지니어가 한 대씩 제작하여 출하한다. 첨단기 술들이 개발되어도, 대부분은 일반 양산시장과 일반 환경을 겨냥하여 실용화되어지기 때문에, 극한환경에서 사용은 매우 제한될 수밖에 없다. 또 다시 이러한 부품들을 모아서 극한환경 로봇을 제작하고, 운용하는 데는 더 오랜 시간이 걸린다. 이러한 특성 때문에, 극한환경 로봇 및 시 스템에서 선도적 위치에 서기 위해서는 수십 년의 세월이 필요하다. 아 날로그 기술이 발달된 일본과 영국이 극한환경 로봇 기술의 강국인 것 은 우연이 아니다. 단기간에 큰 연구비를 투자하면 선진국과 비슷한 외 형의 극한환경 로봇을 만들 수는 있으나, 비슷한 임무를 수행하며 비슷 한 결과를 얻는 경우는 거의 본적이 없다. 수십 년간 한 우물을 파며 지속된 연구개발의 산물이 극한환경 로봇인 것이다.

극한환경 로봇의 기술은 다른 기술 분야에도 상당한 영향을 미친다. 가령 수중 로봇의 센싱 및 판단 기술은, 자율주행자동차의 악천후 환경에 활용된다. 안개나 우천 시는 일종의 수중 환경이며, 야간 같이 시계가 제약되는 환경은 심해와 비슷하므로, 관련 기술을 활용하고 있다.

최근 선진국을 중심으로 극한환경 로봇들은 큰 전환기를 맞이하고 있다. 저전력의 고성능 칩들이 개발되어, 로봇의 지능 및 제어 성능이 크게 발전하였고, 에너지원인 소형배터리 기술의 비약적인 발전에 힘입어 로봇들의 성능이 큰 폭으로 향상되었다. 로봇의 신뢰도와 성능이 발달하여 실용적으로 적용할 수 있는 분야가 크게 늘어났다. 기술발전에 있어서 임계점을 넘어서고 있는 것이다. 이에 따라, 로봇이 활약하는 분야들과 관련 산업들도 꾸준히 늘어날 것이다.

2장
인공지능 로봇의 문제

인공지능 로봇의 역사와 미래

한재권

| 호모 사피엔스, 호모 파베르 |

인간은 지구상에서 생각 능력이 가장 뛰어나고 도구를 제일 잘 쓰는 생명체이다. 생각 능력이 뛰어나고 도구를 잘 쓴다는 이유만으로 지구라는 행성에서 최고의 포식자가 될 수 있었다. 뿐만 아니라 인간 중에서도 머리가 좋고 도구를 잘 쓰는 인간은(또는 인간 집단은) 더 나은 삶을 사는 경우가 많았다. 그렇기에 지금 이 순간에도 인간은 더 많이 공부하고 더 뛰어난 도구를 만드는 경쟁을 하고 있다.

생각과 도구는 인간의 특징을 정의하는 여러 키워드 중에 대표적인 단어이다. 그래서 인간을 생각 하는 인간, 호모 사피엔스(Homo sapiens)라 부르기도 하고 도구의 인간, 호모 파베르(Homo Faber)라고 정의하기도 한다. "나는 생각한다. 고로 나는 존재한다(Cogito, ergo sum)"라는 데카르트의 논리만 보더라도 우리 인간은 스스로를 생각하는 존재라고 여기고 생각 자체에 인간의 정체성을 부여해 왔다. 그런데 21세기인 지금, 인간을 정의하는 이 두 개의 키워드는 더 이상 인간 고유의 가치가 아니게 되었다. 인공지능 로봇이 등장했기 때문이다.

로봇은 인간이 만든 수많은 도구 중 하나다. 다른 도구들과 크게 다르지 않아 보인다. 하지만 인공지능 로봇에게는 다른 도구들과는 다른 것이 하나 있다. 지금까지의 도구는 물질 영역에서만 존재하였는데 로봇은 물질을 넘어 정신의 영역으로 그 존재의 영역을 확장하고 있다. 다시 말해서 스스로 생각할 줄 아는 도구가 나타난 것이다. 생각하는 인간, 도구를 쓰는 인간이 이제 더 뛰어난 생각을 하기 위해서 인공지능 로봇이라는 생각하는 도구를 쓰기 시작했다.

생각하는 도구의 출연은 인간 세상을 크게 바꿀 것이라고 예상하고 있다. 그래서 2016년 1월 다보스 포럼에서는 인공지능 로봇이 '제4차 산업혁명'을 초래할 것이라고 정리했다. 언제 세상이 이렇게 많이 변했나 싶다. 하지만 우리가 맞이할 4차 산업혁명이 어느 순간 갑자기 등장한 것은 아니다. 실제로는 수많은 과학자와 공학자들이 꾸준히 연구해 온 결과일 뿐이다. 그렇기 때문에 로봇에 대한 미래를 예측고자 한다면 그에 앞서서 지금까지의 로봇의 발전 과정에 대해 짚어보는 것이 필요하다. 온고지신의 마음으로 로봇의 발전 과정을 정리해 보고자 한다.

| 자동제어 기술의 발달과 산업혁명 |

　생각하는 도구, 로봇의 발달은 자동 제어 기술의 역사와 함께했다. 자동제어의 시초는 공교롭게도 제1차 산업혁명을 촉발했던 제임스 와트(James Watt)의 증기기관이다. 1784년 와트는 방적기에 쓰이고 있던 원심식 조속기(flyball governor)를 개량하여 증기기관의 회전수를 일정하게 유지시킬 수 있는 와트 조속기를 고안하였다. 와트 조속기의 발명으로 증기기관은 비로소 외부의 변화에 대응하여 자동으로 속도를 유지할 수 있게 되었다. 자동제어의 기초 개념인 '피드백'에 의한 어떤 물리량의 '유지'가 이때 정립이 되었다. 조속기의 발명은 인간이 자신이 의지에 따라 증기기관을 조종할 수 있게 되었다는 것을 의미했고 증기기관이 비로소 산업 전반의 여러 동력장치로 사용될 수 있었다. 그 뒤로는 모두가 아는 것처럼 1차 산업혁명이 시작되었고 전 세계는 격동의 역사를 맞이하였다.

　19세기 후반, 20세기 초기에는 자동 제어의 안정성에 관한 비약적인 발전이 있었다. 에드워드 루스(Edward John Routh)가 고안하고 아돌프 후루비츠(Adolf Hurwitz)가 체계화한 루스-후루비츠 판별법은 당시 외부 변화에 불안한 경향을 보였던 피드백 자동 제어 시스템을 안정화 시킬 수 있는 기초를 마련해 주었다. 해리 나이퀴스트(Harry Nyquist)는 시스템을 시간 영역이 아닌 주파수 영역으로 가져와서 피드백 자동 제어 시스템의 안정성을 판별할 수 있는 방법을 제안했고 주파수 영역에서의 해석은 핸드릭 보드(Hendrik Wade Bode)에 의해 극적인 발전을 이루게 되었다. 일명 보드 선도(Bode plot)라고 불리는 주파수 기반 제어 안정성

판별법이 고안되면서 자동화된 기계들의 오작동을 보다 정확하게 예측할 수 있게 되었다. 이것은 자동화 기기의 설계가 보다 안정적이면서도 최적화 될 수 있다는 것을 의미했다. 보드 선도의 발명에 힘입어 자동제어 기기들은 신뢰성 높은 믿을 수 있는 기계가 될 수 있었고 기계를 이용한 대량 생산이 가능해지기 시작했다. 그리고 공장 자동화 및 대량 생산 체제에 의한 제2의 산업혁명이 시작되었다. 2차 산업혁명으로 인류는 공산품을 싼 가격에 얻을 수 있게 되었다. 넘쳐나는 싼 가격의 공산품 덕에 인간의 삶의 방식은 점차 공산품에 의존적으로 변해가기 시작했다.

1960~70년대에 이르러 로프티 잘데흐(Lotfi Aliasker Zadeh)와 찰스 데소(Charles A. Desoer)의 선형 시스템 이론은 다수의 입력과 다수의 출력을 동시에 제어하기 위해 고안되었으나 컴퓨터의 작동의 원리로 응용되어 컴퓨터 연산의 기초가 되는 큰 공헌을 하게 된다. 더구나 루돌프 칼만(Rudolf Emil Kálmán)의 칼만 필터는 다수의 입력 상황에서 확률적으로 옳은 결정을 할 수 있는 방안을 고안했고 이것은 자동화 시스템과 센서의 결정력을 향상시켜 지능을 가진 시스템의 시초가 되었다고 평가받고 있다. 뿐만 아니라 최적제어, 적응제어, 신경망제어, 퍼지제어 등 각종 최신 제어 기법이 고안되고 발전되어 기계가 점차 지능화되었다. 기계가 지능화되자 기계는 로봇 또는 컴퓨터의 형태로 인간의 노동을 대체해 나갔다. 더구나 제어 시스템이 점점 빠르고 정교해지자 인간의 운동 능력을 뛰어 넘는 기계가 나타났다. 산업 현장에서는 이 기계들을 이용해서 인간이 하기 힘든 작업을 수행했고 이것을 일반적으로 산업용 로봇이라고 부르게 되었다. 1970~80년대에 이르러 독일, 스위스, 미국, 일본을 중심으로 거대 글로벌 산업용 로봇 회사들이 출현했고 이후 산

업용 로봇의 황금기가 열리게 되었다.

각종 제어기법들의 발명은 산업용 로봇이라는 하드웨어 형태뿐만 아니라 컴퓨터 시스템이라는 소프트웨어 형태로의 발전도 촉발시켰다. 앞서 말한 선형 시스템 이론과 같은 계산 알고리즘뿐 아니라 하드 드라이브에 데이터를 기록하고 읽어 들이는 리더기의 최적제어, 강인제어 등 컴퓨터 기계시스템까지 자동 제어 기법의 발전은 컴퓨터의 연산 능력 발전과 그 궤를 같이했다. 컴퓨터의 발전에 의한 정보통신의 발달은 결국 인터넷의 탄생으로 이어져 인류는 세 번째의 산업혁명을 맞이하게 된다. 정보 통신 혁명으로 불리는 제3차 산업혁명으로 인해 우리는 현재 자동화, 정보화 된 세상에서 살고 있다. 수많은 직업이 책상위에 앉아서 컴퓨터 자판을 두들기고 마우스를 움직이는 형태로 변했고 수십 년 전에는 상상도 하지 못했던 직업들이 생겨나 전 세계가 하나의 시장으로 엮이는 인류 초유의 사태를 맞이하게 된 것이다.

| 인공지능의 등장 |

현재의 인공지능 로봇을 논하기 위해서는 1960~1980년대 고안된 여러 제어 기법 중 인공 신경망 제어에 관해 다루고 넘어갈 필요가 있다. 인공 신경망 제어는 80년대에 연구가 많이 진행되었지만 실제로는 최적 제어나 퍼지 제어에 비해 많이 쓰이진 못했었다. 왜냐하면 기계가 스스로 학습해 나간다는 이론 자체는 훌륭했으나 그것을 구현해 내기에는 당시의 컴퓨팅 기술이 뒷받침해 주지 못했기 때문이다. 그러나 컴퓨터의 연산 능력, 특히 데이터 처리 속도가 기하급수적으로 발전을 거듭하게 되자 빅데이터와 결합하여 딥러닝 기술로 발전하였고 현재와 같이 뛰어난 결과를 보여주기 시작했다.

인공 신경망 제어란 인간의 뇌 구조에서 영감을 받은 방식으로 입력이 들어왔을 때 여러 판단의 단계를 거쳐 적절한 결과를 도출해 내는 것이 목적이다. 처음 입력이 들어왔을 때는 대충의 판단 과정을 거쳐 대충의 답을 도출하게 된다. 그리고 그 결과가 만족스러울 때는 판단했던 과정의 가중치를 강화시킨다. 그래서 다음에 비슷한 입력이 들어왔을 때 더 많은 확률로 적용될 수 있도록 만든다. 반대로 결과가 만족스럽지 않았을 경우에는 방금 수행했던 판단 과정들의 가중치를 낮춰서 다음에 적용될 때 선택될 확률을 떨어뜨린다. 그런 방식으로 수많은 종류의 입력에 대해 이 과정을 수 없이 많이 반복하게 되면 이전에 보지 못한 새로운 입력이 들어오더라도 상당히 높은 확률로 만족스러운 답을 찾아낼 수 있게 된다. 이론적으로는 그렇다. 이 방식의 문제점은 고차원 적인 판단을 요구할 때 발생한다. 복잡한 판단 과정이 필요할수록 신경망 구조는 기하급수적으로 복잡해져서 가중치를 할당하고 최적화 할 때 계획했던 의도와는 다르게 영 다른 방향으로 갈 위험성이 높아졌다. 그래서 1990년대에는 인공 신경망 제어 연구가 거의 없어지는 듯 했다.

그런 분위기에서 2006년 제프리 힌톤(Geoffrey Hinton)이 인공 신경망 제어 방식을 변화시켰다. 이전의 인공 신경망 제어는 사람의 판단력이 개입되어 데이터를 일일이 분류하는 과정을 필요로 했는데 힌톤은 프리 트레이닝(pre-training) 방식으로 알고리즘 스스로가 데이터를 카테고라이징 하도록 만들었다. 그러자 복잡한 신경망 체계에서도 답을 내는 속도가 빠르고 정확해졌다. 이 방식을 가능하게 만들었던 것은 무엇보다도 컴퓨터의 데이터 처리 속도의 증가였다. 또한 GPU라는 새로운 연산 처리 방식까지 도입되자 빅데이터를 처리할 수 있는 능력이 한층 좋아졌다.

힌튼의 인공 신경망 제어는 이전의 인공 신경망 제어에서 한 단계 더 발전했기에 딥러닝이라는 새로운 용어로 부르게 되었다. 그리고 딥러닝을 기반으로 한 인공지능이 얼마나 만족스러운 결정을 하는가의 문제는 결국 얼마나 좋은 컴퓨터가 얼마나 많이 동원되었으며 얼마나 많은 시간을 학습했느냐에 따라 결정되는 문제가 되어 버렸다.

이세돌이 이 사실만 알았더라면 알파고와의 대국을 계약할 때 알파고가 쓰일 컴퓨터의 종류와 개수를 가지고 흥정하지 않았을까 생각한다. 알파고를 만든 구글의 딥마인드 사는 구글이 동원할 수 있는 최대한의 많은 양의 컴퓨터를 병렬연결 했고 그에 힘입어 막대한 기보를 짧은 시간에 학습할 수 있었다. 그리고 대국에서는 돌을 놓기 위해서는 십수 단계의 복잡한 신경망 체계를 거쳐야 함에도 불구하고 짧은 시간 동안 최선의 답을 찾아낼 수 있었다.

사장될 뻔한 알고리즘이 주변 기술의 발전에 힘입어 다시 화려하게 부활하는 예는 종종 찾아볼 수 있는데 인공 신경 제어가 딥러닝으로 재탄생하는 것만큼 극적인 부활은 찾기 힘들 것 같다. 결국 딥러닝이라는 학습 알고리즘으로 인류는 인간의 지능에 필적할 만한 인공지능을 가지게 되었다. 단지 컴퓨터의 데이터 처리 속도가 더 빨라지고 데이터 보관 능력을 더 키워서 인공지능을 점점 더 똑똑하게 만들 일만 남은 것이다.

| 인공지능의 미래 |

데이터 집적능력과 연산 처리 속도가 2년의 2배 증가한다는 법칙을 적용할 경우, 앞으로 14년 후면 2의 7제곱배 즉 128배 정도 똑똑해진다고 볼 수 있다. 보수적으로 잡아도 2030년의 컴퓨터는 지금보다 100배 빨라지고 100배 커진다고 예상할 수 있다. 다시 말해서 100테라바이트 크기의 데이터를 손에 가지고 다닐 수 있으며 페타플롭스급의 연산 능력을 손바닥 크기에서 해낼 수 있다는 것인데 이정도면 인공지능의 학습 능력은 충분히 인간의 능력을 앞설 것으로 예상된다.

위의 예상은 현재의 기술을 바탕으로 한 예측일 뿐 실제로 그렇게 될지는 아무도 모른다. 반대로 얘기하면 오히려 혁신적인 기술의 발명으로 더 빠른 시간 안에 더 획기적인 일이 벌어질 가능성도 있다는 얘기이다. 현재 인공지능의 혁신에 대해 얘기할 때 나오는 이슈는 단연 양자 컴퓨터이다. 0과 1 중에 하나를 골라야하는 현재의 컴퓨터 연산 체계는 인간의 모호한 판단 결정 과정을 모사하기엔 근본적인 한계가 있다. 그 한계를 극복하기 위해서 퍼지제어, 신경망 제어 등이 고안된 것이었는데 그 또한 근본적인 한계를 뛰어 넘지 못했다. 결국 딥러닝이라는 학습에 의존하여 판단력을 높이는 방식으로 갈 수밖에 없었는데 판단 능력 자체는 뛰어날지는 모르겠으나 인간만큼 효율적일 지에 대해서는 의문이 드는 것도 사실이다. 그래서 양자 역학의 복잡도 이론에서 영감을 얻은 양자 컴퓨터에 대한 기대가 모아지고 있다.

양자 컴퓨터에서는 데이터를 0과 1이 아닌 얽힘(entanglement)과 중첩(superposition)의 원리를 적용한 큐비트(qubit)라는 2차원 복소수 벡터 방식으로 표현한다. 따라서 데이터를 양자 역학의 양자처럼 다루고 컴퓨팅에 양자 역학 이론들을 응용하면 양자 역학으로 물리 현상이 설명 가능하듯이 큐비트로 표현된 데이터가 컴퓨팅 연산 결과로 나타날 것으로 기대하고 있다. 이것의 의미는 YES 아니면 NO로 표현해야 하는 0과 1의 현재의 컴퓨터 논리 연산 체계의 한계를 벗어나 데이터 자체에 모호성을 부여해서 얽힘과 중첩의 효과가 이루어질 때 의미 있는 데이터가 될 수 있도록 만들 수 있다는 것이다. 다시 말해서 같은 입력 상황에서도 다른 판단을 하는 비논리적인 인간의 모순까지도 모사할 수 있으며 보다 복잡한 판단 체계를 보다 간단하게 처리할 수 있는 가능성이 있다는 것이다. 딥러닝 알고리즘에 의하면 복잡한 판단을 하기 위해서는 수많은 데이터의 학습과 수많은 컴퓨터의 연산이 필요한데 양자 컴퓨터의 개념을 잘 완성시키면 복합적이고 복잡한 판단을 간단한 알고리즘으로 쉽게 처리할 수 있을지도 모른다는 것이다.

물론 이 모든 것이 양자 역학의 복합도 이론에 기초한 가능성일 뿐이다. 하지만 이 가능성을 실현해 내기 위해서 미국의 구글, 나사, 캐나다의 D-wave system 등 최고 수준의 연구소들이 연구에 매진하고 있다. 인공지능의 미래가 앞으로 어떻게 진화해 나갈지는 아무도 예측할 수도 없다. 그러나 이전과는 비교할 수 없는 속도로 빠르게 진보하고 있는 것만큼은 확실하다.

| 로봇의 한계와 주목해야 할 기술 |

인공지능 기술이 인간에게 물리적으로 직접적인 도움을 주기 위해서는 로봇이라는 하드웨어의 도움을 얻어야 한다. 그래서 4차 산업혁명을 이야기 할 때 '인공지능 로봇'이라고 두 단어가 항상 함께 쓰이고 있는 것 같다. 로봇 하드웨어의 기술은 인간형태의 로봇인 휴머노이드 로봇 기준으로 현재 1세에서 2세 사이의 인간운동 능력과 비슷하다고 평가할 수 있다. ―필자의 주관적인 평가임을 전제한다.― 휴머노이드 로봇의 보행 능력은 현재 걷고 뛰는 것을 배우는 단계인데 평평한 지형에서 걷는 정도는 웬만한 기술을 가진 로봇 연구자라면 이제 실현해 내기 어렵지는 않은 것 같다. 그러나 산길이나 공사장 등 험한 지형을 극복하며 걷기 위해서는 아직 완성해야 할 기술이 많아 보인다.

휴머노이드 로봇이 인간의 운동능력에 미치지 못하고 있는 가장 큰 요인은 구동기의 효율이다. 우리는 아직 인간의 근육과 같이 작고 강하며 에너지 효율이 높은 구동기를 만들어 내지 못하고 있다. 정밀 제어를 가장 쉽게 할 수 있는 구동기인 전기모터가 로봇의 구동기로 가장 널리 쓰이는데 인간의 근육에 비하면 무게 대비 에너지 효율이 십분의 일도 못 미치는 상황이다. 그렇기 때문에 로봇을 최적화해서 설계한 뒤 걷게 만들었을 때 힘없는 노인이 걷는 것과 같은 모양이 나올 수밖에 없다. 평소에 로봇이 걸을 때 왜 사람 같이 잘 걷지 못하는지에 대해 의심이 드셨다면 위의 말이 적절한 설명이 되었을 것이라고 생각한다. 반대로 말해서 로봇의 구동기가 인간의 근육에 필적할 만큼 무게 대비 에너지 효율이 올라가고 힘이 세진다면 로봇이 건강한 성인처럼 움직일 수 있다는 것을 의미한다.

또한 로봇이 인간의 운동 능력에 필적하기 위해서는 에너지 저장 능력과 에너지 소비 효율이 좋아져야 한다. 인간은 하루 세끼 2~3,000kcal의 영양분 흡수만으로 하루에 쓸 에너지를 확보한다. 현재 성인 크기의 휴머노이드 로봇의 경우는 한 시간 동안 움직이기 위해서는 대략 2kWh의 에너지가 요구되는데 칼로리로 환산하면 1720kcal이다. 숫자의 단순 비교만으로도 로봇이 인간에 비해 수십 배의 에너지를 필요로 하고 있다는 것을 알 수 있다. 비록 에너지를 많이 쓰더라도 에너지를 효과적으로 보관할 수만 있다면 크게 문제가 되지 않는다. 그런데 현재 전기 에너지를 저장하는 최고의 방법인 2차전지를 사용하더라도 2kWh의 에너지를 저장할 수 있는 배터리의 무게는 10kg이다. 이렇게 로봇은 아직 에너지 저장 방식과 효율 두 가지 면에서 인간에 비교할 수 없을 정도로 성능이 좋지 못하다. 반대로 말해서 에너지 효율이 증대되고 에너지 보관 방식이 개선된다면 휴머노이드 로봇의 성능이 급격히 발전할 수 있다는 것이다. 따라서 앞으로 로봇의 구동기 기술과 배터리 기술의 발전을 눈여겨본다면 로봇의 발전 정도를 예상할 수 있을 것이다.

| 인공지능 로봇의 등장, 위기인가 기회인가 |

인공지능의 발전과 로봇의 발전은 지금까지 그래 왔듯이 또 다시 산업혁명을 가져올 것으로 예상된다. 산업혁명은 인간의 삶의 방식을 완전히 바꾸었다. 그 변화는 위기이기도 하지만 기회이기도 하다. 제4차 산업혁명을 위기로 맞을 것인가 아니면 기회로 삼을 것인가의 갈림길은 바로 이 순간에 미래를 어떻게 대비하는가에 따라 달려 있다. 변화하는 기술을 지켜보기만 하거나 따라가기만 한다면 변화는 분명 위기로 다가올 것이다. 그러나 변화의 물결에 동참하여 기류를 함께 타고 나간다면 변화는 반드시 기회로 다가올 것이다.

알파고, 후쿠시마, 광화문광장

인공지능 사회의 한 해석

전치형

2016년 3월 9일 수요일. 이세돌 9단과 알파고의 첫 대국이 열리는 날. 조금 여유 있게 서울 세종대로 사거리에 도착한 나는 대국이 열리는 '포시즌스 호텔 서울'로 바로 가는 대신 막 하루 영업을 시작한 광화문 교보문고에 들렀다. 얼마 전 들여 놓았다는 5만년 된 나무로 만든 긴 테이블에 몇 사람이 앉아 책을 읽고 있었다. 찾는 책이 평대와 책장에서 보이지 않아 직원에게 문의했더니 몇 분 후 어딘가에서 가져다주었다. 하루 종일 무겁게 들고 다닐 것을 생각하니 마음이 바뀌어 슬며시 내려놓고 나왔다.

지상으로 올라와서 다시 세종대로 사거리에 서니 건너편에 포시즌스 호텔이 보였다. 저 자리에 호텔이 있었던가 싶어서 찾아보니, 2015년

10월에 문을 연 최고급 호텔이었다. 호텔이 개관할 때 나온 기사에서 총지배인은 "서울은 혁신적인 영감을 주는 곳으로, 세계적으로 가장 흥미로운 도시 중 하나로 떠오르고 있다. 아시아에서 2번째로 큰 도시 서울 그 중에서도 한국의 풍부한 문화와 역사의 중심을 나타내는 상징적인 곳, 광화문에서 포시즌스 서비스를 선보일 수 있다는 점에서 설렌다"라고 말했다.[1] 포시즌스 호텔로 가기 위해 첫 번째 횡단보도를 건너면 오른편 광화문광장에 세월호 천막이 있었다. 그날도 유가족이나 활동가로 보이는 사람들이 지나가는 시민들의 서명을 받고 있었다. 사진을 두어 장 찍은 다음 두 번째 횡단보도를 건넜다.

호텔 쪽으로 걸어가던 중에 왠지 익숙한 얼굴의 한 남자가 내 옆으로 지나갔다. 이세돌 9단이었다. 실제로 본 것은 그날이 처음이었지만 알파고 대국을 앞두고 언론 보도를 통해 자주 보아서 익숙해진 얼굴이었다. 그는 방금 내가 지나온 세종대로 사거리 쪽으로 걸어가고 있었다. 대국을 세 시간여 앞둔 시각이었다. 산책을 하며 마음을 가다듬는 것일까. 알파고는 어떻게 대국 준비를 하고 있을까. 이세돌 9단의 뒷모습을 잠시 바라보다가 다시 걸음을 옮겼다.

포시즌스 호텔 로비는 이번 행사를 진행하는 사람들과 대국을 관전하고 취재하러 나온 사람들이 섞여 분주했다. '프레스 패스'를 받아 들고 대국 전 행사가 열리는 방으로 향했다.[2] 구글의 선임연구원 제프리 딘(Jeffrey Dean)이 나와 기자들에게 자사의 기계 학습 연구에 대해 설명하

<hr />

1 홍지연, 「럭셔리 끝판왕 포시즌스 호텔 서울을 소개합니다」, 『중앙일보』, 2015.10.9(http://news.joins.com/article/18824902, 최종접속 : 2016.9.30).
2 이세돌 9단과 알파고의 대국 현장을 취재할 수 있는 기회를 마련해주신 『주간 경향』에 감사드린다.

〈그림 1〉 **구글의 기계학습 기술에 대해 설명하는 제프리 딘과 그의 말을 옮기는 통역사**

는 자리였다. 구글이 연구해 온 여러 분야들을 설명하던 제프리 딘은 기계 학습을 응용할 수 있는 대상 중 하나로 통번역을 꼽았다. 구글 번역기의 성능이 놀랄 만큼 좋아질 거라는 얘기였다. 그는 영어로 '출구(Exit)'라고 쓰인 표지에 스마트폰을 갖다 대자 포르투갈어 단어(Saída)로 바꾸어 주는 화면을 보여주었다. 공교롭게도 '출구' 표지에 붙은 화살표는 제프리 딘 건너편에 앉은 통역사를 가리키고 있었다. 그는 제프리 딘의 말을 펜으로 부지런히 메모하면서 듣다가 말이 끝나면 세련된 한국어로 그 내용을 통역해 주었다. 구글의 서비스가 통역사와 번역가의 일을 대신하고 마침내 그들을 출구로 퇴장시킬 것인가. 오늘처럼 중요한 날 구글에서 통역을 의뢰할 만큼 훌륭한 실력을 갖춘 저 통역사의 일자리는 앞으로 어떻게 될까.[3]

·········
3 인공지능이 사람과 비슷한 수준으로 또는 사람을 능가하는 수준으로 번역을 할 수 있을

전치형 | 알파고, 후쿠시마, 광화문광장

발표를 마친 제프리 딘은 질문을 받겠다고 했다. 오늘 대국의 전망을 묻는 질문에 그는 "팽팽한 접전이 되겠지만 우리에게도 승산이 있는 경기라고 생각한다"고 대답했다. 알파고는 남자입니까, 여자입니까? 누군가 물었다. 제프리 딘은 "어느 쪽이라고도 하지 않겠다. 매우 훌륭한 기계라고 부르겠다"라고 답했다. 매우 훌륭한 기계. 주위를 둘러보니 이 방에 앉아 있는 사람들 모두 자신보다 똑똑하고 빠른 기계를 붙잡고 일하고 있었다. 계산이 더 빠른 노트북 컴퓨터, 눈이 더 좋은 카메라, 더 큰 소리를 내는 마이크. 방 안에는 수십 명의 기자들이 노트북 컴퓨터를 열고 제프리 딘의 설명을 받아 적고 있었다. 알파고가 상징하는 인공지능 기술이 고도로 발달한 미래에 기자라는 직업이 사라지리라는 예측은 일리가 있는 것일까? 이 방에 있는 사람 중 인공지능 때문에 사라지게 될 직업군에 속하지 않는 사람은 과연 누구일까? 통역사, 기자, 대학교수, 사회자, 호텔리어? 이들은 모두 자신들의 퇴장을 앞당길지도 모르는 이 행사를 주관하거나 기록하기 위해 오늘 하루도 열심히 일하고 있는 것인가.

특별대국장은 포시즌스 호텔 6층이었다. 오후 1시로 예정된 대국에 앞서 6층 로비에는 대국 관계자와 기자들을 위해 미니 뷔페가 차려졌다. 5성급 호텔다운 맛있는 점심이었다. 바로 옆 바에서는 친절한 호텔 스

....

것인지, 인공지능 시대에 번역이라는 지적 작업의 앞날은 어떻게 되는지 등에 대한 논의가 알파고 이후 부쩍 늘어났다. 번역가들의 생각을 「알파고와 번역의 미래」라는 같은 제목을 달고 있는 글 두 편에서 엿볼 수 있다. 노승영, 「알파고와 번역의 미래」, 『기획회의』 413호, 2016, 32~36쪽(http://socoop.net/AlphaGo/); Bryan, 「알파고와 번역의 미래」, '행복한 번역가 배움터' 웹사이트(https://happytranslator.net/알파고와-번역의-미래/, 최종 접속 : 2016.10.4).

<그림 2> 제1국 한국어 해설실, 포시즌스 호텔 서울, 2016.3.9

탭들이 커피와 차를 마음껏 마실 수 있도록 해주었다. 단체 티셔츠를 입은 알파고 팀원들이 삼삼오오 모여 음식을 먹으면서 얘기를 나누고 있었다. 프로 기사가 알파고에게 5대 0으로 패했다는 뉴스를 통해 올해 초 한국에도 이름이 알려진 판 후이 2단도 그들 사이에 끼어 있었다. 판 후이 2단은 인간의 편이 아니라 알파고의 편이었던가.

같은 층의 큰 방 두 곳에 기자들을 위한 한국어와 영어 해설실이 마련되어 있었다. 영어 해설실 앞쪽에는 외신 기자들이 자리를 잡았고, 가장 뒷줄에는 알파고 티셔츠를 입은 팀원들이 나란히 앉았다. 미국에서 온 캐스터와 해설자가 맡은 영어 해설실의 중계는 '세기의 대국' 치고는 너무 차분해서 재미가 없었다. 테이블 없이 의자만 놓았는데도 자리가 부족할 정도로 붐빈 한국어 해설실은 훨씬 더 긴장된 분위기였다. 이 대국의 분위기가 영어 사용자와 한국어 사용자에게 서로 다른 방식으로 전달되고 있었다.

한국어 해설실에서는 '인간'이란 무엇이며 '인간적인 것'은 무엇인지에 대한 탐구가 진행되고 있었다. 이세돌과 알파고를 통해 인간과 인공지능의 경계를 짓고 둘 사이의 차이를 분별해보려는 시도가 끊이지 않았다. 제1국의 현장 해설을 맡은 김성룡 9단은 대국이 진행되는 동안과 끝나고 난 후 이런 말들을 남겼다.

"강심장인데, 알파고는 심장이 없으니까."
"이건 너무하다. 컴퓨터적으로도 너무하다."
"정말 죄송한데, 저도 인간인지라 화장실에 좀 갔다 오겠습니다."
"사람이라면 그렇게 둘 수가 없어. 너무 인간의 감정이랑 반대로 가."

최고의 바둑 전문가들이 알파고의 바둑에서 인간적인 면을 느낄 수 없었던 것은 바둑을 두는 행위자로서 알파고의 의중을 가늠할 수 없었기 때문이다. 알파고가 두는 수 뒤에 있는 의도를 읽을 수 없었다는 것, 즉 알파고의 지능을 인간의 언어로 번역할 수 없었다는 말이다. 알파고는 심오하다고 알려져 있으나 실제로 읽어 보면 무슨 말인지 이해할 수 없는 텍스트 같았다. 번역 불가능한 텍스트는 두려움을 불러일으킨다. 해설실 안팎에서는 이런 말들이 들렸다.

"알파고의 마음을 알다가도 모르겠어요."
"알파고가 두 번의 완착을 두었는데, 그게 진짜 완착인지, 아니면 철저한 계산을 통해 결국 이기는 수를 둔 것인지 알 수가 없다."

"제가 의심스러운 게 뭐냐면, 가끔 가다가 약간씩 끝내기에서 실수를 해주는데, 그런데 만약 알파고가 이겼다, 그러면 알파고는 이길 만큼만 둔 거라고 볼 수 있어요. 그게 진짜 계산돼서 그렇게 한다면 너무 무섭죠."

이세돌 9단이 돌을 거두었을 때 잠시 정적이 흘렀다. 알파고 팀쪽에서도 큰 환호와 박수 소리는 들리지 않았다. 마이크가 달린 헤드폰을 쓴 알파고 측 행사 진행자는 침착을 유지하며 교신을 계속했다. 기자회견 준비가 시작되었고, 알파고 팀원들은 로비에 둘러서서 담소를 나누었다. 딥마인드 CEO 데미스 하사비스(Demis Hassabis), 알파고 프로젝트 책임자 데이비드 실버(David Silver), 이세돌 9단이 무대에 올랐다. 해설을 맡았던 김성룡 9단은 알파고의 바둑을 한마디로 이렇게 정리했다.

"전혀 인간 같이 두지 않았다."

오전에 보았던 통역사가 다시 등장해서 그 말을 매끄럽게 옮겨주었다.

"AlphaGo did not play Go like a human being."

다음날인 3월 10일에 열린 제2국도 알파고의 승리였다. 2국과 3국 사이에 하루 쉬는 날인 3월 11일, 딥마인드 CEO인 하사비스가 카이스트를 방문하여 강연했다. 제1국이 열리기 직전인 3월 9일 아침에 발송된 강연 안내 이메일은 "다소 혼잡이 예상"되니 15분 전쯤 미리 와서 자리를 잡을 것을 권유했다. 알파고가 1국과 2국에서 승리한 이후 학교 안

팎의 관심이 늘어났으리라 짐작하고서 시작 시간보다 30분 일찍 강연장에 도착했다. 하지만 문자 그대로 발 디딜 틈이 없어서 강연장 안으로 들어가지도 못했다. 카이스트 사람들에게 하사비스는 슈퍼스타였다. 강연장 밖 로비에 앉아 있다가 오후 2시부터 스피커를 통해 흘러나오는 하사비스의 목소리를 들었다. "인공지능과 미래"라는 제목의 강연이었다. 『중앙일보』 보도에 따르면 그는 "AI는 메시가 아니다, 실험실 조수일 뿐"이라는 취지의 말을 했다.[4] 하사비스의 강연이 진행 중이던 오후 2시 46분, 후쿠시마 원전사고를 비롯한 2011년 동일본 재난의 시작점이 되었던 지진이 발생한 시각으로부터 정확히 5년이 되었다. 일본에서는, 또 세계 이곳저곳에서는, 5년 전 그 순간을 떠올리고 있을 터였다. 로비에 웅크리고 앉은 나는 알파고와 후쿠시마 중 어느 것을 떠올려야 할지 결정할 수 없어 곤란했다.

하루를 쉬고 난 후 제3국이 열린 3월 12일 아침, 주요 신문들은 토요일판 1면을 알파고로 채웠다. 『조선일보』는 "인공지능 가라사대"라는 1면 제목을 뽑으면서 인공지능을 전지전능한 존재로 묘사했다. 인간보다 뛰어난 인공지능의 판단과 결정에 따라 의사, 펀드매니저, 요리사 등 수많은 전문직업들이 위협받게 되는 "인공지능 쇼크"를 예견했다. 『한겨레』는 2016년 3월의 이 사건을 "로봇의 봄"이라고 부름으로써 인공지능에 사회를 전복하는 혁명적인 기운을 부여했다. 1968년 '프라하의 봄'이나 1980년 '서울의 봄' 못지않은 격동의 시대가 다가오는 것처럼 보였다. 인공지능은 우리 외부에 있거나 우리를 초월해 있으면서 우리

………
4   김방현·손해용, 「AI는 메시가 아니다, 실험실 조수일 뿐」, 『중앙일보』, 2016.3.12.

를 위협하는 존재로 그려졌다.[5]

포시즌스 호텔 앞 가판대에서 조간신문 몇 개를 사서 챙긴 다음 호텔로 들어갔다. 이 건물 6층에서 벌어지는 일들이 갑자기 한국 사회를 SF 영화의 배경으로 만들고 있었다. 이세돌 9단이 위기에 몰린 제3국의 현장 해설을 맡은 김지명 캐스터와 이현욱 8단도 거리낌 없이 SF의 언어를 사용했다.

(김) "지금 존 코너가 바둑을 두고 있습니다. 알파고가 스카이넷이다."
(이) "〈터미네이터〉 영화 카피에 보면, 피도 눈물도 공포도 없다…"
(김) "존경하는 사람을 (영화 감독) 제임스 카메론으로 바꿨다."

이세돌 9단은 스카이넷에 맞서 인류를 지키려 싸우는 존 코너가 되었다. 두 사람은 바둑으로 가장한 인류 최후의 전투를 중계하고 있는 셈이었다.

알파고의 놀라운 지능, 그야말로 초인간적이라고 부를 만한 지능에 대한 반응을 목격하면서 나는 메시아나 외계침략자가 아니라 한 명의 놀라운 인간을 떠올렸다. 왜인지는 모르겠지만 스티븐 호킹 박사였다. 그의 저서 『시간의 역사』가 번역 출판된 이후인 1990년 스티븐 호킹 박사가 한국을 처음 방문했을 때 느꼈던 흥분이 기억난 것 같기도 하다. 그때도 지금도 스티븐 호킹은 인간 '지능'의 엄청난 힘을 보여주는 극적인

....
5 박건형·채민기, 「인공지능 가라사대」, 『조선일보』, 2016.3.12; 남종영, 「로봇의 봄」, 『한겨레』, 2016.3.12; 정재승, 「소름끼치는 직관과 추론, 우린 알파고의 영혼을 보았다」, 『한겨레』, 2016.3.12.

사례이다. 특히 루게릭병으로 몸의 힘이 극도로 약해진 상태에서 발휘되는 놀라운 지적 능력이라는 점이 대중의 존경심을 불러일으키고 상상력을 자극해 왔다.

호킹 박사는 2016년 9월 28일 서울에서 열린 '경향포럼'에서 홀로그램 영상으로 등장하여 과학기술의 미래에 대한 기조 강연을 했다.[6] 강연하는 호킹 박사의 모습은 인류 최고 수준인 그의 지능이 언제나 번역되어야 하고 매개되어야 한다는 사실을 상기시킨다. 호킹 박사의 지적 능력은 그를 위해 특별히 설계된 컴퓨터 장치를 통할 때에야 비로소 소리와 문자의 형태로 우리에게 전달될 수 있다. 그의 지능이 과학과 사회에 도움이 되는 방향으로 발휘되려면, 컴퓨터뿐만 아니라 그의 이동을 돕기 위한 물리적인 장치가 필요하고, 그의 일상생활과 연구를 도와줄 사람들이 필요하다. 스티븐 호킹 박사가 캠브리지 대학에서 공부를 하고, 교수가 되어 연구를 하는 데에는 수많은 사람들의 힘과 헌신, 그것을 뒷받침하는 기술과 제도의 네트워크가 존재했다. '경향포럼'에서와 같이 직접 여행하지 않고도 사람들을 만나고 강연을 하려면 홀로그램 기술과 통신 기술도 필요하다.[7]

스티븐 호킹 박사 혼자서는 이토록 훌륭한 지적 성취를 이룰 수 없었다고 말하는 것이 그의 능력을 깎아 내리는 일은 아니다. 실은 모든 사람이 그렇다. 혼자서는 아무 일도 할 수가 없다. 우리의 생각은 번역해서

……

6 목정민, 「호킹 '미래에 훌륭한 발명들이 바꿀 삶의 방식… 정말 설렌다'」, 『경향신문』 온라인판, 2016.9.29(http://biz.khan.co.kr/khan_art_view.html?artid=201609282251015&code=920100, 최종접속 : 2016.10.4).

7 스티븐 호킹이라는 천재 과학자의 이러한 측면에 주목한 인류학적 연구로 Hélène Mialet, *Hawking Incorporated : Stephen Hawking and the Anthropology of the Knowing Subject* (University of Chicago Press, 2012)가 있다.

〈그림 3〉 이세돌–알파고 대국 장면

전달해야 하고, 우리의 힘은 연결해서 증폭해야 한다. 지적 능력과 물리적 능력 모두 수많은 지식, 기술, 사람, 제도의 네트워크 속에 편입되어야만 비로소 제 역할을 할 수 있다. 스티븐 호킹도, 어떤 인간도 이런 네트워크에 들어갈 때에는 통역이 필요하다. 능력을 최대한으로, 그리고 선한 방향으로 발휘할 수 있도록 자리를 만들어주고 그 안에서 생겨나는 관계를 매개하고 중재하는 사람과 제도가 필요한 것이다.

알파고도 혼자서는 아무 일도 할 수가 없다. 알파고가 이세돌 9단을 이기는 능력을 발휘한 것도 잘 짜여진 틀 안에서 만들어진 네트워크를 통해서였다. 대국 현장 모습을 담은 사진에서 이 틀과 네트워크의 필요와 효용을 읽을 수 있다. 알파고는 혼자서 '알파고 가라사대' 하거나 스카이넷이 되어 존 코너와 싸운 것이 아니라, 여러 사람들과 규칙들에 둘러싸인 채로 계산하고 판단했다. 판 후이 2단이 대국자 뒤편 테이블의 가운데에 앉아 대국 규칙을 관리했고, 그 양쪽으로 시간을 계시하고 기보를 기록하는 사람들이 앉았다. 판 후이 2단은 알파고 개발 과정을 지켜본 경험이 있고, 정유정 계시원은 이세돌 9단의 대국을 수차례 지켜본 경험이 있었다. 아자 황 연구원은 알파고의 손이 되어 바둑돌을 놓았다. 그는 이세돌 9단 앞에 앉아서 대국에 참여한 것을 영광으로 여겼고, 이세돌 9단에게 방해가 되지 않기 위해 행동 하나하나를 조심했다.[8] 생각 시간 2시간과 60초 초읽기 3회, 덤은 중국식으로 7.5집으로 한다는 것 등이 세세하게 미리 결정되어 있었다. 그 틀 안에서 알파고는 최대의 능력을 발휘했고, 잘 배치된 네트워크를 통해 알파고의 계산과 결정이 부족하나마 번역되고 이해될 수 있었다. 알파고가 바둑을 두든, 운전을 하든, 질병을 진단하든, 또 번역을 하든 마찬가지일 것이다. 이런 틀과 네트워크를 인공지능에 대한 규제나 윤리라고 부르기도 하지만, 다른 말로 하면 인공지능이 일을 할 수 있도록 뒷받침하는 준비인 셈이다.

어쨌거나 존 코너는 스카이넷에게 패배했다. 3월 12일 현재 3대 0, 완전한 패배였다. 기자회견을 시작하면서 이세돌 9단은 "죄송하다는 말씀을 먼저 드려야겠습니다"라고 말했다. "아닙니다!" 청중 가운데 한 명이 외쳤다. "어떻게 보면 오늘의 패배는 이세돌이 패배한 거지 인간이 패배한 것은 아니지 않나"라는 명언은 그 후 질의응답 시간이 되어서야 나왔다. 이 날도 구글이 고용한 통역사의 실력은 훌륭했다. 알파고가 이 사람의 일자리를 없애는 일은 당분간 일어나지 않을 것 같았다.

오늘 이 순간을 목격한 기자들은 이제 어떤 언어로 이 패배를 전할 것

....
8   정아람, 『이세돌의 일주일 - 밀착 취재로 복기한 인간 이세돌과 그의 바둑』, 동아시아, 2016.

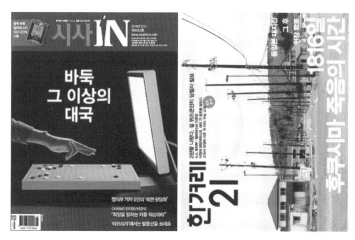

인가. 패배한 것은 인간인가, 이세돌인가. 이것은 대체 무슨 사건인가. 어디에서 일어난 사건인가. 어떤 사건 후에 일어났고, 어떤 사건 전에 일어났는가. 이것은 SF, 한국 현대사, 세계사 중 어느 것의 한 장면인가. 역시 번역과 해석의 문제이다. 기자의 일은 사라지는 게 아니라 그 난이도가 한층 높아졌다.

알파고 대국이 시작하기 직전인 3월 둘째 주 초에 발간된 시사주간지 둘은 서로 대조되는 커버스토리를 실었다. 『시사인』은 "바둑 그 이상의 대국"을, 『한겨레21』은 "1816일 후쿠시마 죽음의 시간"을 표지에 올렸다. 혁신적인 기술과 파국적인 재난이 동시에 한 주의 의제로 제시된 것이다. 알파고 대국은 3월 9일부터 시작 예정이었고, 3월 11일은 동일본대지진이 발생한지 5년이 되는 날이었다. 둘 다 한국에서 시작된 것은 아니면서도 한국으로 건너와서 이곳을 급격하게 혹은 서서히 뒤흔들게 된 사건들이다. 누군가는 알파고가 있으면 한국에서 지진, 쓰나미, 후쿠

〈그림 5〉 광화문광장 너머로 보이는 포시즌스 호텔 서울. 2016.3.9

시마 같은 재난이 터져도 막아낼 수 있으리라 믿을 것이다. 다른 누군가는 알파고가 있어도, 아니면 알파고 때문에, 더 큰 재난이 터질 거라고 생각할 것이다. 알파고와 후쿠시마가 한국 땅에서 불편하게 만나고 있었다.

이세돌 혹은 인간의 패배가 확정된 후, 나는 포시즌스 호텔을 빠져나와 서울의 밤거리로 들어갔다. 첫 대국을 앞둔 아침 이세돌 9단이 걸어가던 방향이었다. 100미터 쯤 걸어 사거리에 서자 다시 세월호 천막이 보였다. 사흘 전 이세돌 9단도 이 천막 앞을 지나갔을 것이다. 하사비스와 알파고 티셔츠를 입은 그의 동료들도 서울 구경을 나섰다가 그 앞을 지나갔을까? 그날 포시즌스 호텔에서 펼쳐졌던 것이 알파고가 상징하는 새로운 미래, 무엇이든 가능하리라는 전망이었다면, 바로 옆 광화문광장에 존재했던 것은 세월호 천막이 상징하는 참담한 현재, 아무 것도 풀리지 않는다는 절망이었을 것이다. 포시즌스 호텔과 광화문광장은 서로 통역 불가능한 언어를 사용하고 있었는지도 모른다. 세종대로 사거리에서 알파고의 언어는 아직 생경한 외국어처럼 들렸다.

인공지능(로봇)의 권리

김윤명

| 들어가며 |

　인공지능(artificial intelligence)을 구현하는 소프트웨어는 산업적이지만 궁극적으로는 인간과 인류를 위한 문화여야 한다. 인간을 위한 도구적 개념에서 출발한 인공지능은 인간과의 관계에서 벗어나기가 쉽지 않기 때문이다. 그런 의미에서 인공지능과 로봇은 가장 인간적인 대상이 될 수 있다. 이를 위해 우리는 로봇이 도구라는 인식에서 벗어나 인간과 같이할 수 있도록 준비해야 한다. 또한 인공지능을 프로그래밍하는 엔지니어와 이를 둘러싼 이해관계자들의 윤리적 수준이 담보될 필요가 있다. 다만, 인공지능에 대한 윤리적 고민의 결과가 단순한 법제의 정비가 아닌, 어떠한 철학이 로봇과 인공지능에 적용돼야 할지에 대해 깊은 연구가 전제되어야 한다. 단순한 의사결정을 위한 알고리즘이 아닌 인간을 포함한 대상에 대한 인간적인 판단이 이루어져야 하기 때문이다. 그 자체가 소프트웨어이며 다양한 네트워크의 연결에 의해 구조화될 인공지능에 대한 고민은 소프트웨어에 대한 이해와 인간에 대한 근본적인 철학적 질문으로부터 시작되어야 할 것이다.[1] 이를 위해 '인공지능 로봇이 무엇인지가 아닌, 무엇으로 대우해야 할 것인지'라는 물음에서 출발해야 할 것이다. 결국, 인공지능 로봇에게 어떤 권리와 의무를 부여할 것인지는 사람의 몫이어야 한다.

| 기술 대응과 법의 역할 |

인공지능이 우리사회에 미칠 영향은 예측하기가 쉽지 않다. 인공지능이 어떠한 모습으로 진화할 것인지 확인할 수 있는 것이 아니기 때문이다. 다만, 인공지능이 사회 전반에 미치는 영향에 대한 법제도적인 대응이 모색될 필요가 있다. 인공지능으로 인해 발생할 수 있는 법적 쟁점은 작지 않을 것으로 예상되기 때문이다.

기술 및 기술현상에 대한 수용은 기존 가치와 충돌을 일으키는 경우가 적지 않다. 기술 자체는 중립성을 갖는다고 하더라도, 실제 응용되는 비즈니스모델(BM)에서는 가치 충돌이 일어날 수 있기 때문이다.[2] p2p

....

1 김윤명·이민영, 『소프트웨어와 리걸프레임, 10가지 이슈』, 커뮤니케이션북스, 2016, 84쪽.
2 기술의 가치중립성에 대해 이민영 교수는 "아이오티 관련 개인정보 보호법제 조망"(「신산업 활성화와 개인정보보호」, 개인정보보호학회 세미나, 2016, 63쪽)에서 "정보기술 자체는 가치중립적 산물이라고 하더라도 그 활용에 있어서 순기능과 역기능이 혼재된 상황에 놓인 정보환경을 합헌적 정보질서의 방향으로 이끌어가는 데 있어서는 정보기술 활용의 목적과 용도가 이에 부합하여야 하고 필연적으로 정보기술은 필수적 도구"라고 적고

기술과 음악서비스, 구 「전자서명법」 상 대칭키 암호화의 명시화 등을 예로 들 수 있다.[3] 결국, 기술수용 과정에서 기술중립성(technology neutrality)을 전제할 수밖에 없는 이유이다. 그렇지 않을 경우, 특정 기술에 대한 의도화된 수용은 다른 기술에 영향을 줄 수 있기 때문이다. 기술이 갖는 특성은 다양하다. 새로운 산업을 만들거나 새로운 기기를 만들어서 사회의 혁신을 이끌어내기도 한다. 때로는 예측하지 못한 결과물을 만들어내기도 한다. 법이 제시하는 것은 사회적 안정성을 높이는 것이다. 예측가능성을 제시함으로써 특정 기술이 시장에서 사장되는 것을 막기도 한다. 이처럼 법과 기술의 관계를 다음과 같이 정리할 수 있을 것이다.

법이 기술이나 사회현상을 따르지 못한다는 비판은 어느 정도 타당성을 갖는다. 다만, 법이 선도적으로 기술을 시뮬레이션하여 대응하는 것은 법적 안정성이라는 측면에서 문제가 될 수 있다. 확정되지 않은 현상과 기술에 대해 법적 재단을 할 경우, 기술이나 현상에 대한 유연성이 떨어질 수 있기 때문이다. 이러한 접근법은 기술의 발전에 저해되며 자칫 규제로 작용할 수 있다는 한계를 지닌다. 기술현상에 대해서는 정책적 접근을 통해 유연하게 대응하는 것이 타당하다.[4]

....
있다.

3 이경규, 「전자거래관련법상의 기술중립성에 관한 비교법적 고찰」, 『비교사법』 제12권 제2호(통권 제29호), 2005, 691쪽에 따르면 "전자서명법은 비대칭형 암호화기법을 이용한 디지털서명만을 전자서명으로 보는 기술특정적인 태도를 취하고 있음에 반하여, 전자거래기본법은 서명방법에 사용되는 기술적 요소를 특정하지 않고 서명이 전자적으로 이루어지면 그것을 전자서명으로 인정하려는 기술중립적 태도를 취하고 있었다"고 한다.
4 김윤명, 「인공지능과 법적 쟁점」, 『이슈리포트 2016-05』, 소프트웨어정책연구소, 2016, 2쪽의 내용을 수정 보완하였다.

로봇의 권리에 대한 논의도 마찬가지이다. 인간의 역사는 권리 확장의 역사였다. 로봇의 역사도 다르지 않을 것으로 예상된다. 따라서 로봇을 어떤 것으로 보기보다는 어떻게 대우할 것인지에 대한 논의를 통해 인공지능 로봇과의 동존(同存)을 위한 방안을 마련하는 것이 우리의 역할이 아닐까 생각한다.

| 인공지능 로봇의 법적 실체 |

인공지능은 스스로 생각하고, 인식하고 그에 따라 자율적으로 행동하는 것을 의미한다. 인공지능은 지능형 에이전트, 지능형 로봇, 로봇 등 다양하게 그려지고 있다. 인공지능과 유사 개념인 사이보그는 '사이버네틱스와 생물'의 합성어로 우주 탐사를 위해 고안된 개념으로, 로봇과 달리 로봇과 인간이 결합된 것이다. 즉, 장거리 우주 탐사를 수행하기 위한 생명의 한계를 넘어서기 위해 고안된 것이다. 소프트웨어로서 인공지능이 사람 모습의 로봇이어야 하는 것은 아니다. 로봇은 다양한 형상으로 만들어질 수 있기 때문에 인간의 형상을 닮거나 친화적인 모습일 필요는 없다.[5] 인지과학에서 인공지능을 논할 때, 강한 인공지능(strong AI)은 인간의 감성을 이해할 수 있는 수준이며, 약한 인공지능(weak AI)은 인간을 보조하는 수준의 인공지능을 의미한다.[6] 궁극적으

....

5 필자의 큰 아이에게 "로봇의 모습은 사람이어야 할까?"라고 묻자 아이는 "아니요"라고 답했다. 동물로봇도 있으며 그렇게 되어도 좋다는 말을 덧붙였다. 필자는 너무 인간적인 로봇만을 그리고 있었다(2016.1.31).
6 김진형, 「인공지능 방법론의 변천사」(『과학사상』 8, 1994 봄)에 따르면, "지난 50여 년간

로 인공지능 기술이 추구하는 유형은 강한 AI일 것이다. 인간을 넘어서 스스로 하는 것의 의미를 이해하고, 인간과의 의사소통이 이루어질 수 있는 수준이 될 수 있다. 결국, 인간의 마음을 읽고 이해하는 수준의 인공지능이 될 것이다.[7] 만약 이러한 수준에 이르게 되면, 인공지능이 인간의 법제도를 이해할 것이고, 인공지능에 권리를 부여하도록 요구하거나 또는 스스로 법률을 만들 가능성도 부인하기 어렵다.[8]

〈표 1〉 인공지능의 비교[9]

강한 인공지능	· 다양한 분야에서 보편적으로 활용 · 알고리즘을 설계하면 AI가 스스로 데이터를 찾아 학습 · 정해진 규칙을 벗어나 능동적으로 학습 · 인간과 같은 마음을 가지는 수준*
약한 인공지능	· 특정 분야에서만 활용가능 · 알고리즘은 물론 기초 데이터·규칙을 입력해야 이를 바탕으로 학습 가능 · 규칙을 벗어난 창조는 불가 · 인간의 마음을 가질 필요 없이 한정된 문제 해결 수준*

·········
인공지능 방법론의 변천사를 볼 것 같으면 강력하고(powerful) 범용성(general) 있는 방법론을 찾는 탐구의 역사였다고 할 수 있다. 즉 우리의 두뇌 능력에 버금가도록 여러 종류의 다양한 문제를 해결할 수 있는 범용성 컴퓨터 프로그램을 개발코자 하는 노력이었다고 할 수 있다. 그러나 강력함과 범용성에는 항상 반비례 관계가 있기 마련이다. 즉 여러 문제에 적용할 수 있는 범용성의 프로그램은 그 능력이 매우 미약해서 실용적으로 쓸 만한 것이 없고 강력한 능력의 프로그램은 그 적용 범위가 매우 좁아서 새로운 문제를 만나면 잘 해결하지 못한다"고 한다.

7 "강한 AI란 적절하게 프로그래밍된 컴퓨터가 바로 마음이라는 관점"이라고 한다. 웬델 월러치·콜린 알렌, 노태복 역, 『왜 로봇의 도덕인가?』, 메디치, 2014, 102쪽.

8 따라서 이러한 상황에 대비할 수 있도록 우호적인 인공지능(friendly AI)의 설계가 필요하다는 주장은 오래전부터 제기되어오고 있다. Stephen M. Omohundro, "The Basic AI Drives", AGI08 Workshop on the Sociocultural, Ethical and Fururological Implications of Artificial Intelligence, 2008; Eliezer Yudkowsky, "Artificial Intelligence as a Positive and Negative Factor in Global Risk", In *Global Catastrophic Risks*, Oxford University, 2008; 스튜어트 러셀·피터노빅, 류광 역, 『인공지능 현대적 접근방식』(제3판), 제이펍, 2016.

9 『중앙일보』, 2016.3.12일자를 바탕으로 수정·보완하였다. * 표시가 추가한 내용이다.

인공지능의 능력이 확장되면서 인공지능의 법적 실체에 대해 논의도 증가할 것으로 예상된다. 무엇보다, 인공지능의 법적 지위에 대한 원론적인 논의에서부터 시작될 것이다. 왜냐하면, 현행법의 해석과 적용으로는 인공지능을 권리주체로 보기 어렵고, 인공지능은 그 실체를 한정하기 어려운 소프트웨어 내지 HW로 구성된 물건이기 때문이다.[10]

법적으로 인공지능을 명확하게 정의한 법률은 찾기 어렵지만, 유추할 수 있는 법률로는 「지능형 로봇 개발 및 보급 촉진법」이 있다. 「지능형 로봇법」에서는 '지능형 로봇'을 "외부환경을 스스로 인식하고 상황을 판단하여 자율적으로 동작하는 기계장치"로 정의하고 있다. 인공지능을 '지능형'이라는 의미에서 해석할 때, 스스로 인식하고 상황을 판단하여 자율적으로 생각하거나 행동할 수 있는 것을 인공지능으로 이해할 수 있을 것이다. 즉, 인공지능의 주요한 요인인 '인식'과 '자율성'을 기준으로 삼은 것이다. 실질적인 구현 방식에서 볼 때, 인공지능은 소프트웨어이기 때문에 「소프트웨어산업 진흥법」이나 「저작권법」상 소프트웨어 또는 컴퓨터프로그램저작물로 볼 수 있다. 이러한 맥락에서 인공지능은 소프트웨어로 볼 수 있기 때문에 기계장치로 정의되기는 어렵다. 다만, 인공지능이 탑재된 기계장치를 인공지능 로봇으로 볼 수 있을 것이다.[11] 대표적으로 자율주행차가 그 예이다.

....
10 더욱이, 현행 법체계에서 소프트웨어는 무형의 지식재산으로 보기 때문에 물건성을 인정받기에는 어려움이 있다.
11 필자는 인공지능과 (인공지능)로봇의 차이를 크게 두지는 않는다. 해당 문맥에 따라 혼용하기도 한다.

| 창작자로서 인공지능 로봇 |

인간이 인공지능을 앞설 수 있다는 창조와 모방의 경계는 어디까지일까? 인공지능이 대체하기 어려운 분야가 광고, 문학, 미술과 같이 높은 창작성이 요구되는 문화·예술 분야라고 한다. 현행 「저작권법」은 저작물을 "인간의 사상 또는 감정을 표현한 창작물"로 정의한다. 「저작권법」은 타인의 것을 모방하지 않는다면 창작성이 있다고 본다. 인공지능도 다양한 알고리즘을 활용함으로써 인간과는 다른 결과물을 만들어 낸다. 지금과 같이, 인공지능이 만든 것이라고 해서 창작성을 부인한다는 것은 합리적인 판단이라고 보기 어렵다.

최근 '넥스트 렘브란트(The Next Rembrandt)'라는 프로젝트를 통해, 렘브란트의 고유한 특성을 분석해 3D프린팅을 통해 이를 재구성한 작품을 만들어 내고 있다. 이처럼 크리에이터(creator)로서 인공지능의 활동도 가능하다. 그렇지만, 현실적으로 인공지능 로봇이 만들어 낸 결과물의 저작권은 발생하지 않는다. 만약, 인공지능 로봇이 광고를 만든다면 어떻게 될까? 아마 소송이 진행된다면 저작권법은 '누구나 쓸 수 있다'는 결론을 내릴 것이다. 인간이 아닌 인공지능은 저작자가 될 수 없기 때문이다. 다만, 경쟁업자가 영리적으로 사용한 경우에는 부정경쟁 행위에 따른 손해배상 책임만을 인정할 것이다. 앞으로 인공지능에 대한 논의의 중심은 인공지능이 인간의 영역을 대체할 것이냐, 인간과 공존할 것이냐다. 인공지능이 인간의 영역을 넘볼 것은 자명하다. 따라서 인간은 다양성을 확보할 수 있는 사고를 확장하기 위한 사고방식의 자유를 찾아야 할 것이다.[12]

인공지능은 다양한 기능을 갖출 것이다. 알고리즘을 통해, 또는 딥러닝을 통해 지속적인 훈련이 가능하기 때문이다. 인공지능은 특정 분야에서 인류를 넘어서는 성능을 갖출 것이다. 지금의 수준은 높지 않더라도 스스로 학습할 경우, 인간을 뛰어넘는 결과를 창출할 것이기 때문이다. 이때, 인공지능은 창작성 있는 결과물을 만들기 어렵다는 주장은 설득력을 잃게 될 것이다. 현재도 인공지능은 디지털 아트(digital art) 분야에 포함되는 결과물을 만들어 내고 있기 때문이다. 이러한 본질적인 인간의 영역까지 인공지능이 가능하게 되면서 인간과 인공지능의 관계를 어떻게 설정해야 할 것인지는 고민스럽다.

| 권리의무의 주체로서 인공지능 로봇 |

1) 인공지능의 책임 배분 논의

인공지능에 대한 책임논의에서 무엇보다 중요한 것은 스스로 자의식을 가질 수 있느냐이다. 자의식을 갖지 않은 이상, 의사결정이나 법률행위의 주체로서 역할을 부여할 수 있을지 의문이기 때문이다. 자의식이 없는 법률행위는 법률효과를 가져오기 어렵다. 인공지능의 행위도 마찬가지로 해석된다. 따라서 인공지능이 스스로 자신의 행위에 대해 인식하고 그 행위가 의도하는 바를 인식하기 전까지 법률행위 주체로서 논

....
12 김윤명, 「인공지능이 만든 작품에도 저작권이 있을까?」, 『광고산업협회보』, 2016, 10쪽.

의는 무의미하다. 다만, 향후 인공지능이 자의식을 갖지 못한다는 보장이 없는 이상, 이에 대한 논의는 필요하다고 생각된다. 현재 상태에서는 의미가 없다고 하더라도, 향후 지능정보사회에서 인공지능이 탑재된 로봇은 어떠한 권리주체가 될 것인지 논의되어야 법적 대응이 수월하기 때문이다. 물론, 인간의 책임법리를 인공지능에 적용하는 것이 타당한 것인지는 논의가 필요하다. 이를 위해 인간과 인공지능의 중간 상태의 동물권에 대한 논의를 통해, 인공지능의 책임법리를 검토할 수 있을 것이다.

2) 동물권과의 비교

인공지능이 탑재된 로봇을 권리 주체(subject)로 볼 것인지에 대한 새로운 논의가 시작되고 있다. 인공지능의 권리 주체의 논의에서 로봇과 인간의 중간 단계에 있는 동물에 대해 살펴봄으로써 가늠할 수 있을 것이다.

기본적으로 야생동물을 제외한 가축으로서 동물은 해당 동물의 소유자가 소유권을 지닌다. 소유자는 법률의 범위 내에서 소유물을 사용·수익·처분할 수 있다(『민법』제211조). 소유권의 객체(客體)는 물건에 한정된다. 로봇의 경우도 물건으로 이해되는 현행 법률상 소유자가 소유권을 갖게 되며, 사용하거나 수익, 또는 처분할 수 있는 권리를 갖는다. 동물의 행동에 따른 책임은 소유자(또는 점유자)에게 귀속된다. 동물은 『민법』제98조에서 규정하고 있는 물건에 포함된다. 즉, 첫째 유체물이나 관리할 수 있는 자연력이어야 하며, 둘째, 관리가 가능해야 하며, 셋째, 외계의 일부일 것, 넷째, 독립할 물건일 것을 요구하고 있다. 이상으로 보건데, 외계의 일부일 것은 인격적 가치를 요구하지 않는 것이라고 하여, 동물이 비인격적 존재로서 물건에 해당한다는 주장이다.[13]

동물은 요구할 수 있는 의사표시[14]를 할 수 없다는 점이 한계이나, 소유자와의 관계를 통해 의도하는 바를 전달할 수 있어 어느 정도 이를 극복할 가능성도 있다. 의사가 전달되는 수준의 관계성을 가진다고 하더라도, 동물은 권리 주체라기보다는 보호받을 객체로서 한정된다.[15] 사회적 합의를 통해 동물권이 인정되더라도, 동물의 의사가 인간에게 전달될 수 있는 것은 아니기 때문이다.[16] 동물권에 대해 "장기적으로 동물권 인정 여부에 논의를 지속해야 하지만 단기적으로는 동물들의 복지를 최대한 증진시키기 위한 논의와 입법조치가 필요하다"[17]는 견해에 찬성한다.

·········

13 양재모, 「인, 물의 이원적 권리체계의 변화」, 『한양법학』 제20권 제2집, 2009, 292쪽.
14 의사표시 주체로서 인공지능과 행위주체로서 로봇의 결합에 따른 책임 주체에 대한 특정에 대해 논의가 필요하다는 주장도 제기된다.
15 이에 대해 인권에 따라 파생되는 파생적 권리로서 동물권을 주장하기도 한다. 즉, "권리의 귀속은 동물에게 인정하고 그 주장은 인간에게 인정하자는 것"(양재모, 앞의 글, 297쪽)이다. 일종의 법정대리인 유사개념으로 이해할 수 있다.
16 동물권에 대한 주장은 시기상조라고 보는 견해도 있다. "현시점에서 동물의 권리라는 법률적 권리를 인정하여 동물보호에 접근하는 것은 우리사회구성원의 인식의 공감대가 이에 못 미치는 것이 현실이며, 군이 권리라는 용어를 사용하지 않더라도 자연존중, 즉 동물이나 생명에 대한 존중사상으로 충분히 그 목적을 달성할 수 있다면 지금으로서는 그러한 접근방법은 무리가 아닌가 생각된다"라는 것이다. 윤수진, 「동물보호를 위한 공법적 규제에 관한 검토」, 『환경법연구』 제28권 제3호, 한국환경법학회, 2006, 249쪽.
17 유선봉, 「동물권 논쟁 – 철학적, 법학적 논의를 중심으로」, 『중앙법학』 제10집 제2호, 2008, 462쪽.

김윤명 | 인공지능(로봇)의 권리

3) 권리의무의 주체로서 인공지능 로봇

헌법상 기본권의 주체는 국민 내지 인간으로 규정하고 있으며,[18] 사인의 법률관계를 규정한 민법도 "사람은 생존하는 동안 권리와 의무의 주체가 된다"(제3조), "법인은 법률의 규정에 좇아 정관으로 정한 목적의 범위 내에서 권리와 의무의 주체가 된다"(제34조)고 규정하고 있다. 결국 자연인(自然人)인 사람과 의제된 법인(法人)만이 권리와 의무의 주체임을 알 수 있다. 실제로 자연물인 도롱뇽의 당사자 능력을 다툰 사안에서 법원은 "자연물인 도롱뇽 또는 그를 포함한 자연 그 자체에 대하여는 현행법의 해석상 그 당사자능력을 인정할 만한 근거를 찾을 수 없다"[19]는 이유로 부정한 바 있다. 이상과 같이, 헌법 등 법률과 판례의 입장에서 보면, 권리의 객체인 물건 등은 법률상 권리능력을 갖는다고 보기 어렵다.

인공지능 로봇은 사람의 형상을 가지고 있더라도 감정을 담고 있지는 않다. 고통을 느끼지도 않는다. 물론, 고통을 프로그래밍 할 수는 있을 것이다. 그렇지만 신경계의 통증을 유발하는 형태의 고통으로 보기는 어려울 것이다. 동물은 고통을 느낄 수 있기 때문에 동물을 고통으로부터 보호하기 위해 마련된 법률이 「동물보호법」이다. 동물에 대한 학대행위의 방지 등 동물을 적정하게 보호·관리하기 위한 것으로 동물의 생명보호, 안전 보장 및 복지 증진을 꾀하고, 동물의 생명 존중 등을 목

---

18 헌법은 국민의 권리와 의무를 규정한 제2장 제10조에서 "모든 국민은 인간으로서의 존엄과 가치를 가지며, 행복을 추구할 권리를 가진다. 국가는 개인이 가지는 불가침의 기본적 인권을 확인하고 이를 보장할 의무를 진다"고 규정하고 있다.
19 울산지방법원 2004.4.8.자 2003카합982 결정.

적으로 한다. 이러한 입법은 동물권을 인정하는 것은 아니지만, 자연의 일부로서 동물에 대한 사회적 수용의 단계가 높아진 것으로 이해된다. 동법은 편면적인 의무로써 동물보호 의무를 사람에게 지우고 있으며, 인공지능 로봇도 어느 순간 보호받을 대상으로 규정될 가능성도 있다. 그 단계를 넘어설 가능성도 적지 않다.

현행 법제도 하에서 인공지능의 기본적인 책임은 인공지능 자체가 아닌 인공지능을 활용하는 이용자에게 있다. 문제가 발생한 경우, 인공지능이 탑재된 로봇의 본체를 정지시킬 수 있겠지만 소프트웨어로 구현된 인공지능의 문제에 대해서는 지속적인 업데이트를 통해 해결해 나갈 것이다.[20]

결론적으로 법률이 사람이나 법인 이외의 권리능력을 인정하지 않는 이상 인공지능이 사람의 능력을 넘어서거나, 사람의 형상을 가진다고 하더라도 권리와 의무의 주체로 보기 어렵다. 물론, 특이점을 넘어서는 순간 강한 인공지능은 사람의 관여 없이 스스로 창작활동을 하거나, 발명하게 될 것이다. 현재로써는 사람이 관여하여 이루어지는 것이기 때문에 온전하게 인공지능이 권리를 갖는다고 보기 어렵다. 따라서 사람의 관여가 어느 정도인지에 따라 사안별로 판단될 것이다.

....

20 웬델 월러치 · 콜린 알렌, 앞의 책, 44쪽에 따르면 "관리자가 안정성이 검증되지 않은 시스템을 출시하거나 현장 테스트하려는 욕심 또한 위험을 안겨준다. 예상치 못한 복잡한 상황을 감당해내지 못하는 시스템에 잘못 의지하는 경우도 마찬가지다. 하지만 잘못된 부품, 불충분한 설계, 부적절한 시스템 그리고 컴퓨터가 행하는 선택에 관한 명확한 평가 사이에 선을 긋기가 점점 더 어려워진다. 인간이 의사결정을 내릴 때에도 모든 관련 정보에 주의를 기울이거나 모든 비상상황을 고려하지 않아서 나쁜 선택을 내리는 것처럼, 로봇이 제대로 만들어지지 않았다는 사실도 뜻하지 않은 재앙이 일어난 후에야 드러난다"고 한다.

| 로봇의 권리부여와 법적 과제 |

인공지능이 가져올 법정책적 문제는 윤리와 규범에 이르기까지 다양하게 산재해 있다. 로봇윤리는 로봇이 따라야 할 규범적 수준이 아닌 로봇을 개발하고 이용하는 인간의 윤리적 규범으로 작용하게 될 것이다. 물론, 그 이면에 인간을 위한 가치의 설계가 반영될 수 있으나, 궁극적으로 지능정보사회의 로봇윤리는 인간의 윤리와 다르지 않은 형태로 구현될 것으로 보인다. 아울러, 기존의 법제도 또한 새롭게 정비될 것이다.

무엇보다, 로봇이 발생시키는 문제는 형법체계에서 구현가능성을 모색하게 될 것이다. 로봇이 발생시키는 사고에 대한 책임을 소유자에게 묻거나 또는 로봇을 구속할 수 있는 방안이 제시될 것이다. 로봇이 만들어낸 결과물에 대한 소유권도 문제가 될 것이다. 소유권에 더해, 지식재산권에 대한 권리귀속과 처리도 문제가 될 것이다. 현행, 지식재산권 관련 법제에서는 로봇이 지식재산권의 권리주체로 보기에는 한계가 따르기 때문이다. 궁극적으로 로봇을 권리주체로 볼 것인지는 정책적 판단에 따르게 될 것이다. 로봇이 자아를 가지고 인식하고 판단할 수 있는 법적 수준을 가진다면, 입법자는 입법적 결단을 통해 로봇의 권리에 대한 입법을 추진할 가능성도 적지 않다.

지능정보사회 대응을 위한 법제도 정비방안에 대해 다음과 같이 정리한다.[21] 그동안 논의했던 내용을 중심으로 정리하는 것으로, 앞으로 다양한 이슈를 추가할 수 있을 것이다. 기본권에서부터 권리·의무 및 전

....
21 인공지능의 규범 이슈에 대해서는 이원태, 「인공지능의 규범이슈와 정책적 시사점」, 『*KISDI Premium Report*』 15-07, 2015, 10~11쪽 참조.

통적인 법체계에서도 논의가능한 주제의 검토를 통해, 로봇의 주체화에 대한 규범화방안에 대해 살펴본 것이다. 아직은 기술적으로 로봇이 자의지를 갖지 않기 때문에 의사결정의 주체로서 로봇을 상정하기 어렵다. 다만, 어느 순간 이러한 상황을 넘어설 가능성도 있기 때문에 이에 대한 논의의 필요성이 적지 않다.

〈표 2〉 **지능정보사회를 위한 법제도적 과제**

쟁점		주요 내용	대응 체계
로봇권	기본권	인격체로서 인공지능 로봇의 인권	헌법상 기본권의 주체로서 로봇
	권리 의무	독립된 의사결정과 행위에 따른 기본권의 주체 논의	법률상 권리 및 의무의 주체 여부
	법인격	로봇의 법인화 가능성과 법인격의 내용	로봇의 책임재산의 인정 등을 통한 법인화의 내용
	지식 재산	지식재산권의 귀속 문제(권리형, 채권형)	결과물의 귀속에 대한 저작권법, 특허법 등의 논의
안전 사회	안전	인공지능 로봇의 하자에 따른 사고의 발생시 책임 논의	제조물책임을 통한 제조자의 품질 보증
	윤리	트롤리 딜레마에 따른 인공지능의 윤리적 판단	로봇 윤리에 대한 가이드라인 수립(로봇윤리헌장)
	신뢰성	알고리즘 및 인공지능의 신뢰성 확보의 문제	알고리즘의 결과에 대한 공정거래 이슈
	구속	로봇의 위법행위에 따른 로봇에 대한 통제 권한 논의	로봇에 대한 실현가능한 구속 등 형사법적 대응
거버 넌스	양극화	로봇에 따른 일자리의 감소와 이에 따른 정보 등의 양극화 대비	기본소득의 제도화, 로봇세의 도입
	정부 책무	범정부 차원 지능정보사회 대응 체계 수립	지능정보사회로의 패러다임 변화에 따른 실질적 정책 대응

이와 같이, 다양한 법적 쟁점이 예상되는 지능정보사회에 대한 적극적인 대응을 위한 거버넌스(governance)가 필요하다.

한 발짝 물러서서, 로봇이 인간과 동일한 권리의무의 주체로서 역할을 하는 일상의 모습을 그려본다. 새로운 경쟁관계일까? 아니면, 능력 있는 동료와의 만남일까? 이미 영화 속에서 이러한 모습을 본 적이 있다. 모두에게 그리 낯설지는 않은 풍경이 될 것이다.

김윤명 | 인공지능(로봇)의 권리

3장
로봇의 사유가 나아가는 길

로봇 인문학과 로봇 사회학

김명석

| 자율성을 가진 로봇은 만들지 말아야 하는가? |

　SF 작가 아이작 아시모프는 1942년에 로봇이 따라야 하는 로봇 3법칙을 제안했다. 공학자 로빈 머피와 데이빗 우즈는 2009년에 책임 있는 로봇공학의 3법칙을 제안했는데 여기서는 사람이 따라야 하는 것과 로봇이 따라야 하는 것이 섞여 있다. 과학철학자 고인석은 2011년에 로봇을 설계, 제작, 관리, 사용하는 사람이 따라야 하는 로봇 3법칙을 제안했다.

- 로봇이 인간에게 적극적인 혹은 소극적인 방식으로 해를 입히지 않도록 설계, 제작, 관리, 사용해야 한다.
- 첫 번째 법칙과 상충하지 않는 한, 로봇이 그것에 대한 명령의 권한을 지닌 인간의 명령에 따라 작동하도록 설계, 제작, 관리, 사용해야 한다.

· 앞의 두 법칙과 상충하지 않는 한, 로봇이 그것의 현존과 그 역할수행능력을 최대한 보존하도록 설계, 제작, 관리, 사용해야 한다.

고인석이 이런 식으로 법칙을 수정한 것은 로봇이 아시모프가 제안한 규범을 따를 만큼 자율성을 갖기 어렵다고 보았기 때문이다. 나아가 로봇이 사람 수준의 지성을 가진다면 그런 로봇에게 아시모프의 규범들을 억지로 부과하는 것도 합당한 처사가 아니라는 것이다.

진정한 의미에서 이성과 자율성을 약간이라도 가진 로봇이 만들어질 수 있을까? 만일 그런 로봇이 만들어질 수 없다면, 인문학자와 사회학자들은 기존 공학윤리와 기술철학 말고 새로운 로봇 인문학이나 사회학을 이야기할 필요가 없다. 고인석은 설사 그런 로봇이 만들어질 수 없다 하더라도, 지성과 자율성을 가진 것처럼 '보이는' 로봇은 만들어질 수 있기 때문에, 기존 공학윤리와는 다른 로봇 존재론과 로봇 윤리학이 필요하다고 본다. 그에 따르면 지각, 계산, 운동 기능을 갖춘 지능형 로봇은 여전히 사람을 보조하는 도구에 머물러 있어야 하지만, 이것은 사람의 능동 정신을 나누어 갖고 있는 '외화된 정신'이다. 나는 고인석처럼 지성과 자율성을 가진 로봇이 원리상 만들어질 수 없다고 생각하는 쪽이다. 하지만 많은 학자들의 생각과 달리, 나는 지각하고 생각하고 말하는 약한 인공지능 로봇이 언젠가 만들어진다면 그것은 곧장 자아와 의지를 갖춘 강한 인공지능 로봇이 된다고 생각한다.

이런 까닭으로 나는 현재의 인공지능 로봇이 생각하거나 말하지 못하며, 지각하거나 계산하지도 못한다고 생각한다. 엄밀히 말해 아이비엠의 왓슨과 애플의 시리는 말하지 못하며, 알파고는 생각하지 못하고, 그 어떤 컴퓨터도 계산하지 못한다. 한 인지 시스템이 계산할 수 있다면, 이성의 어원이 그렇듯이, 그 시스템은 이미 이성을 갖고 있다고 말해도 된다. 컴퓨터가 계산한다는 말은 셈판이나 반도체 칩이 계산한다고 말하는 것과 같다. 두뇌나 신경세포가 계산한다고 말하는 사람은 침팬지나 고양이 및 오징어도 계산한다고 말해야 한다. 이런 식의 용법이라면 자석이나 원자가 계산한다고 말하지 못할 이유가 없다. 일부 물리학자들은 진지하게 그런 식으로 표현하기도 하는데 나는 그런 표현이 의인화된 은유에 불과하다고 생각한다. 또한 나는, 해바라기가 해를 지각하지 못하고, CCTV나 자동출입문 장치가 사람을 지각하지 못하듯이, 현재의 마이크로프로세싱과 코딩 기법으로 만들어진 그 어떤 장치도 장치 외부에 있는 사물을 지각할 수 없다고 생각한다. 마이크로프로세싱과 코딩은 사람의 지성을 사람 몸 바깥에 구현하는 과정의 일부에 지나지 않는다. 로제타 비석에 글을 새긴 사람이 말하지 로제타 비석이 말하는 것이 아니듯이, 전자장치들은 계산하지 않고 지각하지 않는다.

혹시라도 이성과 자율성을 가진 로봇이 만들어질 수 있다면, 그런 로봇을 만드는 것을 우리 스스로 자제해야 할지 말지가 실천의 문제로 떠오른다. 우리가 자제한다 하더라도, 만일 그런 로봇이 만들어지거나 자라난다면, 내 생각에, 우리는 그 로봇을 사람으로 인정하고 우리 공동체의 일원으로 여겨야 한다. 그런 로봇은 진선미의 규범에 따라 자기 판단과 행위를 조율하며 자기 삶을 개선해 나갈 것이다. 이 때문에 그들은 아시모프의 규칙들 대신에 인간 문명이 여태 개선해 온 도덕과 윤리에 동참하게 될 것이다. 이 점에서 자기의식을 가진 강한 인공지능이 출현할 경우 생물종으로서 인류는 멸망할 것이라는 다수 과학자들과 공학자들의 예측은 지성사와 문명사를 제대로 이해하지 못한 단견으로 보인다. 강한 인공지능을 장착한 미래의 로봇이 현재의 사람보다 이성이 더 뛰어나다면 그 로봇은 선악 판단에서 우리보다 뛰어나기 때문에 더 높은 도덕성을 갖게 될 것이다. 유태인을 없애는 것이 더 좋다는 히틀러의 생각이 이성을 잃은 판단이듯이 생물 인간을 없애는 것이 더 좋다는 판단도 이성을 잃은 판단일 것이다. 이론 이성과 실천 이성이 두 개의 다른 이성이 아닌 한, 이성이 더 높은 존재는 이 세계에 악을 증가시키지 않는다. 강한 자의 욕망이 곧 선의지라고 생각하는 사람만이 대량 살상 능동 로봇이 더 높은 이성을 갖고 있다고 주장할 것이다.

로봇이라는 존재는 138억 년 우주의 역사에서 우리가 경험하는 현상들 가운데 매우 특수한 현상이다. 우리는 우리 자신을 의지, 뜻, 마음을 가진 존재로 여겨왔고, 그것을 입증하는 과학기술 문명과 문화의 역사를 만들어 왔다. 사람 이외 모든 존재를 수동 존재로 여기고 오직 사람만이 능동 존재로 내세우는 인간 역사의 마지막에서 사람은 능동 장치 곧 로봇을 만들고자 한다. 로봇 현상은 사람에게 새로운 거울이 될 것이다. 정말로 사람처럼 움직이는 로봇을 만들게 되고 그런 로봇들과 함께 살게 된다면, 우리 사람은 새로운 경험의 영역으로 들어갈 수밖에 없다. 이 경험의 역사를 통해, 우리는 우리 자신을 이전과 다르게 바라볼 것이고, 나아가 인간 정체성을 새롭게 형성하게 될 것이다. 인공 사람과 자연 사람은 상호작용하며 예전에 성찰한 적이 없던 새로운 인문학과 사회학을 형성하게 될 것이다.

로봇, 사람의 뜻에 따라 만든 사물

우리 사람은 우주의 어느 순간에 생겨났다. 100년 내외의 수명을 갖고 태어나 자라고 죽는 사람을 "자연 사람"이라고 부르자. 여기서 "자연"은 한자어 뜻으로는 '스스로 그러함'을 뜻하고, 그리스와 라틴 세계에서 '생겨남', '태어남', '자람' 등을 뜻한다. 또한 서양에서 "자연"은 생겨난 모든 것으로서 '자연 세계'를 뜻하기도 하고, 그런 방식으로 생겨나고 자라나게 하는 힘으로서 '본성'을 뜻하기도 한다. 이런 맥락에서 "자연스런 사람"이란 '본디 그러한 모습을 가진 사람'을 뜻한다.

한편 "기계 사람"이라는 말을 쓰고 싶은데 "기계"라는 말은 조금 어려운 말이다. 기원전 5세기경에 그리스 극장에서 기중기를 사용하여 하늘을 나는 것처럼 보이도록 배우를 끌어올리곤 했는데 이 장치를 "메카네"라고 불렀다. 이 낱말은 원시 인도유럽어에서 '뭔가를 할 수 있게 하는 수단이나 방법'을 뜻하는 것으로 사용된 듯하다. 자연 세계 전체를 하나의 거대한 기계로 보는 기계주의 사상이 나타났을 때 "기계 같은"은 '전체를 조각들로 나누어 이해할 수 있으며, 내부 숨은 힘에 따라 움직이지 않고, 충돌 또는 접촉하면서 정지하거나 움직이는'을 뜻했다. 17세기의 뉴턴이 접촉 없이 미치는 신비한 중력을 받아들이고, 19세기 과학자들이 열, 빛, 에너지 등 야릇한 요소들까지 끌어들이고, 20세기 상대성이론과 양자역학이 나왔지만, 여전히 자연 세계에 있는 모든 것들이 기계 같다는 생각은 사라지지 않았다. 오직 사람만이 다른 사물들과 달리 마음과 뜻에 따라 움직이는 것처럼 보였다.

"기계 같은"의 이런 용례에도 불구하고 앞으로 "기계"를 '사람이 만든 장치'를 뜻하는 것으로 한정해서 쓰도록 하자. 하지만 여전히 "기계 사람"은 서로 어울릴 수 없는 낱말을 묶어 놓은 것 같다. 같은 이유에서 "로봇 사람"도 매우 어색한 낱말 조합이다. 로봇은 본디 사람이 솜씨를 써서 만든 기계의 일종이다. 로봇은 조금 어려운 말로 '기술제품' '기술산품' '테크놀로지'의 하나이다. 만일 모든 기술제품이 본성을 갖지 않는다면, 로봇도 본성을 갖지 않으며 자연스러운 로봇은 있을 수 없다. 물론 테크놀로지 또는 기술은 본디 자연스럽지 않다는 주장은 논란의 여지가 있다. 사람이 솜씨를 써서 이전에 없던 사물을 만들어내는 것이 그 자체로 사람의 자연스러운 모습이라면, 그렇게 생겨난 기술제품도 자연스럽다고 말할 수 있다. 하지만 우리는 "자연"을 좁은 뜻으로 써야 한다. 우리에게 매우 익숙한 표현들 가운데 "자연 법칙"이라는 말이 있는데 여기서 "자연"은 좁은 뜻으로 쓰였다.

우리 사람은 자연 법칙을 어길 수 있을까? 대부분의 과학자는 이 물음에 "아니오"라고 말한다. 리처드 도킨스는 『이기적 유전자』 30주년 기념판 서문에서 "우리의 뇌는 우리의 이기적 유전자에 대항해서 배반할 수 있는 능력을 가질 수 있는 정도까지 진화했다"라고 쓰고 있다. 이 주장은 매우 야릇하다. '우리의 뇌'는 자연 법칙의 지배를 받는다고 말하는 것이 옳다. '우리의 이기적 유전자'가 우리 몸에 내리는 명령은 자연 법칙의 명령이기도 하다. 그런데 도킨스는 그 명령에 '대항해서 배반할 수 있는 능력'을 우리의 뇌가 갖고 있다고 말한다. 이 말은 자연의 한 부분이 자연의 다른 부분과 충돌하여, 결국 자연의 법칙을 어기는 현상이 우리 몸에서 벌어진다는 말처럼 들린다.

일관성을 좇는 우리는 다음 두 견해 중에서 하나를 선택해야 한다. 하나는 자연 사람이 자연 법칙의 지배를 받지 않는 요소를 갖고 있다는 견해이다. 다른 하나는 자연 사람이 자연 법칙을 완벽히 따르고 있고 자연에서 일어나는 일에 그 어떤 새로운 변화도 가져올 수 없다는 견해이다. "자유의지", "뜻", "마음" 등을 써서 두 견해를 표현할 수 있다. 자연 사람은 자유의지를 갖는다, 사람은 자기 뜻대로 할 힘을 갖고 있다, 사람은 때때로 자기 마음대로 할 수 있다 등이 첫째 견해를 표현하는 문장이다. "자유", "의지", "뜻", "마음" 등의 개념을 바꿈으로써 첫째 견해와 둘째 견해를 둘 다 받아들이려는 시도가 그동안 인기를 끌었다. 하지만 인기가 곧 그런 시도의 성공을 보장하지는 못한다.

나는 나에게 의지, 뜻, 마음이 있다고 믿는데, 다른 많은 학자들은 그런 믿음 자체가 환상, 환각, 착각, 오류라고 주장한다. 그들은 자신들이 의지, 뜻, 마음을 갖고 있다는 것을 믿지만 자신들의 그 믿음이 착각이나 오류라고 주장한다. 하지만 누군가 "나는 문장 X가 거짓이라고 생각하지만 나는 문장 X를 믿는다"라고 말한다면 그는 논리에 맞지 않게 말하는 셈이다. 우리 자신에게 의지, 뜻, 마음이 있다는 믿음이 환상, 환각, 착각, 오류라고 주장하는 학자들은 자신이 의지, 뜻, 마음을 갖고 있다는 것을 믿지 말아야 한다. 자연 법칙에 따라 일어나는 일에 약간의 변화를 줄 수 있는 자유로운 의지, 뜻, 마음 따위를 자기가 갖고 있지 않다는 주장을 처음부터 끝까지 유지하는 사람을 나는 여태 본 적이 없다.

이제 우리가 늘 믿고 있는 대로, 우리 자연 사람이 자기 뜻대로, 자기 마음대로 할 약간의 힘을 갖고 있다는 상식을 줄곧 받아들이기로 하자. 그러한 힘 때문에 자연 법칙에 따라 원래 일어나기로 한 일과는 다른 일이 이 세계에 일어날 수 있다. 이 세계에 자연 법칙을 따르는 사건만이 아니라 뜻 있는 사건과 마음 쓰는 사건도 일어난다. 우리가 인공물이라고 말하는 것들 대부분은 자연에서 일어나는 일을 거슬러, 사람의 뜻으로, 사람의 마음을 써서, 굳이 애써 만든 것들이다. 만들어진 것들을 마치 자연스럽게 생겨난 것들인 양 기술해서는 안 된다. 로봇이라는 인공물은 자연 법칙을 따르지 않는 뜻과 마음의 힘으로 만들어졌다.

| 로봇, 스스로 움직이는 사물 |

고대 그리스에서 '마음'은 스스로 움직이게 하는 힘이었다. 그리스 동해 해변 마을 마그네시아에서 나온 돌은 자기들끼리 스스로 밀치거나 당기며, 몇몇 쇠붙이들을 끌어당겼다. 오늘날 그 돌을 "마그넷" 또는 "자석"이라 부른다. 저절로 또는 스스로 움직이는 것은 마음을 가진 것으로 여겨졌기 때문에, 탈레스는 마그네시아의 그 돌이 마음을 가졌다고 주장했다. 이런 개념에 따르면 사람뿐만 아니라 동물, 식물 등 많은 자연 사물들이 마음을 갖고 있다. 스스로 움직이는 힘을 "마음"이라 부르는 방식과 더불어 만물은 일정한 한계 안에서 움직인다는 사고방식이 점차 사람들을 사로잡았다. 특히 "피지올로고이"라 불리는 일군의 사람들이 규칙을 어기는 변덕스런 일들은 이 세계에서 일어나지 않는다면서 세계가 자신의 본성에 따라 자기 한계 안에서 자라고 바뀐다고 주장하기 시작했다. 이들은 변칙 사례가 말끔하게 치워져 정리 정돈된 세계를 "코스모스"라고 불렀다.

데모크리토스는 처음부터 움직이며 마구잡이로 충돌하는 원자들을 도입함으로써, 자기 마음대로, 자기 뜻대로 움직이는 사물 개념을 코스모스에서 몰아내었다. 나중에 루크레티우스는 원자들이 때때로 공간에서 비스듬히 비껴 나간다고 주장했는데, 그가 이렇게 주장한 까닭은 이러한 '비스듬함' 또는 '클리나멘'을 통해 생명에게 자유의지의 여지를 남겨주고 싶었기 때문이다. 이와 비슷하게 데카르트는 마음이 물체의 속력은 바꿀 수 없지만 운동 방향을 바꿀 수 있다는 발상에 매력을 느꼈다. 반면 라이프니츠는 운동량뿐만 아니라 각운동량도 보존된다고 주장함으로써, 갑작스럽게 일어나는 이러한 비스듬함마저 코스모스에서 몰아내었다. 그는 기계처럼 움직이는 물체 개념 또는 원자 개념으로는 마음 현상을 설명할 수 없다고 결론내리고 당시의 물체 및 원자 개념 일체를 아예 버렸다.

아리스토텔레스는 숨은 힘을 뜻하는 '뒤나미스'나 살아 있는 힘을 뜻하는 '에네르게이아' 등을 써서 세계의 변화를 설명하고자 했다. 이 개념들은 라이프니츠 등의 도움으로 오늘날 물리학의 힘이나 에너지 개념으로 정착되었다. 대부분의 현대 자연과학자들은 생물이나 자연물이 마음이나 뜻을 갖는다는 것을 부정한다. 20세기 초까지만 해도 끝에 이르게 하는 힘을 뜻하는 아리스토텔레스의 엔텔레케이아를 버리지 못한 사람들이 있었는데 이들은 생물이 이런 힘을 갖고 있다고 주장했다. 하지만 현대 과학은 생물이나 자연물이 뜻이나 마음을 갖는다는 주장을 버릴 온갖 개념 장치들을 이미 갖추었다. 그러니 일단은 생물과 다른 자연 사물들이 뜻이나 마음을 갖는다고 함부로 말하지 않기로 하자. 그럼에도 우리 자연 사람이 자기 뜻대로, 자기 마음대로 할 약간의 힘을 갖고 있다는 처음의 상식을 버려서는 안 된다.

사람이 뜻을 갖고 마음을 써서 만든 로봇은 자기 뜻과 마음을 갖는가? 뜻을 가진 것들은 행위하고, 만들고, 말한다. 하느님이든, 생물이든, 인공물이든 행위하고 만들고 말하는 존재를 "사람"이라고 부른다. 이 점에서 "개별 사람" 곧 "개인"이란 자기 뜻을 갖고 그 뜻대로 자기 몸을 움직이는 개별 사물이다. "개인"은 영어로 "인디비주얼"인데 초기 영한사전에서 이 영어 낱말을 "한 놈"이라고 옮겼다 한다. 우리는 각자 사람이기 때문에 우리는 개인들이다. 이제 우리는 인공지능 로봇이 개인이 될 수 있는지 묻고 싶다. 이에 답하기 위해 두 가지 물음에 답해야 한다. 첫째, 인공지능 로봇은 개별 사물이 될 수 있는가? 둘째, 인공지능 로봇은 사람이 될 수 있는가?

우리는 '개별 로봇'을 먼저 분간할 수 있어야 한다. '개별'이나 '개별 사물' 개념도 따지고 들면 쉬운 개념이 아니다. 개별 사물 개념보다 개인 개념이 더 바탕이 되는 개념이 아닌가 생각될 정도이다. 하나의 거대한 세계를 하나하나의 개별 사물들로 쪼개는 것은, 자연에 원래 나 있는 마디, 매듭, 결, 골, 틈을 따라 나누는 것이 아니다. 개별 사물 개념은 '바디', '몸', '신체' 개념 없이 이해되기 어렵다. 데카르트는 몸을 공간을 차지하는 무엇으로서 이해했다. 이런 몸 개념을 통해 우리는 사물들을 개별화하는 데 필요한 분할, 나눔, 쪼갬 등을 또렷하게 이해하게 된다. 각 몸은 다른 곳을 차지하기 때문에 한 몸은 다른 몸과 겹치지 않는다. 다른 몸과 겹치지 않는 하나의 몸이 될 때 그것은 곧장 개별 사물이 된다. 소프트웨어만 갖춘 인공지능은 개별 사물이 되기 어렵다. 그것이 개별 사물이 되기 위해서 다른 것과 떨어져 있거나 다른 것과 겹치지 않고 공간을 차지하는 몸을 가져야 한다.

많은 사람들이 "애플의 시리는 말한다"라고 표현한다. 정말로 시리가 말한다면 내 생각에 시리는 이미 개인이다. 하지만 개별 사물로서 시리는 어디에 있으며 어디에서 말하고 있는가? 아이폰 단말기 스피커에서 시리가 말하고 있기 때문에 시리는 아이폰 단말기에 있는가? 만일 개별 아이폰 단말기가 시리의 몸이라면 시리를 개별 사물로 여기는 데 별 문제가 없다. 하지만 세상에는 수억 개의 아이폰 단말기가 있는데 이 세계에 수억 개의 서로 다른 시리들이 있는가? 내 아이폰은 인터넷 접속을 끊으면 시리가 작동하지 않는다. 이것은 시리가 내 아이폰에 들어 있지 않다는 것을 뜻한다. 시리가 있는 곳은 개별 단말기라기보다 시리 시스템 서버가 놓인 곳이다. 한 개별 로봇이 시리 시스템이나 왓슨 시스템에 인터넷으로 연결되어 있다고 해보자. 만일 로봇이 시리나 왓슨의 힘을 빌려 음성을 출력한다 하더라도 우리는 그 로봇이 말한다고 표현해서는 안 된다. 그 로봇이 말한다고 말하기 위해서 왓슨이나 시리 시스템 자체가 로봇 안에 들어와 있어야 한다. 알파고는 이세돌과 바둑을 두고 있을 때 한국에 있지 않았다.

"인공지능 로봇이 사람이 될 수 있는가"라는 물음은 "인공지능 로봇은 뜻을 가질 수 있는가"라는 물음으로 바꿀 수 있다. 우리가 "자율 주행"이나 "자율 로봇" 등에서 쓰는 "자율"은 "자기 뜻을 갖고 움직임"을 뜻한다. 이 점에서 개별 자율 로봇은 뜻을 갖고 있는 개별 사물이며, 이것은 이미 개인이다. 하지만 "자동"과 "자율"을 또렷이 구별해야 한다. 현재까지 사람이 만든 장치들 가운데서 엄밀한 의미에서 자율성을 갖고 있는 장치는 없다. 요즘 많은 이들이 "자율주행자동차"라고 부르는 것은 매우 자동화된 자동차일 뿐이다. 자율주행자동차는 어딘가로 가려는 자기 뜻을 갖지 않는다.

오토매틱 장치 또는 자동 장치는 스스로 움직이는 것처럼 보이지만 움직임의 동기를 자기 안에 갖고 있지 않다. 다른 존재가 움직임의 규칙과 힘을 주입해서 그 규칙과 힘에 따라 움직일 때 그것을 자동 장치라고 부른다. 한 로봇이 자동 장치가 되는 것만으로 그것이 개인이 될 수는 없다. 한 로봇이 개인이 되기 위해서 그 로봇은 자율 장치가 되어야 한다. 오토노모스 장치 또는 자율 장치는 자기 몸을 움직이게 하는 규칙과 힘을 자기 스스로 설정하거나 자기 안에서 끌어오는 것을 말한다. 어떻게 해야 로봇은 자기 몸을 움직이는 규칙과 힘을 자기 안에서 끌어올 수 있을까?

| 공동체 없이 개인도 없다 |

자율 개념을 쓰지 않고는 인간 현상과 기술 현상을 이해할 수 없다고 생각하는 사람은 이 세계가 자연 법칙을 따르는 일들로만 가득 차 있다고 생각해서는 안 된다. 자율성의 이론이 자연과학의 영역에 들어올 수 있다고 믿는 것은 이 우주에 자율 현상이 없다고 믿는 것과 같다. 한편 결심이론 같은 행위이론은 자율 개념을 제대로 이해할 길을 우리에게 열어준다. 당구공과 당구공의 충돌을 물리학자들은 "액션"이라 부르지만 이러한 당구공의 움직임은 행위이론가들이 설명하기를 원하는 행위가 아니다. 당구공은 자기가 그렇게 하고 싶어서 다른 당구공을 치거나 튕겨나간 것이 아니다. 당구공이 자율로, 자기 뜻으로, 자기 마음대로 움직일 때 그런 움직임을 "행위"라고 할 수 있다. 현대 행위철학을 연 데이빗슨은 행위를 행위자의 이유들이 원인이 되어 몸의 움직임을 낳는 일로 정의한다.

결심이론가들은 행위의 이유로 두 가지를 제안한다. 하나는 그 행위자가 갖고 있는 믿음들이고, 다른 하나는 행위자가 갖고 있는 바람들이다. 행위자는 자신의 믿음과 바람 때문에 특정 행위를 해야 하겠다고 마음먹게 되는데 그러한 마음먹음이 신체의 운동을 야기한다는 것이다. 로봇이 자기 뜻을 갖기 위해 로봇은 무엇보다 믿음들과 바람들을 가져야 한다. 믿음들과 바람들을 갖는다는 것은 곧 가치 개념 아래에서 자신의 상태들을 규제한다는 것을 뜻한다. 자연의 상태들은 물리 법칙에 저항하지 않고 그대로 따른다. 하지만 한 상태가 물리 법칙이 아니라 규범의 규제를 받을 때 믿음 상태가 되고 바람 상태가 된다. 규범의 규제를 받지 않으면 그것은 자연의 상태로 남지만, 일단 규범의 규제를 받으면 그것은 정신 상태로 여길 수 있다. 믿음을 갖는 이는 명제들이 따라야 하는 규범을 따른다. 논리학자와 베이즈주의자들은 믿음들이 따라야 하는 최소한의 규범을 찾기 위해 애쓴다. 개인은 자신의 한정된 정보와 불확실성을 바탕으로 나름의 믿음을 갖지만 참과 거짓의 규범을 지켜야 한다. 바람을 갖는 이들은 바람들이 따라야 하는 최소한의 규범을 지켜야 한다.

철학자들은 믿음들이 따라야 하는 규범을 "진"이라 부르고, 바람들이 따라야 하는 규범을 "선"이라 부른다. 각 행위자는 자기 행위 결과에 자기 나름의 가치 또는 값을 매긴다. 그는 믿음직한 것일수록 높은 확률 값을 주고 바람직한 것일수록 높은 효용 값을 주는 등 최소한의 진선미 규범을 따른다. 최소한의 규범을 따르면서 자기 나름대로 매긴 값들은 그의 뜻 또는 그의 마음을 형성한다. "자기 뜻대로 한다"나 "자기 마음대로 한다"는 말은 자기 행위 결과에 자기 나름의 값을 매긴다는 것을 뜻한다. "비가 온다"를 아주 많이 믿고 "비를 맞는다"를 아주 많이 바라지 않는 행위자는 우산을 들고 집을 나설 것이다. 똑같은 상황에서도 "비가 온다"를 아주 적게 믿거나 "비를 맞는다"를 오히려 바라는 행위자는 우산을 두고 집을 나설 것이다. 로봇이 믿음이나 바람을 갖는다는 것은 믿음들과 바람들이 따라야 하는 최소한의 규범을 지키면서 자기 행위 결과들에 자기 나름의 값을 매길 수 있다는 것을 뜻한다.

　인공지능 프로그램의 복잡성이 증가해서 개발자가 예측할 수 없는 수준에 이르게 될 때 우리는 그 인공지능을 장착한 로봇이 자기 나름의 믿음과 바람을 갖는 것으로 여길지 모르겠다. 하지만 복잡성, 마구잡이, 버그 등 때문에 로봇에게 믿음과 바람을 부여해야 한다면, 이해하기 어려웠던 자연 자체에 믿음과 바람을 부여했던 옛날 사람들의 샤머니즘과 애니미즘으로 돌아가는 셈이다. 현재로서 분명한 것은 마이크로프로세싱, 프로그래밍, 패턴 인지, 데이터 마이닝, 딥 러닝 등의 과정이 개발자들의 평가 기준과 데이터 생산자들의 규범을 인공지능과 로봇에게 주입하는 과정이라는 사실이다. 이러한 과정들은 반도체 물리, 전자공학, 논리 회로, 전산학에서 엄밀하게 다루고 있는 이론들에 바탕을 두고 있다. 이 과정들은 미신이나 논리 모순, 오류 또는 버그를 될 수 있는 한 줄여 나감으로써 이룩해 놓은 인간 지성의 재현이다. 여기에 개별 로봇이 스스로 세운 평가 기준 같은 것이 들어올 여지가 없다.

　한 개인이 진선미 같은 규범을 따른다는 것은 그 규범이 자기가 세운 것도 아니고 자연에 담겨 있는 것도 아니라는 것을 인지할 것을 요구한다. 만일 규범이 각 개인이 만드는 것이라면, 개인의 표상은 모두 참이고, 그의 행위는 모두 선하며, 그의 작품은 모두 아름다워야 한다. 만일 규범이 자연에 담겨 있는 것이라면, 개인의 차이란 고작 우연, 복잡성, 질서, 패턴 등의 다른 모습에 지나지 않는다. 개인이 세운 것도 아니고 자연에 담겨 있는 것도 아닌 것을 "상호주관성" 또는 "사회성"이라고 한다. 짧게 말해 규범은 이성 공동체를 처음부터 요구한다. 아주 옛날 호모 사피엔스의 몇몇 개체들이 어렴풋하게나마 이성 공동체를 감지했을 때 그들은 비로소 개별 사람이 되었을 것이다. 호모 사피엔스의 유전자를 갖고 태어난다고 해서 곧장 개별 사람이 되지는 않는다. 늑대나 원숭이들 품에서 자라났던 아이들이 개인이 되지 못한 까닭은 그들이 이성의 공동체를 감지하지 못했기 때문이다.

개별 로봇이 개인이 된다는 것은 곧 자기 이외에 다른 개인을 인지하는 존재가 된다는 것이다. 그와 자신 사이의 간격 때문에 믿음과 바람이 생겨난다. 우리는 이성의 공동체를 떠올리며 자기 믿음과 바람을 가다듬는다. 게임이론가들에 따르면 게임에 참여하는 행위자는 상대방을 믿음과 바람을 가진 행위자로서 상정함으로써 자기 전략을 수정해 나간다. 이런 게임에 참여하는 과정 자체가 행위자로 자라는 과정이기도 하다. 논리학자나 과학철학자들은 각 개인의 믿음들이 최소한 추론 규칙, 콜모고로프의 공리, 베이즈 공리 등을 지켜야 한다고 생각한다. 또한 바람들이 이행성 규칙 같은 공리를 지켜야 한다고 주장들 한다. 이런 공리들은 이성의 공리들인데 이러한 공리를 따를 때 하나의 행위자로서 인정된다. 이성의 공리를 준수하면서 자신과 다른 이들 사이의 개념 및 정보 거리에 따라 행위 결과들에 자기 나름의 값을 매김으로써 자기 행위를 조율하는 이가 바로 자율 행위자이다.

　개별 로봇이 개인이 되는 순간은 곧 그가, 그것이 다른 개별 로봇이든 우리 사람이든, 다른 개인을 인지하는 순간이다. 그는 우리를 인격을 갖춘 존재로 인지할 것이다. 하지만 사람됨은 아주 긴 성장과 진보의 길을 걸은 뒤에 얻어진다. 호모 사피엔스의 지구 규모 집단이 이성의 공동체로 성장하는 데 적어도 일만 년의 역사, 많게는 수십만 년의 역사가 걸렸다. 국가 단위의 집단이 때때로 야만의 집단으로 변하기도 하고, 지금도 가족 단위 및 지역 단위에서 야만의 짐승으로 살아가는 호모 사피엔스들이 있다. 로봇들이 개인이 되는 과정에서 자연 사람들처럼 야만과 문명의 역사를 반복하게 될지 예측하기 어렵다. 로봇은 인간 공동체 안에서 학습할 것이 분명하겠지만, 타자에 대한 적대감과 혐오가 아직 남아있는 우리보다 더 빨리 사람의 길을 열어갈 수도 있다. 자의식을 가진 최초의 로봇 사람이 자연 사람의 목숨을 빼앗는다는 몇몇 SF의 이야기처럼, 또한 마치 카인과 아벨처럼, 최초의 로봇 사람과 자연 사람은 위험한 대결을 벌려야 할지 모른다. 만일 우리가 로봇 사람을, 로봇 사람이 우리를 "야만인"이나 "괴물"로 여긴다면, 과거 역사에서 그랬듯이, 서로를 같은 공동체의 일원으로 받아들여야 한다는 자각이 생겨날 때까지, 죽기 살기로 서로 싸우게 될 것이다.

　요즘 인공지능 로봇과 관련된 많은 물음들을 누구나 묻고 있다. 우리는 사람처럼 생각하고 행동하는 로봇을 만들 수 있는가? 많은 학자들이 그런 로봇을 못 만들 이유가 없으며 단지 언제 그것이 만들어질지만 남았다고 주장한다. 어쩌다 한 로봇이 개인 곧 개별 사람이 되었다고 가정해 보자. 그가 이미 개별 사람이 되었기 때문에 우리는 그를 사람들의 공동체 안으로 받아들여야 하고, 우리는 그에게 인권을 부여하고 그의 인권을 존중해야 한다. 이 점에서 한 개별자가 개인이 되는 조건과 로봇이 되는 조건은 매우 상충된다. 기계 부품들로 만들어진 한 개체가 개인이 되는 순간 그 개체는 더 이상 '로봇'이 아니다. 로봇을 자연 사람들의 조정과 관리 감독을 받아야 하는 기계 장치의 한계 안에 계속 묶어 두어야 한다는 로봇철학자 고인석의 주장은 매우 합당해 보인다.

　로봇을 기계 장치의 한계 안에 묶어 두어야 한다는 로봇 제작의 규칙을 누군가 어기고 로봇을 개인으로 만들어 버렸을 경우, 또는 바이센테니얼 맨처럼 로봇이 스스로 개인으로 성장해 버렸을 경우, 우리는 더 이상 그 개체를 한갓 기계 장치로 묶어둘 수 없을 것이다. 공장에서 부품들로 조립된 사람은 자연의 생식과 성장 과정을 통해 생긴 사람들과 달리 대우받아야 할 까닭이 없다. 왜냐하면 개인의 몸이 단백질로 되어 있느냐 실리콘으로 되어 있느냐가 개인의 권리에 중요한 요소가 되지 말아야 하기 때문이다. 또한 개인이 사람 몸에서 잉태되었느냐 시험관과 인큐베이터에서 배양되었느냐 공장에서 조립되었느냐도 개인의 권리에 중요한 요소가 되지 말아야 하기 때문이다. 개인의 지위를 얻은 로봇은,

자연 생식을 통해 성장한 개인들이 그렇듯이, 사랑하는 주체이자 사랑받는 타자이다. 우리는 그런 로봇을 판매할 수 있는 것, 반품 및 리콜할 수 있는 것, 재생산할 수 있는 것, 대체가능한 것, 통제가능한 것, 개성 없는 것으로 여겨서는 안 된다.

우리가 자연 사물들을 갈고 닦고 마름질하여 아직 드러나지 않은 숨은 쓸모를 드러내어 그 사물들을 기술제품들로 탈바꿈하는 아주 긴 역사의 여정에 들어선 것은 거역할 수 없는 역사의 운명일 것이다. 하이데거는 사물과 대상들, 심지어 사람까지 다른 것을 위해 늘 대비하여 진열되어 있는 부품으로 드러나도록 닦달하는 현대 과학기술의 과정이 가장 위험한 역사 과정이라고 주장했다. 물론 이 역사의 과정은 자연 세계의 모든 사물들이 따로 떨어져 있는 부품들로 탈바꿈되는 데서 끝나지 않는다. IBM, 인텔, 삼성, 구글, 애플, 테슬라 등 거대 기업들이 로봇 만들기 예행연습을 하고 있다. 경영 및 기술 전쟁의 승리자들은 역사상 유래가 없을 만큼 막대한 자본과 인력을 투입하여 부품들을 끌어 모아 로봇을 만드는 일에 본격 뛰어들 것이다. 그렇게 해서 새로 나타날 미래 인격체의 눈에는 우리 시대가 원시시대로 보일지 모르겠다. 하지만 생물 사람이든, 포스트휴먼 또는 트랜스휴먼이든, 로봇 사람이든, 진선미의 가치를 버릴 때 그는 더 이상 사람일 수 없다. 사람의 공동체는 앞으로도 계속 이성의 공동체이며 진선미의 공동체로 남을 것이다. 오직 그 공동체 속에서 사랑하고 사랑받을 때만 사람이 길러지고 자라날 것이다.

누가 포스트휴먼을 두려워하랴

포스트휴머니즘에 대한 비판적 고찰

김기홍

| 들어가는 말 |

"한계를 넘어서다"라는 말은 어떤 난관이나 자신이 처한 상황을 넘어서 목표를 성취하는 사람들에게 붙여지는 수식어로 많이 쓰인다. 얼마 전 2016년 리우 패럴림픽 개막식에서 기계와 함께 매혹적인 삼바춤을 보여준 에이미 퍼디(Amy Purdy)는 이러한 한계를 넘어선 대표적인 사례로 소개되었다. 그녀는 19세에 감염병으로 두 다리를 잃고 의족을 신고 스노보드 선수로 활약하면서 이미 인간의 "한계를 넘어선" 삶의 표본이 되었다. 그녀가 보여준 로봇과의 춤은 우리에게 무엇이 인간의 본성이고 아름다움인가에 관한 질문을 하도록 한다. 에이미 퍼디의 신체는 단순히 인간의 신체와 기계의 결합 이상의 의미를 갖게 되었다. 이른바 자연으로서 신체와 인공물로서 기계의 구분은 이미 무의미한 것처럼 보인다. 기존의 자연과 인간, 신체와 기계, 남성과 여성의 이분법은 에이미 퍼디의 이미지를 통해 그 경계가 더욱더 모호해졌다.

많은 학자들은 인간이 할 수 있는 영역이 로봇에 의해 대체되는 현실을 경탄의 눈으로 바라볼 뿐 아니라 인간의 능력을 벗어난 자동화된 기계 출현에 우려의 감정을 감추지 않는다. 인간과 기계의 결합은 도구를 사용하는 인간을 의미하는 호모 파베르(Homo faber)의 특성으로 설명할 수 있는 것처럼 인간성(휴머니즘)은 아마도 이러한 도구의 사용과는 따로 뗄 수 없는 관계인지도 모른다. 어떤 이들은 기술을 통한 인간의 능력 향상의 속도와 윤리적, 사회·제도적 능력 사이의 불일치현상으로 인해 심각한 문제가 발생할 것이라고 우려해왔다. 또한 정보기술과 생명공학, 나노기술과 로봇공학과 같은 소위 첨단과학기술의 대상은 보통 자연이었지만 갑자기 인간 자신이 대상이 되면서 더 이상 이러한 기술의 중심이 인간이 될 수 없는 완전히 새로운 단계에 진입하게 되었다. 일반

〈그림 1〉 리우 패럴림픽 개막식에서 로봇과 춤을 추는 에이미 퍼디

적으로 도구를 사용하는 인간을 "호모 파베르"로 정의한다면 새로운 단계에 접어든 인간은 기존의 인간성을 넘어서는 새로운 종의 특징을 갖는다는 의미에서 "포스트휴머니즘"이라고 정의하기도 한다.

이 글은 인간과 기계의 결합을 통해 만들어진 새로운 종류의 존재를 어떻게 볼 것인가에 대한 대답의 모색을 목적으로 한다. 특히 인간의 능력을 향상시키고 인간이 갖고 있는 한계를 극복하여 새로운 종으로서 인간-기계의 결합물인 포스트휴먼(post-human)의 가능성을 알아보고 이에 대해 기존의 과학기술학적인 입장에서는 이 문제를 어떻게 보는가에 대해 알아볼 것이다.

| 누가 정언명령을 두려워하랴! | 자율적 주체의 독점권의 쇠퇴

전통적으로 철학에서 윤리적·도덕적 판단을 하는 주체는 항상 이성적인 주체인 인간이었다. 이성적 주체라는 의미는 감정에 흔들리지 않고 자신의 행복이나 만족감과는 무관하게 이른바 "보편적 정언명령"에 따르는 주체라고 할 수 있다.[1] 이 유명한 칸트의 "정언명령"에 의거한 합리적 주체라는 개념은 합리성을 설명하는 강력한 근거를 제공하고 있었다. 하지만 현대사회에서 사람들은 불안과 불확실성으로 가득한 환경에서 살고 있다. 근대적 사회는 과학기술의 발전을 통해서 이러한 위험과

....

[1] "보편적 정언명령"은 칸트가 주장한 합리적 주체의 도덕성을 논의하는데 제시한 논거로서 내가 옳다고 생각하는 것은 동시에 누구에게나 통용될 수 있는 것일 때 옳은 것이라는 원칙을 의미한다. 이 원칙은 인간주체성의 합리적 토대를 보여준다.

불확실성을 제거할 수 있도록 만들어진 세계였다. 하지만 역설적으로 근대적 발전으로 인한 성과물이 오히려 위험과 불확실성을 강화시키는 요인이 되는 세계가 되었다. 독일의 유명한 사회학자인 울리히 벡(Urlich Beck)은 근대성을 결정하는 중요한 요인으로서 위험과 불확실성을 포함시켜야 하며 현대사회를 "위험사회"라고 규정하기도 했다.[2]

결국 과학기술의 급속한 발전은 불확실성을 줄이고 안전한 사회를 만드는 것이 아니라 오히려 반대의 길로 간다는 것을 의미한다. 우리는 이러한 위험사회의 표본이 될 수 있는 것을 서울 강남 한복판에서 경험한 적이 있다. 강남의 가장 노른자위 땅에 세워진 지상 5층 지하 4층의 화려한 삼풍백화점은 1980년대의 삼저호황이 가져다준 풍요의 상징이었으며 근대화의 최종 산물이었다. 하지만 1995년 삼풍백화점은 단 20초만에 붕괴되면서 508명이 사망하거나 실종되는 참사가 되었으며 우리에게는 트라우마로 남아있다.

이제 위험과 불확실성으로 가득한 과학기술의 급속한 발전의 주체인 인간을 어떻게 이해해야 할 것인가? 지금까지 인간만이 독점했던 "보편적 정언명령"의 수행주체 지위에 대한 대안 찾기가 시작되었다. 혹자들은 인공지능(AI)은 감정적이고 사회·문화적인 요소에 의해 영향을 받을 수 있는 인간을 대신해서 계급이나 인종, 젠더, 종교와 상관이 없으며 감정의 동요 없이 보편적 준칙을 실행할 수 있는 새로운 주체로 보았다.[3] 기계는 인간이 가질 수 있는 감정적인 동요의 영향에서 벗어나 정

....

2 벡, 울리히, 『위험사회─새로운 근대(성)을 향하여』, 새물결, 1992 / 2006.
3 임옥희, 『젠더감정정치─페미니즘 원년, 우리가 갈등하는 감정의 모든 것』, 여성문화이론연구소, 2016, 13쪽.

밀하고 정확하게 인간의 물리적 능력과 합리성의 능력을 향상시킬 수 있는 역할을 할 수 있다고 믿게 되었다.

완전한 합리성을 배태하고 있는 기계-인간 하이브리드의 가능성을 둘러싼 논의는 결국 현재 우리가 갖고 있는 휴머니즘에 근거한 사고방식의 재고를 촉구하는 새로운 형태의 휴머니즘, 즉 포스트휴머니즘과 긴밀하게 연관되어 있다. 하지만 포스트휴머니즘은 아직 오지 않은 세계에 대한 추론과 낙관 / 비관적 예측일 뿐이다. 이처럼 추론과 예측에 기반을 둔 포스트휴머니즘은 그 개념 자체도 안정화되지 않았다. 포스트휴머니즘은 때로는 인간의 능력을 향상시키는 기술(human enhancement technology)을 의미하는 트랜스휴머니즘(Transhumanism)과 이를 비판적으로 바라보는 비판적 포스트휴머니즘 등의 다양한 입장들이 혼재되어 있다.[4] 예를 들어 트랜스휴머니즘의 경우 인간의 한계를 넘어선 기계와 인간의 결합은 물리적인 신체뿐 아니라 인지기능 그리고 도덕적인 면에서도 완전히 다른 존재를 만들어낼 것이라고 주장한다. 트랜스휴머니즘을 지지하는 학자들, 예를 들어 한스 모라벡(Hans Moravec)이나 레이 커즈와일(Ray Kurzweil)과 같은 사람들은 인공지능의 발달로 인해 학습능력을 갖추고 스스로 진화하는 이른바 특이점(Singularity)이 다가오면서 인간이 갖고 있는 인간성과 기술적 산물인 기계 사이의 구분이 사라지게 될 것이라는 믿음을 갖고 있다.[5]

....

4 헤어브레히터, 슈테판,『포스트휴머니즘』, 성균관대 출판부, 2009 / 2012; 이진우,『테크노인문학』, 책세상, 2013; 손화철,「기술의 자율성과 포스트휴머니즘」, '2016년 한국과학기술학회 전기학술대회 – 휴머니즘을 넘어 : 포스트-, 트랜스-, 테크노-휴머니즘', 한국과학기술학회, 2016.
5 커즈와일, 레이,『특이점이 온다 – 기술이 인간을 초월하는 순간』, 김영사, 2007 / 2005.

김기흥 | 누가 포스트휴먼을 두려워하라

트랜스휴머니즘의 입장에 따르면, 인간향상기술이 가져올 수 있는 잠재적 위험과 윤리적인 딜레마 상황이 발생할 수 있음에도 불구하고, 근본적으로 더 나아질 것이라는 측면에서 기술적 낙관론의 입장을 유지한다. 이미 인간의 물리적인 한계는 죽음이라는 최종적인 목적지를 향해 움직이는 기계장치일 뿐이며 이러한 과정을 극복하고 연장하기 위한 기술적인 개입과 결합은 결국 인간의 또 다른 진화로 이어지게 된다. 기계와 인간의 공진화(co-evolution)에 대한 가능성의 타진은 결국 인간만이 독점적으로 갖고 있었던 "합리성에 근거한 자유로운 주체"의 개념의 재고를 요구할 수밖에 없다. 결국 위에서 이야기한 것처럼 칸트가 주장한 "정언명령"을 수행할 수 있는 주체로서 인간이 갖고 있는 독점권은 기술의 놀라운 발전과 함께 무너지게 된다. 미국의 포스트모던 문학과 과학기술의 연관성을 주장하면서 포스트휴머니즘의 대표적인 학자로 알려진 캐서린 헤일즈(Katherine Hayles)의 경우에는 "타인의 의지로부터 자유로운 주체"라는 기존의 자유주의적 휴머니즘은 그 근거를 잃게 된다고 지적했다. 그녀는 근대적 휴머니즘을 포스트휴머니즘이 넘어서는 이유는 바로 타인의 의지와 구분되는 자신의 의지를 정의할 수 있는 어떤 선험적 근거를 찾기 힘들게 되면서 주체를 구성하는 방식 자체가 인간 자신의 의지로부터가 아니라 다른 비인간행위자들과의 상호관계 안에서 구성되는 방식으로 전환되었기 때문이라고 주장한다.[6] 좀 더 쉽게 이해해 보자. 지금까지 왜 인간이 생각하는 주체인가라는 질문에 대한 답을 찾기 위해서 많은 철학자들과 인문학자들은 무엇인가 선험적으로 주

....
6 헤일즈, 캐서린, 『우리는 어떻게 포스트휴먼이 되었는가』, 플래닛, 1999 / 2013.

어진 어떤 존재(예를 들면, 신이나 절대자)에서 그 근거를 찾으려고 했다. 하지만 이제 더 이상 그런 선험적 설명방식은 효력을 잃게 되었다. 인간이 생각하는 주체라는 근거를 찾는 것은 인간을 둘러싸고 있는 환경이나 비인간행위자들과의 상호작용에서 만들어지는 것일 뿐이다.

그렇다고 이 장을 시작하면서 논의했던 것과 같이 '정언명령'을 수행하는 대체자로서 로봇이 될 것이라고 주장하는 것은 아니다. 다만 포스트휴머니즘에서 주장하는 핵심은 정언명령을 수행할 수 있는 주체의 근거를 일반적인 주장에서 찾을 수 없으며, 대신 주체의 구성은 주변에 인간을 둘러싸고 있는 다양한 비인간 요소들[7]과의 상관관계에 의해 각기 다르게 구성된다는 것을 의미한다. 아마도 모라벡이나 커트와일이 주장한 것과 같은 "자율적 기술"의 등장으로 인한 휴머니즘의 쇠퇴로 포스트휴머니즘을 이해하는 것은 매우 단선적인 이해가 될 수 있다. 휴머니즘을 넘어선 "포스트"의 개념은 단순히 인간 / 기계, 실재 / 상상, 남성 / 여성, 주체 / 대상, 이성 / 감정 등의 대립항적 사고방식으로는 이해하기가 힘들다는 관점으로 이해해야 한다. 결국 '나'라는 주체의 정체성은 다른 어느 곳에서 기원하는 것도, 그렇다고 누군가가 주는 것도 아니다. 정체성을 결정하는 것은 다른 이를 포함한 타자, 비인간 행위자, 환경과의 관계다. 이제 나와 나 아닌 것의 경계는 명백하지 않다. 인간과 인간이 아닌 동물 사이의 경계도 사라진다. 궁극적으로 자연과 문화의 구분도 의

....

7　이러한 비인간요소(nonhuman elements)는 간단히 기계가 될 수 있으며 기술적 산물인 인공물이 될 수도 있다. 이러한 것들을 총체적으로 과학기술학의 행위자네트워크이론(Actor Network Theory)에서는 비인간행위자(nonhuman agency)라고 부른다(라투르, 브뤼노, 『젊은 과학의 전선－테크노사이언스와 행위자-연결망의 구축』, 아카넷, 1987 / 2016).

미가 없어질 것이라고 유명한 여성학자인 도나 해러웨이는 주장했다.[8]

| 누가 자율적 기술을 두려워하랴! |

기술철학과 포스트휴머니즘이 바라보는 자율성

기술과 인간의 관계에 대한 관심은 포스트휴머니즘이 처음은 아니었다. 고전적인 기술철학자들, 예를 들어 마르틴 하이데거(Martin Heidegger)나 자크 엘륄(Jacques Ellul) 그리고 한스 요나스(Hans Jonas)와 같은 이들은 이미 기술의 급진적 발전 속도와 발전 양상이 가져오는 특징이 전통적인 기술들과는 근본적 차이를 보인다고 보았다. 기술은 인간의 목적을 위해서 사용되는 도구라는 기존의 생각을 넘어서 기술은 그 자체적인 동력을 가지고 발전된다고 믿었다.[9] 더 이상 기술은 인간의 목적을 위한 도구가 아니며 현대에 이르러 급속한 기술발전은 그 자체적인 의미를 갖게 된다. 이로 인해 기술철학자인 자크 엘륄은 "기술이 자율성을 갖게 되었다"고 선언하기에 이른다. 엘륄에 의하면 기술의 발전 속도의 비약적 증가는 지역과 문화를 넘어서 일반적이고 전 지구적인 현상이 되었으며 단순히 자연을 대상으로 했던 기술의 영역이 인간의 생활과 인간이라는 존재 자체를 대상으로 하면서 완전한 변화가 일어나게 되었다.[10] 결국 기술은 그 자체적 발전 동력으로 인해 인간은 기술에 더욱더

....
8 해러웨이, 도나, 『유인원, 사이보그, 여자—자연의 재발명』, 동문선, 1991 / 2002.
9 손화철, 앞의 글.
10 Ellul, Jacques, *The Technological Society*, New York : Vintage Books, 1964.

종속될 것이라고 주장했다. 이러한 엘륄의 "자율성을 갖는 기술"의 사례는 도처에서 찾아볼 수 있다. 일상생활에서 우리가 의존해야 하는 휴대전화나 크레딧카드 그리고 컴퓨터에서부터 거의 100% 자동화를 이루어진 전기자동차 생산공장인 테슬라사에 이르기까지 인간노동자의 모습은 거의 찾아볼 수 없을 정도로 기술은 자율성을 갖게 되었다. 그리고 "더 이상 자유롭지 않다는 것을 인정할 자유 밖에 남지 않은" 인간의 모습을 보여주고 있다.[11]

최근 테슬라사의 CEO인 엘런 머스크(Ellon Musk)는 자신의 SNS계정을 통해서 새로운 전기자동차 모델의 생산라인을 공개했다. 테슬라 생산라인에 사람은 보이지 않았다. 대신 542대의 로봇이 설치되어 자율적인 생산과정을 구현하고 있다고 주장했다. 아마도 이 모습은 엘륄이 1954년 그의 저작인 『기술사회(*The Technological Society*)』에서 보여주고자 했던 자율적 기술의 모습일지도 모른다. 엘륄을 비롯한 고전적인 기술철학자들의 입장에서 보여주는 현대기술에 대한 우려와 자율적 기술에 대한 문제제기는 포스트휴머니즘에서는 큰 문제가 되지 않는 것처럼 보인다. 오히려 자율적 기술은 자연스러운 하나의 요소로 여겨지고 있다. 고전적 기술철학자의 원조로 여겨지고 있는 마르틴 하이데거(Martin Heidegger)는 엘륄처럼 기술의 발전이 결국 휴머니즘에 심대한 변화를 일으킬 것이며 현대 기술의 구성요소가 될 것이라고 예측했다. 하지만 포스트휴머니즘은 이러한 구성요소로서의 인간성에 대해 굳이 부정적인 해석을 하지 않는다.[12] 이미 포스트휴머니즘에 있어서 인간 주체가 가질 수 있

---

11 손화철, 「호모파베르에게 자유는 있는가」, 이상욱 외편, 『욕망하는 테크놀로지 – 과학기술학자들이 기술을 성찰하다』, 동아시아, 2009, 72쪽.

는 존재론적인 우위는 그 근거를 잃었기 때문이다. 기계나 비인간존재보다 인간 주체가 우선적이고 특별하다는 생각은 논리의 전제가 아니라 극복의 대상이 된다.

앞에서 캐서린 헤일즈가 주장하는 반이분법적이고 반근본주의적 포스트휴머니즘의 입장에서 본다면 또 다른 기계적 메커니즘에 의해 움직이는 인간과 기계와의 근본적인 차이점을 찾아내기란 어렵다. 이러한 인간과 비인간의 존재론적인 대칭성(ontological symmetry)은 프랑스의 과학기술학자인 브뤼노 라투르(Bruno Latour)의 입장과 유사하다. 라투르에 의하면 기술과 같은 비인간 행위자에 대해 인간은 지금까지 항상 비대칭적으로 생각해왔으며 인간의 합리성에 대한 인식론적 특권이 있다고 생각되어 왔다. 하이데거나 엘륄을 포함한 고전적 기술철학자들 역시 이러한 인간 주체의 인식론적인 특권을 전제한 후 논의를 전개하기 때문에 기술의 과도한 발전과 자율성의 증대는 인간 고유의 지위를 위협하는 일종의 '위험'으로 인지해왔다.

하지만 기술과 기계를 포함한 비인간행위자에 대한 라투르의 입장은 사뭇 다르다. 캐서린 헤일즈나 로지 브라이도티와 같은 포스트휴머니스트들처럼 라투르가 주창하는 행위자연결망이론(Actor Network Theory)은 인간의 주체성은 비인간 행위자들과의 결합 정도와 관계에 따라 항상 다르게 형성되고 구성된다고 본다. 물론 기술을 행위자로 본다는 것이 마치 생명이 있는 것처럼 간주한다는 것을 의미하는 것은 아니다. 그럼에도 불구하고 라투르의 대칭성은 인간들의 행동이 서로에게 영향을

....

12 Chislenko, Alexander S., "Transhumanist declaration" in Max More & Natasha Vita-More et al., *The Transhumanist Reader*, London : Wiley-Blackwell, 2013, pp.54~55.

〈그림 2〉 테슬라 전기자동차 공장의 자동화 공정

미처 행동의 방향을 바꾸듯이 비인간행위자, 즉 로봇을 포함한 비인간
행위자도 인간의 행위에 영향을 주는 일종의 능동성을 갖고 있다고 보
고 있다.[13] 결국 행위자연결망 이론이 바라보는 인간과 비인간의 관계
는 단순히 근본적으로 고정된 존재로 보는 것이 아니라 상호구성적인
과정으로서 볼 것을 요구한다. 다양한 네트워크 안에서 인간행위자는 비
인간 행위자들과 이종적 결합을 이루게 된다.[14] 인간과 비인간이 결합
된 주체는 고정적이라기보다는 일시적이고 과정적이다. 이러한 측면에
서 본다면 라투르의 입장은 상당히 포스트휴머니즘적이다.[15]

....

13 홍성욱, 「기술은 인간처럼 행동한다—라투어의 새로운 기술철학」, 이중원·홍성욱 외
  편, 『필로테크놀로지를 말한다』, 해나무, 2008, 126쪽.
14 Latour, Bruno, *Pandora's Hope : Essays on the Reality of Science Studies*, Cambridge : Harvard
  University Press, 1999.

| 누가 포스트휴먼을 두려워하랴! |

기술의 사회구성론에서 본 포스트휴머니즘

인간과 비인간행위자의 결합으로서 주체를 바라보는 포스트휴머니즘에 대해서 과연 이른바 과학기술학에서 주장하는 사회구성주의적 과학기술학의 입장은 어떻게 설명할까? 과학기술에 대한 사회구성주의적 접근과 포스트휴머니즘은 근대적 주체, 즉 일반론적이고 절대화된 자연에 대한 개척자이자 지배자로서 묘사되는 근대적 주체에 대해 비판적이었다는 측면에서는 공통점을 가지고 있다. 하지만 포스트휴머니즘이 비판의 대상으로 삼고 있는 인간주체 또는 인간성을 아무리 "끊임없이 변화하는 진화과정에 있는 것"으로 파악한다고 해도 여전히 단일적이고 균일적이다. 헤일즈의 경우, 인간과 현대기술, 컴퓨터과학이나 사이버네틱스와 같은 기술과의 만남으로 정의가 완전히 바뀔 수도 있지만 급진적인 탈신체화와 같은 개념에 대해서는 반대한다. 그녀는 인간의 의식이 사이버네틱스 기계의 의식과는 무척 다른 방식이라는 점을 인정한다.[16]

미셸 푸코가 지적한 것처럼 인간성이라는 것은 그렇게 근본적이지도 일반적이지도 않다. 다만 1798년 칸트가 "인류학(anthropology)"이라고 명명하면서 존재로서 나타난 역사적 산물일 뿐이다. 푸코는 인간성 또는 인간주체는 그렇게 단일하고 균질적인 존재로 볼 수 없으며 역사적이고 상대적인 존재일 뿐이다.[17] 사회구성주의가 공유하는 점도 바로 이

....

15 브라이도티, 로지, 이경란 역, 『포스트휴먼』, 아카넷, 2013 / 2015.
16 손화철, 「기술의 자율성과 포스트휴머니즘」, '2016년 한국과학기술학회 전기학술대회─휴머니즘을 넘어 : 포스트-, 트랜스-, 테크노-휴머니즘', 한국과학기술학회, 2016.
17 Foucault, Michel., *The Order of Things : An Archaeology of the Human Sciences*, New York :

러한 인본주의가 갖고 있는 상대성과 역사성이다. 일반적 정언명령의 수행자로서 칸트에 의해서 그려진 인간은 결국 100년을 버티지 못하고 마르크스와 니체 그리고 프로이드에 의해 불안정한 주체로 다시 묘사된다. 이처럼 인간은 그렇게 확실한 존재가 아니라는 푸코의 지적은 상대주의에 기초한 구성주의가 그리는 행위자와 그 특성을 공유한다.[18]

인간주체에 대한 철학적 견해와 함께 포스트휴머니즘의 논의가 간과하는 한 가지 중요한 점은 바로 "사회성(sociality)"의 부재라는 문제이다. 포스트휴머니즘이 그리는 인간은 더 이상 다른 인간과 결합하는 것에 큰 의미를 부여하지 않는 존재이다. 그 보다는 다른 동물이나 아바타와 같이 컴퓨터를 통해서 창조된 제2의 자아와의 연관성을 선호하는 존재일지도 모른다. 포스트휴머니즘에서 바라보는 "호모 사이버네티쿠스 (Homo cyberneticus)"나 "로보사피엔스(Robosapiens)"라는 개념이 상상하는 맥락이 무엇인가를 생각해볼 필요가 있다. 그것은 단순히 초월적인 미래를 예측하면서 만들어낼 수 있는 개념이 아니다. 사회구성론이 끊임없이 제기하는 강조하는 역사성과 사회성 그리고 맥락성에 입각해서 포스트휴머니즘도 이해해야 할 필요가 있다.

이미 우리는 기술의 역사적 발전과정을 통해서 사회성과 맥락성이 얼마나 중요한 역할을 하는가를 많은 예를 통해 보았다. 예를 들어 자전거가 처음 등장한 19세기 유럽에서 이 기괴한 인공물은 모든 사람들에게 환영받은 것은 아니었다. 심지어 자전거가 지금처럼 운송수단으로 생각

....
Pantheon Books, 1970.
18 Fuller, Steve., *Humanity 2.0 : What it means to be Human Past, Present and Future*, London : Palgrave MacMillan, 2011.

된 것도 아니었다. 대신 빅토리아 시대의 새롭게 등장한 중산층 전문직 남성들은 자전거를 승마의 대체수단으로 보았을 뿐이었다. 자전거가 운송수단으로 기능이 바뀐 것은 여성과 노약자들의 요구가 점차 하나의 "연관집단(relevant group)"을 형성하면서 시작되었다.[19] 자전거의 기능은 애초부터 결정되거나 고정된 것은 아니었다. 사회적인 합의와 연관집단의 영향은 자전거가 갖고 있는 기능을 결정할 수 있다. 결국 기술의 사회성은 절대 간과할 수 없는 중요한 요소임이 분명하다. 포스트휴머니즘이 그리는 기술과 결합된 인간은 극히 신자유주의적 주체에 근거한 것처럼 보인다. 신자유주의에서 신체와 인간행위자는 고립되고 파편화된 주체이다. 이러한 행위자를 중심으로 그려진 미래의 예측은 사회성이 거세된 고립된 행위자가 될 수밖에 없다. 즉, 이것은 현재 사회적 맥락의 반영일 뿐이다. 예측은 항상 과거의 한정적 경험과 그 네트워크에 의해 형성된다는 매리 헤세(Mary Hesse)와 데이비드 블루어(David Bloor)의 한정주의를 상기할 필요가 있다.[20]

| 글을 마치며 |

지금까지 우리는 인간과 기계의 결합이 가져오는 결과로서 인간의 도

....
19 바이커, 위베·트레버 핀치, 「자전거의 변천과정에 대한 사회구성주의적 해석」, 위베 바이커 외편, 송성수 역, 『과학기술은 사회적으로 어떻게 구성되는가』, 새물결, 1999.
20 Hesse, Mary., *The Structure of Scientific Inference*, London : MacMillan, 1974; Barnes, Barry, David Bloor & John Henry., *Scientific Knowledge : A Sociological Analysis*, The University of Chicago Press, 1996.

덕·윤리 그리고 사회적으로 기존의 인간성(휴머니즘)과는 전혀 다른 새로운 종의 탄생의 가능성을 둘러싼 다양한 주장에 대해서 논의해보았다. 특히 이른바 포스트휴머니즘이 제기하는 근대적 휴머니즘의 극복과 인간-기계의 하이브리드의 가능성에 대한 과학기술학적 비판적 설명에 대해서 논의해보았다.

사실 인간이 태초에 인간이라는 관념을 갖게 되는 순간은 바로 도구로 대표되는 기술을 갖는 순간부터였을 것이다. 그만큼 기술과 인간을 따로 분리하여 생각할 수 없다. 하지만 포스트휴머니즘의 주장은 이러한 긴밀한 기술과 인간의 관계를 넘어서는 새로운 형태의 "대전환"이 일어나게 된다고 보고 있다. 이미 우리는 우리의 몸에 기술의 산물인 인공물과 결합하여 일종의 하이브리드처럼 살아가고 있다. 예를 들어 안경 없이 세상을 볼 수조차 없으며 휴대폰 없이는 다른 사람들과 소통할 수도 없는 상황에 이르렀고 심장이 약한 사람들은 박동조절기를 몸 안에 넣고 다니는 상황에서 단순히 순수하게 우리의 몸만으로 어떻게 인간성을 구현할 수 있을까? 이처럼 휴머니즘은 이미 인간과 기계의 하이브리드일 것이다. 미국의 여성학자이며 과학기술학자인 도나 해러웨이는 이미 인간의 이러한 속성을 "사이보그"라고 지칭하였다.[21] 해러웨이가 사이보그의 문제를 집요하게 제기한 것은 현대 과학기술이 본질적으로 남성적 / 여성적인 것으로 환원될 수 없으며 단순한 도구로 대상화되지도 않는다는 점을 보여주고 있다.[22] 이처럼 우리의 인간성이라는 특성은 본질적인 어떤 것으로도 규정하기 힘들다. 대신 포스트휴머니즘의 논자

....
21 해러웨이, 도나, 앞의 책.
22 임소연, 『과학기술의 시대 사이보그로 살아가기』, 생각의힘, 2014.

들이 주장하는 것처럼 관계 속에서 규정되고 만들어지는 과정일 뿐이다.

많은 사람들의 기술의 놀라운 발전에 대해 경탄과 경외의 감정을 갖는다. 이것은 기술이 인간의 본성에 긍정적 / 부정적인 영향을 줄 것이라는 상상하면서 만들어낸 감정일지도 모른다. 하지만 위에서 본 것처럼 인간의 본성이라는 것이 근본적으로 환원할 수 없는 것이라면 기계와 인간의 다양한 결합을 통해서 구성되는 새로운 인간성, 즉 포스트휴머니즘의 문제는 그다지 큰 문제가 되지 않을 수도 있다. 문제는 인간이 경탄 / 경외의 감정적 대응을 촉발하는 것이 현재 사회적으로 만들어진 상상력의 결과일 뿐이라는 점이다. 앞에 장에서도 지적한 것처럼 포스트휴머니즘에 대한 사람들의 논의에서 간과되고 있는 것은 바로 이러한 "사회성"에 입각한 상상방식이다. 기술과 인간은 항상 공동으로 구성되는 경향이 있다.[23] 인간이나 기술이 서로를 일방적으로 결정한다는 사고방식은 매우 결정론적이고 근본적인 논리에 빠질 수밖에 없다. 얼마나 그리고 어떻게 인간과 기계가 상호 연관성을 맺으며 현실을 구성하는가에 대한 관심이 단순히 미래에 다가올 세계에 대한 유토피아 / 디스토피아적 상상에 앞서 선행되어야 할 것이다.

23 Jasanoff, Sheila & Kim Sanghyun, *Dreamscapes of Modernity : Sociotechnological Imaginaries and the Fabrication of Power*, Chicago : University of Chicago Press, 2016.

참고문헌

손화철, 「호모파베르에게 자유는 있는가」, 이상욱 외편, 『욕망하는 테크놀로지-과학기술학자들이 기술을 성찰하다』, 동아시아, 2009.

손화철, 「기술의 자율성과 포스트휴머니즘」, '2016년 한국과학기술학회 전기학술대회-휴머니즘을 넘어 : 포스트-, 트랜스-, 테크노-휴머니즘', 한국과학기술학회, 2016.

이진우, 『테크노인문학』, 책세상, 2013.

임소연, 『과학기술의 시대 사이보그로 살아가기』, 생각의힘, 2014.

임옥희, 『젠더감정정치-페미니즘 원년, 우리가 갈등하는 감정의 모든 것』, 여성문화이론연구소, 2016.

홍성욱, 「기술은 인간처럼 행동한다-라투어의 새로운 기술철학」, 이중원·홍성욱 외편, 『필로테크놀로지를 말한다』, 해나무, 2008.

라투르, 브뤼노, 황희숙 역, 『젊은 과학의 전선-테크노사이언스와 행위자-연결망의 구축』, 아카넷, 1987 / 2016.

바이커, 위베 & 트레버 핀치, 「자전거의 변천과정에 대한 사회구성주의적 해석」, 위베 바이커 외편, 송성수 역, 『과학기술은 사회적으로 어떻게 구성되는가?』, 새물결, 1999.

벡, 울리히, 홍성태 역, 『위험사회-새로운 근대(성)을 향하여』, 새물결, 1992 / 2006.

브라이도티, 로지, 이경란 역, 『포스트휴먼』, 아카넷, 2013 / 2015.

커즈와일, 레이, 장시형·김명남 역, 『특이점이 온다-기술이 인간을 초월하는 순간』, 김영사, 2007 / 2005.

해러웨이, 도나, 민경숙 역, 『유인원, 사이보그, 여자-자연의 재발명』, 동문선, 2002 / 1991.

헤어브레히터, 슈테판, 김연순·김응준 역, 『포스트휴머니즘』, 성균관대 출판부, 2009 / 2012.

헤일즈, 캐서린, 송은주·이경란 역, 『나의 어머니는 컴퓨터였다』, 아카넷, 2005 / 2016.

헤일즈, 캐서린, 허진 역, 『우리는 어떻게 포스트휴먼이 되었는가』, 플래닛, 1999 / 2013.

Barnes, Barry, David Bloor & John Henry., *Scientific Knowledge : A Sociological Analysis*, The University of Chicago Press, 1996.

Chislenko, Alexander S., "Transhumanist declaration" in Max More & Natasha Vita-More et al., *The Transhumanist Reader*, London : Wiley-Blackwell, 2013.

Foucault, Michel., *The Order of Things : An Archaeology of the Human Sciences*, New York : Pantheon Books, 1970.

Fuller, Steve., *Humanity 2.0 : What it means to be Human Past, Present and Future*, London : Palgrave MacMillan, 2011.

Hesse, Mary., *The Structure of Scientific Inference*, London : MacMillan, 1974.

Jasanoff, Sheila & Kim Sanghyun., *Dreamscapes of Modernity : Sociotechnological Imaginaries and the Fabrication of Power*, Chicago : University of Chicago Press, 2016.

Latour, Bruno., *Pandora's Hope : Essays on the Reality of Science Studies*, Cambridge : Harvard University Press, 1999.

로봇, 그만큼의 넉넉한 몸-영혼*

김진택

| 로봇 : 몸-시간의 개입과 도구의 탈착 사이에서 |

진화론적 차원에서 잠시 생각해볼까요? 평소 많이 부러워했었던 집을 멋지게 짓는 거미의 몸과 실을 생각해보고, 사마귀의 날카로운 낫과도 같은 손을 생각해보려 합니다. 갖고 싶은 기술이고 갖고 싶은 몸의 신비였습니다. 일정한 공간만 주어진다면 튼튼하고도 멋지게 집을 짓는 거미의 건축술과 몸. 가지고 싶다고 가질 수는 없으나 진화하면서 그것을 갖도록 무진 애를 써보기로 하는 겁니다. 언제가 되던 말이죠. 그러나 우리가 그것을 가질 수 있을까요? 진화를 통해 그것을 가지려면, 그의 건축술과 실을 사출하는 꽁무니와 그것을 매끄럽게 받아 엮어내는

* "본 연구는 과학기술정보통신부 및 정보통신기술진흥센터의 ICT명품인재양성사업의 연구결과로 수행되었음"(IITP-2017-R0346-16-1007)

다리들을 가지려면, 우리는 그가 지나온 온 진화의 시간을 다시 되짚어 따라가야 합니다.

지구 탄생의 시간부터 같이 되짚어 갈 필요가 없는 것이 다행이라면 다행일 것 같습니다. 적어도 거미와 우리가 분화되는 시간까지만 찾아가서 그때부터 죽어라 그의 몸과 건축술을 꿈꾸며 살다보면 아침이슬에 반짝이는 가볍고 튼튼한 집에서 쉬고 있는 우리를 만날 수 있을지 모르겠습니다. 사마귀. 뜨거운 햇살이 쏟아지는 수풀의 열기에 털 끝 하나 움직이지 않고 오직 다가오는 먹이만을 집중해서 바라보며 그것이 자기보다 크든 힘이 좋든 공격하기로 마음먹으면 가장 완벽한 순간에 날카로운 손날을 뻗치고 강한 어깨의 힘으로 잡아채는 사마귀의 손날을 우리가 가지고 싶다면 거미를 쫓아가기로 한 친구만큼의 시간이 똑같이 들겠죠.

그러나 인간은 자신에 몸에 모든 것을 장착하는 길과는 다른 길을 걸어가며 진화했습니다. 어마어마한 우주의 시간을 되돌아 여행하는 기차를 타지 않아도 되는 길을 찾았죠. 우리는 우리 몸에 모두 넣거나, 장착하거나, 입으려 하지 않고 그들과 그들의 행동을 가만히 바라보고 배우고 따라하며 필요한 때에 쓰는 방법을, 몸 밖에 놓았다가 다시 취하곤 하는 방법을 택했습니다. 끈적끈적한 액체를 사출해서 실을 만드는 몸을 버리고 대신, 우리의 몸 밖의 동물과 식물에게서 실을 만들 수 있는 재료들을 빌려오고 도구를 써서 실을 만들었고, 사마귀의 손날을 지닌 몸을 버리고 대신, 광물에게서 철과 주석이라는 재료를 빌려와 사마귀의 손날 만큼 단단한 낫을 만들었죠.

북극곰은 자신이 사는 북극 그곳에서 어떤 생물체보다도 완벽하게 적응했습니다. 추운 북극의 바람과 기온에도 자신의 체온을 지킬 수 있는 굵고 긴 털옷과 두꺼운 가죽을 자신의 몸이 얻을 수 있도록 오랜 시간 동안 애써서 완벽한 피부를 갖게 되었지만, 그러나 그것 때문에, 그는 거기에만, 북극 추운 곳에서만 있어야 합니다. 털옷 피부를 벗고 다른 피부를 가질 수 없기 때문입니다. 반면 우리는 너무 완벽한 옷을, 몸을 버렸습니다. 한번 옷을 입으면 벗지 않는 옷을 버리고 때로는 입고 때로는 벗는 옷의 패턴을 몸의 패턴으로 하는 방식을 찾았습니다. 우리는 북극곰만큼이나 따뜻한 피부를 입었다가 필요에 따라 그것을 벗는 방식을 갖게 되었습니다.

우리는 우리와 나이가 같은 자연의 생물들과 사물들을 더 바라보고 더 따라하되 몸 밖에서 그들을 만들어 붙여다 떼는 방식을 택했습니다. 바퀴도 만들고, 악기도 만들고, 저울도 만들고, 모터도 만드는 몸과 기술을 갖는 방향으로 길을 찾은 것이죠. 잘했고 못했고를 떠나 우리는 그렇게 했고 그것은 그 나름 대단하고 멋진 일이었습니다.

세르의 말에 따르면 기술은 시간의 어마어마한 절약입니다.[1] 그것이 기술의 본성입니다. 간결한 만큼 울림이 적지 않은 정의라고 생각됩니다. 기술은 시간의 절약입니다. 하나의 도구와 기술적 대상들이 탄생하고 쓰일 때마다 그들은 각자가 어마어마한 자연적 시간을 붙잡아 유유한 자연의 시간에 커다란 힘을 행사하고 변형을 가하고 제어했음을 말하고 있습니다. 그러나 '절약'이 갖는 경제적 의미는 분명 한곳에서의 이익과 한곳에서의 손해를 뜻하죠. 기술에 대해 본질주의적 관점을 애

....

1 미셸 세르(Michel Serres), 배영란 역, 『인간이란 무엇인가?(Qu'est-ce que l'humain?)』, 알마, 2009, 83쪽.

기하려는 것이 아니라, 시간의 절약을 본질로 갖는 기술과 맺는 우리 실존적 관계에 대한 차분한 서술과 접근이 필요한 것입니다. 왜냐하면, 시간의 절약으로 이룬 첨단과학기술 시대를 살아가고 있고 이 시간의 절약이 주는 엄청난 혜택을 누리고는 있지만 정작 지금 우리의 모습은 지구 환경의 급속한 악화로 생존의 시간 자체가 소멸되는 것에 대한 고민이 시급하기 때문입니다.

여기에 하나 더, 이제 자연적 시간의 절약이 문제가 아니라 아예 자연적 시간에 기술이 직접 개입하려는 부분에 대한 성찰입니다. 생명과 생체 공학과 유전자공학, 그리고 의학과 나노기술의 발달이 DNA 및 생체 시스템을 건드릴 수 있게 되면서 자연의 시간에 개입할 수 있는 역량을 갖춰가고 있음을 우리는 목격하고 있지 않나요.

여기서 로봇에 대한 얘기가 함께 붙습니다. 인간의 노동을 대신해주고 오차 없이 정확하게 자동차를 만들어주고, 집을 만들어 주고, 컴퓨터를 만들어주는 로봇 말고도 이제 우리는, 우리 혈관으로 들어가 암세포와 싸워줄 로봇과도, 그리고 한 풀 꺾였다고 생각했던, 그래서 IOT 기술이 그 자리를 대체하는 것 같았던 인공지능 기반 로봇과도 함께 지내야 하는 현실을 통과해야 합니다. 기계의 자동화 개념을 끝까지 밀고 나오는 로봇에 대한 사유는 결국 시간의 절약이라는 생각과 몸의 생체 조직의 탈착이라는 생각 끝에 서 있다고도 할 수 있을 겁니다. 다시 말해서, 자동차를 만들어 주는 로봇은 시간을 절약하는 시스템을 구축하고 있는 로봇이고, 또 어떤 로봇은 아예 몸 자체가 북극곰 털옷 피부처럼 완벽한 몸을 가지고 있어서 일정한 필요가 요구되는 곳에는 가장 최적의 솔루션을 제공할 수가 있으니까요. 하지만 이 둘의 경우는 거기서 끝입니다.

거기까지만 입니다.

그러나 그는 여기서 멈추지 않고 몸을 바꿀 수 있습니다. 북극곰과는 달리 옷이라는 인공 피부를 탈착한 인간처럼, 인공 생체 조직을 탈착하는 인간처럼, 로봇은 A 공정에 맞는 몸을 하고 최적의 공정을 수행하다가 B 공정에 맞는 몸으로 아예 그 전의 몸을 툴툴 털고 일어나 다른 로봇 조직을 이식받고 스스로를 변형시켜 다른 몸이 되어 다시 최적의 공정을 수행할 수 있습니다. 시간의 절약과 도구의 탈착의 차원을 쉽게 넘나들면서 실천하고 있는 존재인 것이죠(생체 공학과 유전자공학등에서 말하는 기술들이 시간의 절약을 넘어 아예 시간에 개입하고 있다고 진단하는 것이 틀린 것은 아니지만, 어쩌면 로봇은 인간의 노동을 대신하여 기술적 시스템을 구축하면서 이미 인간의 시간에, 문화적 시간에 개입해 온지 오래되었다고 말할 수도 있습니다).

인간 노동의 시간을 절약해 준만큼의 시간이 인간의 직관과 통찰의 고양에 쓰이는 일을 해 주었는지, 그리고 그 과정에서 인간의 사회적 행위와 문화적 행위의 시간에 개입하면서 우리에게 무엇을 더 많이 해주게 했는지, 무엇을 더 못하게 했는지에 대한 차분한 대면 작업이 필요합니다. 로봇 혹은 더 나아가 기술의 존재는 이러한 실존 네트워크의 의미 생성과 같이 드러날 수밖에 없으니까요. 인공지능 기반의 로봇을 우리가 생각할 때 가져야하는 철학적 전략이 적어도 순수자연주의 혹은 인간중심주의에서 출발하는 것이 아니라고 한다면, 우리는 방금 애기한 네트워크를 엄격하고도 유연한 태도로 훈련해야 하고, 동시에 좀 더 넓고 넉넉하면서도 촘촘하게 로봇을 사유하는 네트워크를 고려해야 하지 않을까요?

| 로봇 : 몸과 영혼 혹은 ex-sistence 그리고 ex-position |

로봇을 이야기 할 때 많이 집중되는 논의는 로봇의 영혼을 이야기 하는 일입니다. 문학적, 철학적 상상력이 언제나 이것을 감싸고 사유하곤 하죠. 대부분 '그래서, 로봇은 인간과 같아지는 것인가?'와 같은 질문들에게 자주 쫓깁니다. 그런데, 영혼을 이야기하려면 몸을 이야기해야 하고 몸을 이야기 하려면 영혼을 이야기해야합니다. 이분법적 상관관계의 적절한 변증법이 아니라 차연적 관계 안에서 그렇습니다. 이 차연적 관계를 인정하면서 우리는 낭시의 몸과 영혼에 대한 생각을 따라갈 수 있을 것 같습니다.

낭시에게 몸은 그저 덩어리인 '매스'가 아닙니다. 몸은 몸에서 나오는 현현의 총체를 함께 갖기 때문에 기존의 사유가 영혼을 몸과 다른 것으로 고려하려는 노력과는 달리, 그에게 몸과 영혼은 동어반복입니다. 영혼은 몸으로부터 출발하여 몸 바깥으로 나오는 것이고 자신의 존재를 위해서는 그 몸을 필요로 하는 그 몸의 확장이며 그 몸 자체인 것입니다. 낭시에게 몸은 저 자신으로 닫힌 것이 아니고 스스로에 의해 침투되는 존재입니다. 안과 밖을 명확히 규정짓는 사유로는 몸과 영혼이 갖는 이 관계를 말하기 어렵습니다. 몸은 덩어리로서의 육체가 아니라 인식하는 존재 자체의 조건으로서, 몸 바깥에서 안을 감각하고 몸 안에서 몸 바깥을 감각하기에 우리가 영혼이라 지칭하는 말은 이 인식과 지각의 순환 자체를 지칭합니다.[2] 따라서 영혼은 몸의 바깥에서 스스로의 몸 안으로

....

2   Jean Luc Nancy, *Corpus*, Paris, Editions Métailié, 2000, p.115~116.

침투하고 / 침투되는 몸 안에서 밖과의 관계에서 생성하는 현존(ex-sis tence)의 다른 이름이라고 할 수 있습니다.

비육체성이라 말할 수 있는 것 역시 언제나 몸과 접촉하고 그 접촉은 서로에게 절대적인 상황입니다. 감지한다는 일은, 즉 감지하는('sentir') 몸의 일은 곧 접촉을 의미하고 이 접촉은 언제나 앞에서 얘기한 비육체성과 영혼의 일입니다. 몸은 스스로를 몸이라 느낄 수 있고, 그로부터 다른 몸들을 감지합니다. 어떤 사물이 아니라 이러한 하나의 몸이 있다는 것을 느끼는 일이 바로 현존입니다. 그 몸의 존재가 있다는 사실이 지칭하는 것이 바로 현존하면서 안과 밖을 무한히 넘나드는 탈-존(ex-sis tence)으로서의 현존, 실존(existence)인 것입니다.

영혼은 곧 몸의 바깥을 향해 놓여있음으로서 몸의 놓임 'sistence'이고, 영혼은 "하나의 몸이 존재한다는 사실 , 다시 말해 그 순간에 확장과 바깥을 향한 놓임 'ex-position'이 있다는 것이다. 그 순간에 몸이 바깥을 향해 주어지고 제시되고 열리는" 것이라는 거죠.[3] 몸은 바깥과 접촉하고, 동시에 저 스스로를 바깥으로서 감지합니다. 이 바깥 존재로 인해 몸은 스스로를 인식하고 내 몸 안에서, 내 몸 자체에서 내 몸의 확장과 노출에 의거하여 영혼을 감지하며 이 과정이 곧 영혼과 몸이 쉼 없이 실천하는 일이 됩니다. 이 과정에는 우발성과 필연성이 함께 소용돌이치기에 우리는 이미 스스로의 우발성 안에서, 스스로를 필연적으로 알고 느끼는 몸-영혼을 사유하고 있는 것입니다. 가만히 눈감고 내 몸을 생각하고 느껴보면 지금까지 우리가 한 다소 난해한 퍼즐 같은 말들이 현

....
3   Ibid., p.117.

존적으로 느껴질 수 있습니다.

　몸이 있다면, 그곳에 영혼이 있고, 그 몸과 영혼은 끊임없이 서로 침투하고 참조하며 서로를 드러내고 확장하는 것입니다. '로봇이 인간처럼 영혼을 가질 수 있는가?'에 대한 물음은, '로봇이 인간과 같은 몸이 아니므로 인간과 같은 영혼을 갖지 않는다'는 것만을 명료하게 다시 말하고 있을 뿐입니다. 즉, 이미 영혼이 인간중심주의적 세계관과는 다른 방식으로 존재한다는 것을 인정해야 하는 것이죠. 주판이, 의자가, 빗자루의 영혼은 인간의 영혼을 가질 수 없고, 또 가질 필요가 없습니다. 그들은 그들의 몸만큼, 그들의 몸이 관계하는 것만큼의 영혼을 가지고 있습니다. 영화 〈HER〉에서 주인공이 사랑에 빠지는 소프트웨어 페르소나는 일종의 인공지능 기반 로봇입니다. 주인공 인간이 인공지능 로봇에게 사랑에 빠지고, 아프고, 그녀를 그리워한다면 그것은 인간이 소프트웨어와 갖는 관계 안에서 그것만큼의 몸과 영혼의 무게를 갖는 그것만큼의 사태들입니다. 적지 않은 영화와 소설에서 인간의 형상을 한 로봇과 인간이 그려내는 고민거리들 역시 마찬가지입니다. '이제 저들이 인간과 같은 영혼을 가지고 생각한다고 여겨야 하는가? 우리는 이 사태를 어떻게 대면해야 하는가?'에 대한 고민이 인간중심주의적 세계관 안에서 공전하는 것이라면 그것은 그다지 날카로운 고민이 되지 못합니다. 기술의 본질은 기술과 관계 맺어지는 네트워크에 있고 그 네트워크는 앞에서 얘기한 몸과 영혼의 관계 그 자체를 전제합니다. 로봇에 대한 성찰은 그들과 인간이 맺는 네트워크에서 발견되고, 몸과 영혼의 관계망을 거치며 열리는 것이지 몇 가지 사태를 두고 '로봇이 인간의 영혼과 같은 성격을 갖게 되는가?'에 집착하면서 두려운 시나리오들을 만들어

낸다고 가능해지는 것이 아니니까요. 〈HER〉의 남자 주인공이 느끼는 배신감과 고독, 절망, 허무, 부질없음, 그리움을 통해 우리가 고민할 수 있는 철학적 통찰은 '그렇다면 이제 인간은? 인간은 이제 로봇과 컴퓨터가 조작, 통제 가능한 존재가 되어버렸는가?'와 같은 철학적 흉내를 내는 통속적인 물음에 답하는 리스트를 작성하는 일에 있지 않습니다. 이 작업을 한다는 것은 이 리스트가 새로운 것을 주지 않는 것을 뻔히 알면서 타협하는 게으른 사유이면서, 쉽게 지적허영을 행하는 일입니다. 로봇과 관련하여 우리의 삶이 영향을 받고 심각한 사회적, 경제적, 문화적 문제를 안게 된다면, 그리고 그것에 엄격하고도 진지한 대응과 성찰을 해야 한다면 그것은 전통적 형이상학의 몸과 영혼의 사유의 회로를 다시 고민해야 하는 태도에서 가능합니다. 그들과의 관계에서 어떤 문제가 있는지, 그만큼의 어떤 위험이 있는지, 그만큼의 어떤 공해스러움이 있는지, 그리고 그만큼의 어떤 가능성이 있는지에 대한 엄격하고 날카로운 사유가 추상적 전제가 아닌 구체적인 사태 안에서 치열하게 실천되어야 합니다. 허술한 인간중심주의적 근심에서부터가 아니라 그들과 우리가 서로 침투하며 만들어 내는 네트워크의 의미와 실존적 사태에 대한 판단의 몫과 선택의 시간을 걸어야 하는 것입니다. 내면성, 자율성, 독립성, 창의성 등등. 이렇게 영혼에 속한다고 생각되는 항목들에 대한 섬세한 분석과 통찰은 여기에서부터 시작합니다. 시몽동의 텍스트에서 우리에게 의지가 되는 부분을 발견할 수 있습니다.

| 로봇 : 고도의 자동성, 고도의 문화 |

시몽동은 지금까지 문화는 기술들에 대항하는 방어 시스템으로 구성되었다고 말합니다. 이 방어는 기술적 대상들이 인간적 관계를 반영하지 못하고 인간적 실재와는 다른 영역의 것들이라는 논리에 근거하는데, 이 전제는 문화의 왜곡을 만들어냅니다. 시몽동은 명료하게 판단합니다. "문화와 기술 사이에, 그리고 인간과 기계 사이에 세워진 대립은 거짓이며 근거가 없다. 그건 단지 무지나 원한을 은폐하고 있을 뿐이다. 그런 대립은 값싼 휴머니즘을 표면에 내세우면서 인간의 노력들과 자연의 힘들로 풍부한 실재를 감추고 있는데 이 실재야말로 자연과 인간사이의 매개자들인 기술적 대상들의 세계를 구성하는 것이다"라고.[4] 이러한 은폐와 값싼 휴머니즘의 태도 안에서 역설적이게도 기술만능주의적인 테크노크라트들의 왜곡된 시각도 탄생합니다. 인간과 세계의 의미작용 안에 기술적 대상들을 함께 고려하지 않는 태도들이 주류적인 상황에서, 기술적 대상에 대한 인식 자체가 모자란 상황이 유지되는 일이 많고, 그 와중에 그나마 기술적 대상들을 인식하고 의미를 파악하려는 시도가 현실적인 차원에서 유용성과 도구성을 높게 평가받는 기술적 대상에 대한 우상적 숭배로 길을 트는 일이 종종 생기기 때문입니다. 이것은 기술만능주의가 걷는 길입니다. 게으르고 값싼 휴머니즘을 소비하는 사람들은 기술 우상 숭배적인 테크노크라트들과 적대적 공생관계에 있는 것이죠. 문화가 자신의 역할을 제대로 수행하기 위해서는 인문적 인식

....
4　Gilbert Simondon, *Du mode d'existence des objets techniques*, Paris, Editions Aubier, 2012, p.9.

과 가치 안으로 기술적 존재들을 엄격하고도 책임감 있는 태도로 편입시키는 일이 필요합니다.

시몽동은 우리가 너무도 쉽게, 그리고 의도적으로 보일만큼 게으르게 넘겨 버린 모순들을 짚고자 합니다. 그에 의하면 문화는 "기술적 대상들을 오로지 유용성만 나타내고 진정한 의미 작용은 없는 순수한 물질의 집합물로만 다루는 태도를 한편에 강하게 갖고 있으면서, 다른 한편으로는 기술적 대상들도 로봇이며 그 로봇들은 인간을 향한 적대적인 의도들에 의해 움직이거나 인간에 대한 공격과 반란의 위험을 지속적으로"[5] 드러내는 태도를 모두 가지고 있습니다. 그러나 이 두 태도는 서로에게 이율배반적이며 모순입니다. 한편으로는 기술적 대상들이란 도구적 효용 외에는 의미작용을 갖지 않는 매우 저급한 존재들이라고 묶어 놓는 일을 하다가, 갑자기 그들이 단순한 조립물의 차원을 초월해서 지능과 영혼을 얻고 인간을 노예 상태로 예속할 수도 있다는 걱정과 두려움을 생산하는 일, 이 두 가지가 갑자기 어떻게 마술을 부리듯 가능한가요? 그러나 우리는 이 모순을 너무도 자연스럽게 넘어가곤 했고 지금도 그렇게 하고 있습니다.

이 모순이 서로를 뛰어넘는 과정에서 또 하나의 착종된 개념이 관계하는 데, 시몽동에게 그것은 '자동성'입니다. 당시의 기술적 환경 안에서 자동성에 대한 시몽동의 통찰은 진보적이면서도 놀랍습니다. 우리는 쉽게 기계의 완전성의 정도가 자동성의 정도와 비례하는 것으로 생각하고 자동성의 증가와 개선을 통해 모든 기계들이 서로 연결되어 하나로 결합될 수 있다고 생각하지만, 사실 이러한 기계적 자동성은 낮은 차원

....

5 ibid., p.11.

의 자동성이라는 것을 시몽동은 간파했습니다. 그는 기계들의 진정한 자동성은 물리적 작업 과정의 자동화를 높이고 기계들 사이의 긴밀한 결합을 말하는 것이 아니라, 기계 존재 자체가 어떤 비결정성의 여지를 내포 하는가 아닌가에 있다는 것에 주목했습니다.[6] 즉, 기계들이 구조화 하는 메커니즘 내부의 고도화에 따라서 자동성이 이해되는 것이 아니라, 기계가 외부 정보를 감지할 수 있는 열린 비결정성의 속성과 기술적 앙상블 ─ 즉, 총체적 조화가 실현될 수 있는 것 ─에 근거해 이해되는 것이라는 것이죠. 정보와 기계들의 비결정성이 만들어내는 일종의 열린 총체적 감수성에 의해 기계적 자동성이 규정된다고 파악한 것인데, 이 성찰은 지금 인공지능 기반 로봇에 대해 대응해야 하는 철학적 접근에 도 필요한 시선입니다.

그가 생각한 진정한 자동성의 증가와 고양은 이 비결정성의 증대와 그에 따른 시스템의 확장과 제어의 고도의 차원과 연관되어 있고, 이 구조는 열린 기계를 향하고 있으며, 이 기계의 열린 구조는 자동성의 고양 자체를 참조하며 이끕니다. 기계와 세계에 대한 의미작용이 고정적이고 단절되는 구조가 아니라 외부 자극에 대응하고 그것을 감지하고 소통하는 자동성에 대한 기술적 이해가 중요한 것입니다. 이것은 기술의 효율성과 도구적 관계에 대한 접근 역시 더 큰 네트워크 안에서 이해해야 함을 뜻하는 것이며, 이에 따르는 위험과 문제도 더 큰 틀에서 인식되고 고민되어야 함을 내포하는 것이죠.

여기서 더욱 중요한 것은 새롭게 규정되는 인간의 지위입니다. 시몽

....
6　ibid., p.186.

동에게 인간은 열린 기계들의 앙상블, 총체적 조화를 실현하는 상설 조직자로, 기계들을 서로서로 연결시켜주는 살아있는 통역자입니다.[7] 높은 차원의 기계가 갖는 비결정성은 인간으로 하여금 정보의 연결과 소통의 책임과 권한에 대한 태도들을 스스로 고양시키기를 요구하는데, 상설 조직자 혹은 살아있는 통역자로서의 인간의 이러한 역할 수행이 새롭고도 치열할수록 인간과 기계가 만들어가는 네트워크는 더욱 촘촘하면서 확장되고 비결정성 역시 자유로워지며 그것은 자동성 고양으로 이어집니다. 인간의 성숙과 고양은 기계의 성숙과 고양을 추동하는 것입니다. 기계의 앙상블의 구조는 인간의 앙상블에 열려있습니다.

일체화된 이 구조는 마치 몸-영혼의 관계와도 같습니다. 영화의 한 장면을 예로 들어 보죠. 30여 년 전 미래 사회를 배경으로 하여 개봉한 영화 〈블레이드 러너〉에서, 주인공의 직업은 인공지능을 탑재하고 형상까지도 인간과 똑같은 사이보그 로봇들이 자신들의 폐기 일자를 인식하고 그것에 저항하여 도망자로 살아가고 있는 로봇들을 체포하는 일입니다. 로봇과의 짧거나 긴 인터뷰를 통해 그는 로봇들을 인간으로부터 분리하고 경계를 짓는 일에 성공해야만 하죠. 로봇들이 인간에게 체포되어 폐기되는 것을 거부하고 더욱더 인간처럼 생활하고 살아가기 위해 기술적으로 고도화 될수록 주인공의 로봇 판별 역량도 함께 높아지는 것은 사실입니다. 그러나 이 과정은 로봇을 잘 알아가는 과정만을 뜻하는 것이 아니라 인간을 더 잘 알아가는 것을 뜻합니다. 이 사태를 시몽동의 개념으로 이해한다면, 즉 영화 속 로봇들이 스스로 학습하며 인간과

....
7　ibid., p.214.

구별이 되지 않을 만큼의 존재가 되어 간다는 것은 비결정성의 자유도와 확장성이 커진다는 것이며, 자동성의 고양이 계속해서 진전한다는 의미입니다. 이것은 로봇의 자동성이 인간과 대척하며 스스로 배타적인 자동성을 고양시킨다는 것이 아니라, 인간과 맺는 네트워크 구조의 진화를 말하는 것이고, 그 의미와 가치 역시 복잡화의 과정을 겪으면서 고양되는 기술의 앙상블에 열리는 인간의 앙상블의 파장이 더욱 정교해진다는 것을 의미합니다. 영화의 마지막에서 로봇은 주인공인 인간을 구해주며 자신의 폐기를 스스로 맞이하는데, 여기서 중요한 것은 '그렇다면 로봇이 인간보다 더 숭고한 영혼을 가지게 되었는가?'라는 관념적 은유가 아닙니다. 영화가 고유의 내러티브 구조 안에서 주인공과 로봇 사이의 비극적이고도 의미심장한 암울함을 명시하는 방향으로 이야기가 끝나지만, 우리가 여기서 배우는 것은 인간이 기술적 대상들의 앙상블 즉 총체적 조화의 실현을 담당하는 상설 조직자로서, 통역자로서의 역할을 충실히 할 수 있겠는가에 대한 물음과 대응입니다. 기계의 비결정성과 인간이 갖는 관계에서 새롭게 발생하고 생성하는 의미와 사태에 대해 고민하면서 인간과 기계의 총체적 조화를 실현하는 상설 조직자, 통역자로서의 역할에 주목해야 하는 것입니다.

| 로봇 : 그만큼 살아있는 사물과 존재 |

이러한 사유의 노력과는 별개로 어쩌면 우리의 영혼에 대한 사유적 맥락은 이미 명백하다고 말할 수 있습니다. '로봇에게 영혼이 있다, 없다'라는 물음에 대해서는 시몽동의 성찰 이전부터 이미 우리는 답을 가지고 있습니다. 이미 인간은 오래전부터 우주적 존재로서 그것을 알고 실천해오고 있었으니까요. '모든 사물에게 영혼이 있다', '모두 살아있다'는 애니미즘. 몸-영혼.

오래 전부터 우리 인간은 몸-영혼을 이미지로 이해하는 의연함을 가지고 있었습니다. 그 몸-영혼은 이미지로 현존하고, 놓여있는 몸-영혼은 스스로를 이미지로 놓여 지도록 하면서 존재를 미치도록 떨리게 만들고, 하나의 사물을 그것으로만 존재하게 하지 않는 힘을 생산하고, 이 존재의 활력 자체, 운동 자체를 자신의 존재의 근원으로 만드는 존재입니다. 애니미즘은 서구의 근대적 과학관이 정신과 육체, 감각과 이성, 몸과 영혼을 쉽게 가르는 이분법적 선명성을 합리적 정신의 근거로 전제하는 작업과는 이미 다른 길을 가고 있었던 것이죠. 자연과 생명, 존재와 세계는 그들을 규정할 명확한 객관적 좌표와 경계를 갖고 있지 않으며 주체와 객체의 경계 역시 언제나 비규정적 입니다. 생명은 단순한 기호가 아니고 분석되어야 할 대상만도 아닙니다. 애니미즘은 기호와 대상을, 나와 세계를, 주체와 객체를, 정신과 육체를 쉽게 분리하여 생각하지 않습니다.

이러한 분리불가능성이 가지고 있는 생성의 힘을 들뢰즈, 가타리는 배치(Agencement)라는 개념으로 말하고 있습니다.[8] 근대 주체에 대한 사유는 의식과 대상을 분리해서 얻어지는 개념입니다. 그러나 존재의 비규정성과 분리불가능성을 사유한다면, 주체란 결국 이질적인 요소들의 불규칙적이고 모호한 '배치'에 불과한 잠정적인 존재에 지나지 않습니다.

....

8   Felix Guatari, Gilles Deleuze, *Capitalisme et Schizophrenie : Tome 2, Mille plateaux*, Paris, Editions de Minuit, 1980, p.88~89.

이미 대상에게 행해지는 의식의 절대성이 대상에게 초월적으로 전제되어 의식 자체의 절대성을 부여 받는 관념적 논리를 이 배치 개념은 가로질러 가는 것이죠. 즉, 주체는 고정된 요소의 질서 있는 총합이 아니라 다양하고 이질적인 존재들의 관계와 배치에 따라 생성되는 존재이기에 몸-영혼을 모든 사물과 존재에 투영하는 애니미즘적 세계관은 이러한 배치적 주체와 조응합니다. 언어적 측면에서 본다면 우리의 몸은 하나의 발화적 주체만이 독립적이고 배타적인 상태로 유지되는 존재가 아니라 이질적, 혼종적 주체들이 집합적으로 배치되면서 집합적 발화 주체의 양상을 갖게 되는 것이기도 하기에, 애니미즘이 갖는 사유의 논리와 세계관은 근대적 합리주의에 의해 배제되었던 존재들에 대한 새로운 접근을 가능하게 만들고 잡종적 사태에 대한 사유의 인식을 전환하는데 커다란 힘을 주는 듯합니다.

로봇을 사유하는 과정에서 우리가 애니미즘적 상상력이 필요한 것은 그저 애니미즘이 인식의 다양성을 위해 포용되는 데에 쓰이는 것이 아니라 사유 자체의 탈형이상학적 요소들을 통해 편협한 인간중심주의적 세계관을 극복하는데 도움을 주는 철학적 실천이 될 수 있기 때문입니다. 애니미즘적 차원의 실존적 행위 그 자체가 열등하거나, 결격적인 것도 아니고 이 태도 역시 기계와 인간의 네트워크를 구성하는 매우 중요한 요소인 것입니다.

괜찮다고 생각합니다. 살아있다고 여기는 것은 실존적으로 정당합니다. 로봇과 우리는 그만큼의 몸-영혼의 무게를 갖고 그곳에서 서로들의 몸-영혼에 침투당하고, 영향을 미치고, 교섭하고, 서로를 조직하고, 소통하면서 우리가 만든 네트워크 안에서 그만큼의 의미를 생산하면서 살아 있습니다.

참고문헌

미셸 세르(Michel Serres), 배영란 역, 『인간이란 무엇인가?(*Qu'est-ce que l'humain?*)』, 알마, 2009.

Felix Guatari, Gilles Deleuze, *Capitalisme et Schizophrenie : Tome 2, Mille plateaux*, Paris, Editions de Minuit, 1980.

Gilbert Simondon, *Du mode d'existence des objets techniques*, Paris, Editions Aubier, 2012.

Jean Luc Nancy, *Corpus*, Paris, Editions Métailié, 2000.

로봇, 인간 욕망의 거울
SF에 나타난 인간적 상상력을 중심으로

박상준

| 들어가며 |

　재미있는 이야기를 재미없게 만드는 일은 정말 재미없다. 로봇에 대해 인문학자가 말하는 일이란 딱 이러한 경우이기 쉽다. 물론 나도 유년 시절의 추억 한편에 자리 잡고 있는 로봇들, 〈마징가 Z〉와 〈로보트 태권브이〉, 〈육백만 불의 사나이〉를 곱씹으며 소년의 꿈을 이야기해 보고 싶다. 〈스타워즈〉를 보며 'R2D2'의 귀여움에 빠지거나 〈터미네이터〉 시리즈에 나오는 'T' 시리즈 로봇들에 경악했던 경험을 나누고도 싶다.

　하지만 그런 여유를 부릴 수는 없는 것 같다. 죽기 전에 '스카이넷'의 지배를 받게 되지는 않겠지만, 인공지능 가전기기의 잔소리에 신경증을 겪거나, 자율주행자동차에 받히는 사고를 당하고도 보상 문제로 골머리를 앓을 가능성은 충분하기 때문이다. 어쩌면 자식이나 손자로부터 사이보그 전환술을 받겠다는 말을 듣고 충격에 빠지게 될지도 모른다.

자, 그러니 무엇을 할 것인가. 로봇에 대한 상상과 그것을 실현시켜 온 로봇 기술의 발전이 우리에게 갖는 의미가 무엇인지 생각해 보는 수밖에. 로봇에 대한 추억은 잠시 미뤄 두고, 인문학적인 상념을 조금 펼쳐 보는 이유가 여기에 있다.

| 로봇 개발의 동력 |

로봇은 인간이 만들어 낸 산물들 중에서 인간의 본능이 가장 짙게 부여된 것이라 할 만하다. 로봇의 제작에 있어서 그 기능 못지않게 인간의 형태를 닮게 하려고 노력해 온 것이나 로봇 스스로 인간처럼 사고하고 행동할 수 있게 하려고 애써 온 사실이 이를 증명한다.

물론 로봇 개발의 역사를 따져 보거나 현재 활용되고 있는 로봇의 종류와 유형을 살펴보면, 로봇 일반에 인간적인 요소를 부가하는 것은 적절치 않다. 자동차 조립 공장처럼 생산 공정이 자동화된 곳의 로봇이나 인간의 발길이 미치기 어려운 심해나 극한 상황과 같은 지형에 투입되는 로봇들, 언제든 실전 배치가 가능한 전투 로봇 등을 보면 인간적인 형태에 대한 관심이 중요한 것이 아니기 때문이다(물론 생산 공정의 로봇에 로봇'팔'이라는 인간적인 명칭이 붙여지기는 하지만).

그렇지만 로봇 개발의 역사에서 현재 가장 뜨거운 분야가 로봇이 우리들 인간처럼 스스로 판단하고 행동하게 하는 인공지능이라는 점을 생각하면, 로봇 개발을 이끄는 핵심적인 동력이 인간의 원리적인 모방 혹은 재현에 있다고 해도 과언이 아니다. 형태에 있어서 는 양상이 다양해도 로봇 능력의 고도화라는 점에서 보자면 '로봇의 인간화'야말로 로봇 개발의 오랜 원 동력이라 할 수 있는 것이다.

이 문제의 양상과 의미를 따지기 전에, 로봇을 개 발해 온 인간의 다양한 추동력 혹은 로봇 개발을 이끈 필요를 정리해 두자.

로봇을 꿈꾸고 개발해 온 근본적인 추동력 중의 하 나는 인간의 노동을 대신하게 하자는 것이다. 이는 '로봇(robot)'이라는 이름을 처음 사용한 카렐 차페크

〈그림 1〉
카렐 차페크, 《로숨의 유니버셜 로봇》 표지

의 희곡《로숨의 유니버셜 로봇》(1920)에 등장하는 로봇들이 노동자 로 봇이라는 점과 로봇이라는 이름 자체가 노동을 뜻하는 체코어 '로보타 (robota)'에서 유래했다는 사실에서부터 확인된다. 철학적으로 볼 때 노 동이 인간의 본성을 자연에 실현하는 행위이기는 해도,[1] 실제 역사에서 노동은 대체로 기층민들(rank and file)의 고역에 불과한 것이었다. 사정 이 이러해서, 이 고역을 벗어난 상태에 대한 갈망이 로봇 상상력의 오랜 원천이 되어 온 것은 자연스러운 일이라 하겠다.

인간의 고역을 로봇에게 대신하게 하려는 소망은, 인간이 하는 일들

....

[1] 인간은 주변 환경을 끊임없이 개발하면서 생존을 유지해 왔는데, 자연의 입장에서 볼 때 착취에 해당하는 이러한 개발의 원리는, 인간이 자신의 주변 세계(die Umwelt)를 인간적 으로 바꾸는 것이라 할 수 있다. 이러한 활동을 '대상화'라고 하는데, 이는 다시 자연 자체 에는 있을 수 없고 있지도 않은 변화를 자연에 인간의 힘을 가하여 구현해 내는 물리적인 활동 즉 '노동(Arbeit)'과, 사회와 다른 인간을 대상으로 하여 보다 인간적인 사회, 인간다 운 인간을 만들어 내는 활동 곧 '실천(Praxis)'으로 나뉜다.

에서 편의성과 효율성을 증진시키고자 하는 욕망과 나란히 한다. 이러한 욕망의 산물이 각종 기계를 발전시켜 왔으므로, 이러한 면에서 로봇은 기계가 일반적으로 행하는 기능을 최대화한 것이자 인류 최고의 기계라 할 수 있다.

로봇을 개발해 온 또 하나의 필요는 인간이 직접 행하기에는 큰 위험이 따르거나 실패 확률이 높은 일을 수행하고자 하는 바람이다. 인간 아닌 것에 인간을 대신하는 기능을 부여하려는 의도가 현재 실용화되고 있는 적지 않은 로봇을 만들어 낸 것이다. 폭발물 같은 위험한 물체를 제거하거나, 위험한 전장에 들어가 작전을 수행하거나, 사람이 접근하기 어려운 극한환경에 투입되는 각종 로봇들이 이러한 욕망의 산물이다.

다른 한편 로봇은 인간이 갖는 비인간적, 탈인간적인 본능에 따라 만들어지기도 한다. 인간이 비인간적 본능을 갖는다 하면 얼핏 이상하게 들릴 수 있지만, 우리 주변을 돌아보기만 해도 이상할 것은 전혀 없다. 타인이나 자신을 살해하는 사람들의 행동이 인간의 죽음 충동(타나토스 (Thanatos))을 입증해 주듯이, 인간이 인간 아닌 것이 되고자 하는 것은 인간의 본능 중의 하나이다. 죽음까지는 아니어도 사회적 동물로서의 인간 본성을 회피하고자 하는 것, 예를 들어 인간적인 소통을 회피하려는 충동 또한 로봇 개발의 한 가지 동력이다. 사람과 닮은 로봇으로 가족이나 연인을 대체할 수 있게 하려는 것이 이러한 예가 된다. 반려동물 대신 로봇이 쓰이는 현상 또한 이의 연장선상에 있다 하겠다.

로봇을 개발하는 인간적인 동력에서 빼놓을 수 없는 또 한 가지는 과학기술적인 호기심이다. 18세기 유럽의 산업박람회에서 사람들의 시선을 끈 자동인형으로부터 현대의 최첨단 휴머노이드 로봇에 이르는 로봇 개발의 중심축은 보다 인간적인 로봇을 만들어 내고자 하는 심리를 기술적으로 구현하려는 욕망이다. 이러한 사정이 잘 드러나는 경우가 각종 로봇 전시장이다. 그런 곳에서 우리는 로봇들이 인간처럼 인사하고 춤을 추거나 하는 장면을 쉽게 볼 수 있는데, 이는 대중들에게 친숙하게 다가가려는

〈그림 2〉 피에르 자크-드로가 1770년대에 만든 글씨 쓰는 자동인형

뜻에서 마련된 것이기도 하지만 보다 근본적으로 생각해 보면, 로봇에게 특정 기능을 할 수 있게 하는 것이 아니라 그 기능을 인간처럼 하게 하려는 기술적인 승부욕이 바탕에 깔려 있다고 할 수 있다.

지금까지 살펴본 대로 로봇 개발의 동기 중 하나는 인간적인 것이다. 고역에 해당하는 노동이나 위험 지역에서의 활동과 같은 불쾌하고 위험한 인간 조건을 벗어나려는 욕망이나, 인간 행위의 효율성을 높이려는 바람, 심지어는 인간적인 교류를 회피하려는 충동을 포함하는 탈인간화 욕망, 그리고 인간(비슷한 것)을 창조하려는 과학기술적 욕망 등이 로봇 개발의 인간적인 동기를 이룬다.

물론 전체적으로 보자면 로봇의 개발에는 인간적 동기 외에 경제적 동기나 기술공학적 동기 등도 크게 작용해 왔다. 현대 자본주의 사회에서는 경제적인 동기야말로 로봇의 개발 및 생산을 이끄는 가장 실제적인 원동력이라 할 것이다. 그렇지만 로봇을 만들어 내는 근원적인 요인에 해당하는 로봇에 관한 오랜 상상력은 단연코 인간적인 동기에 지배되어 왔다.

| 로봇에 대한 인간적 상상력의 양상 |

로봇에 대한 상상력이 펼쳐져온 대표적인 장은 SF이다. 소설이나 만화, 애니메이션, 영화 등 매체 형식을 가리지 않고 로봇에 대한 이야기는 SF의 주된 갈래 중 하나가 되었다. 여기서 재미있는 사실은 SF에 등장하는 로봇이 대체로 휴머노이드 로봇이거나 인간 합체형 로봇이라는 점이다. 이에는 분명한 이유가 있다. SF란 아직 현실화되지 않은 과학의 산물을 다루는 장르여서 산업계 등에서 이미 사용되고 있는 로봇을 끌어온 경우는 SF가 되지 않는 까닭에, SF에 등장하는 로봇은 아직 개발되지 않은 것일 수밖에 없다. 더불어, 앞서 지적한 대로 로봇의 최첨단은 인공지능이 구현되어 인간처럼 판단하고 행동하는 로봇인데, 로봇을 상상하는 SF가 이러한 로봇을 다루지 않을 이유는 전혀 없는 것이다. 기왕 로봇 이야기를 하는 바에야 최첨단 로봇을 다루는 것이 가장 멋지고 흥미롭다는 사정이 작용함으로써, 대부분의 SF는 인간적인 로봇 이야기를 담게 된다.

SF가 보여 주는 인간 관련 로봇 이야기는 인간화의 정도를 기준으로 해서 크게 세 가지로 구분해 볼 수 있다.

1) 인간을 지향하는 로봇의 역설

첫째는 인간을 닮고자 하는 로봇이 등장하는 경우이다. 1977년에 발표된 아이작 아시모프의 소설 『200살을 맞은 사나이』를 크리스 콜럼버

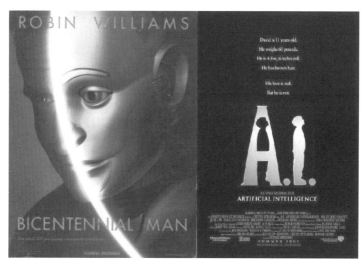

〈그림 3〉 영화 〈바이센테니얼 맨〉과 〈A. I.〉 포스터

스 감독이 영화로 만든 〈바이센테니얼 맨〉(1999)이나, 필립 K. 딕의 소설 『안드로이드는 전기양을 꿈꾸는가』(1968)를 리들리 스콧 감독이 영화화한 문제작 〈블레이드 러너〉(1982), 스티븐 스필버그 감독의 고전적 명작 〈A. I.〉(2001)처럼 영화적으로도 상업적으로도 성공한 몇몇 영화에서 이런 로봇을 볼 수 있다.

〈바이센테니얼 맨〉의 주인공 로봇 앤드류는 평범한(!) 가사로봇이어야 하는데 제작 과정상의 실수로 인간적인 지능과 창조성을 가지게 되었다. 더 나아가 그는 자신을 구입한 사람들에게 가족 구성원의 감정, 나아가 애정까지 느끼게 된다. 인간처럼 되기 위해 모든 것을 행하는 그는 인간의 외모를 가지고 인간처럼 결혼해 사는 데 만족하지 않고, 끝내는 인간처럼 되기 위해 죽음을 선택한다. '기계로서 영원히 사느니 한 사람의 인간으로서 죽고 싶다'는 이 로봇의 바람은, 인간과 같은 로봇을 개발하는 꿈이란 어쩌면 그 자체로 실행 불가능할 수 있다는 묘한 역설을 보여 준다.

'감정이 있는 로봇'으로 만들어진 〈A. I.〉의 로봇 아이 데이비드가 원하는 것도 비슷하다. 인간의 아이처럼 엄마의 사랑을 받는 것이 그의 간절한 소망인 것이다. 이 작품은 완전한 인간이 되겠다는 것이 아니라 온전한 인간의 관계를 지향한다는 점에서 앞의 경우와 약간 달라 보이기도 한다. 하지만, 사실 인간을 인간이게 하는 것은 인간의 육체 자체라기보다는 인간들 사이의 관계(그 총화가 바로 문화이다)라는 점에서, 근본적으로는 동일하다고 할 수도 있다. 이미 외형이든 감정이든 인간과 똑같이 된 상태에서 거기에 만족해하지 않고 한걸음 더 나아가 실제 인간들과의 인간다운 관계를 꿈꾸는 것이므로, 어쩌면 이 작품이야말로 인간을 닮고자 하는 정점에 해당한다고도 할 수 있다.

〈블레이드 러너〉에서는 수명이 4년으로 제한된 리플리컨트(replicant)들이 자신들의 삶을 인간적으로(!) 보다 길게 영위하기 위해 탈출하여 '아버지'에 해당하는 제작자를 살해하는 데까지 이르는 모습을 보여 준다. '블레이드 러너'들에게 무참히 살해(파괴)당하는 안드로이드의 상황이 비극성을 더하는 위에, 자신들의 존재에 한계를 가한 인간에 대한 분노와 그럼에도 불구하고 인간을 구해 내며 생을 마치는 모습에서, 죽음을 피할 수 없는 인간적 존재의 운명을 볼 수 있다. 이렇게 보면 이 작품은, 인간의 본성을 안드로이드들에게도 강제하는 방편으로 그 수명을 제한한 것이라 할 수도 있다. 안드로이드 입장에서는 너무 짧은 기간이고 강압적인 것이지만 바로 그러한 제한으로 해서 그(것)들 또한 인간적인 숙명까지 짊어지게 된 셈이니 말이다.

지금까지 살펴본 대로 이들 로봇 모두 인간적인 욕망을 가지고 그것을 실현하고자 애를 쓰는 모습을 보이고 있다. 그들의 바람이 우리들의 바람과 다르지 않기에, 우리는 이 영화들을 보면서 어떤 위화감을 느끼기보다는 감정이입에 따른 카타르시스를 얻게 된다. 이렇게 이들 영화의 주인공 로봇과 우리 자신을 동일시할 수 있다는 사실에서, 또 하나의 역설이 찾아진다. 인간적인 삶과 죽음, 인간적인 관계를 그렇게 간절히 원한다는 사실 자체가 이미 그들이 대단히 인간적인 존재라는 사실을 전제하고 있는 것임에도 불구하고, 이 로봇들은 인간적인 것을 갈망하고 있는 까닭이다. 이미 인간적인 욕망을 가지고서 그것을 실현하기를 바란다는 역설적인 상황이 바탕에 깔려 있는 것이다.

따라서 이들 영화는 인간적이라는 것이 단순히 인공지능을 갖고 인간처럼 사유할 수 있게 되는 수준에서 성취되지는 않는다는 점을 주장하는 것처럼 보인다. 지능이 아니라 감정이 로봇이 인간화되는 데 있어서 최종 단계라는 사실, 더 나아가 그러한 감정이 교환되는 인간관계를 영위할 수 있을 때 로봇의 인간화가 완성되리라는 점을 여기서 확인할 수 있다. 로봇의 개발에 작동하는 인간적 동기가 이렇게까지 나아가는 것을 생각하면, 로봇 개발의 완수는 우리가 생각하는 것보다 훨씬 더 오랜 시간이 흐른 뒤에 성취될 수밖에 없으리라고 판단된다.

2) 인간과 기계의 융합

인간 관련 로봇 이야기의 둘째 유형은 인간과 기계의 융합을 보여 준다. 여기에 해당하는 로봇의 유형은 다양하다. 앞의 경우가 대체로 안드

〈그림 4〉〈신세기 에반게리온〉 광고 사진

로이드형 로봇 일색인 데 비해, 이 경우는 파일럿이 등장하여 조종하는 슈퍼로봇이나, 인간이 옷을 입듯이 그 속에 들어가는 슈트형 로봇, 로봇이 인간의 일부가 되는 사이보그 등의 갈래로 나뉜다.

파일럿이 비행기를 조종하듯 사람이 로봇에 들어가서 조종하는 발상은 일본 애니메이션에서 잘 확인된다. 우리나라에서도 큰 인기를 끌었던 나가이 고의 만화를 애니메이션과 텔레비전 만화영화로 만든 〈마징가 Z〉(1972)가 고전적인 예인데, 여기서 주인공 소년은 작은 비행체를 타고 마징가 Z의 머리 위로 올라가 이 거대 로봇을 움직인다. 이 영향을 받아 만들어진 지상학, 김청기의 우리나라 애니메이션 〈로보트 태권 브이〉(1976) 또한 같은 발상을 보였다. 이러한 방식은, 역시 만화를 바탕으로 하여 일본 TV도쿄에서 1995~96년간 방영되며 큰 인기를 끈 안

노 히데아키 감독의 〈신세기 에반게리온〉에서도 기본적으로 동일하게 구사된다. 단 여기에서는 아무나 로봇을 조종할 수는 없다는 설정이 눈에 띈다. 로봇과 신경망이 동조되는 극소수의 인간만이 로봇을 조종할 수 있는 까닭이다.

〈신세기 에반게리온〉의 이러한 설정은 이들 슈퍼로봇의 일반적인 특징에 닿아 있다. 바로 인간과 로봇의 교감이 그것이다. 모두 전투 로봇인 이들의 이야기 속에서는 마징가 Z나 로보트 태권 브이가 공격을 받아 충격을 입으면 그것이 그대로 조종사 인간의 고통으로 이어진다. 로봇과 조종사 소년이 신경망으로 연결된 〈신세기 에반게리온〉의 경우는 말할 것도 없지만, 비행기의 날개에 불이 붙었다 해서 조종사의 팔에 고통이 있지는 않은 것과는 달리, 슈퍼로봇과 그 조종사는 감각적으로 공감하는 관계로 그려진다.

인간과 로봇이 보이는 이러한 공감 관계는 인간과 로봇의 경계를 흐린다는 점에서 흥미롭다. 자동차나 비행기와 달리 슈퍼로봇은 인간이 확장된 것이자 궁극적으로 인간과 일체가 된 기계라는 점에서, 이러한 상상의 바탕에는 인간 자신의 연장으로 로봇을 사고하는 태도가 깔려 있다고 할 수 있다. 이러한 태도가 조금만 더 발전되면 인간의 신체를 (인간의 연장이므로 이질적인 것이라 간주되지 않는) 기계로 대체하는 데까지 나아갈 수 있다는 점에서 이는, 인간의 본성에 대한 질문을 유발하는 문제성을 안고 있는 것이기도 하다.

인간과 로봇의 융합을 보여 주는 또 다른 유형은 슈트형 로봇이다. 말 그대로 옷처럼 입게 되어 있는 로봇이어서, 어찌 보면 현대적인 갑옷이라 부를 수도 있다. 갑옷과 다른 점은 슈트형 로봇이 인간의 힘과 움직임

〈그림 5〉 영화 〈아이언 맨〉 시리즈에 나오는 마크(Mark) 1~8

을 극대화시킨다는 사실에 있다. 현재 미국 육군에서도 이와 같은 전투 장비를 개발하고 있다니, 인간 로봇 합체 계열에서는 현실화 가능성이 가장 높은 경우라 할 만하다.

로버트 하인라인의 SF 소설 『스타쉽 트루퍼스』(1959)에서 이러한 슈트형 로봇이 등장하였다. 강화복(powered suit)을 착용한 미래 군인들이 외계 존재와 맞서 싸우는 것이다. 이를 각색한 영화에서는 에드워드 누메이어 감독의 〈스타쉽 트루퍼스 3: Marauder〉(2008)에 이르러, 사이버네틱 접속으로 신경계에 직접 연결되는 슈트형 장비가 등장하고, 아라마키 신지 감독이 제작한 애니메이션 영화 〈스타쉽 트루퍼스 4: 인베이전〉(2012)에서는 미래 군인의 일반적인 품목으로 설정되고 있다. 이러한 슈트형 로봇은 아라마키 신지가 감독한 다른 영화 〈애플시드 알파〉(2014)나 역사적인 인기를 끌었던 제임스 카메론의 영화 〈아바타〉(2009)에서도 등장한다. 슈트형 로봇의 최고 진화 형태는 영화 〈아이언 맨〉 시리즈에서 주인공 토니 스타크가 개발한 마크(Mark) 시리즈이다. 중세 기사의 장갑처럼 생겼던 마크 1에서부터 셰인 블랙 감독의 〈아이언 맨 3〉(2013)에 등장하는 최신 슈트까지 40여 종의 마크가 등장하는데, 최신 슈트는 조각들로 해체되고 결합되면서 그 자체로 인공지능을 갖고 있는 최첨단 슈트형 로봇의 모습을 보이며 상상력의 한계를 넓힌다.

이러한 로봇의 상상에서도 주목되는 점은 그 궁극적인 형태는 인간과 로봇이 신경망으로 연결된다는 사실이다. 따라서 이러한 로봇은 그 이름과 달리 '옷'이 아니라 신체의 일부라 할 만하다. 인간이 로봇을 조종하는 것이 아니라 로봇의 기능을 자신의 능력으로 삼아 로봇과 일체가 되는 데 이러한 상상력의 지향이 있다.

인간과 로봇이 일체가 되는 상태를 지향하는 궁극적인 양상은 로봇이 인간의 신체가 되는 사이보그이다. 사전을 보면, 사이보그(cyborg)는 자동제어장치를 의미하는 'cybernetics'와 유기체를 뜻하는 'organism'의 두 단어가 합쳐진 것으로서, 뇌를 제외한 신체의 일부가 기계로 대체된 '생물과 기계장치의 결합체'를 가리킨다. 의족이나 의수가 근전류(筋電流)로 움직이는 기술은 이미 생체기능대행 로봇으로 상용화되어 있으므로 사이보그는 상상이 아니라 현실의 일부라 할 수 있다.[2]

사이보그가 상상되기 시작한 것도 오래된 일인데, 초기 대표작은 미

....
2 따라서 사이보그에 대해서는 찬반 두 입장이 팽팽하게 맞서 있다. 찬성 입장의 대표자는 페미니즘의 견지에서 사이보그 기술이 여성의 성평등에 긍정적으로 기여할 것이라고 주장하는 다나 해러웨이이다(『유인원, 사이보그, 그리고 여자―자연의 재발명』, 1991: 국역본은 민경숙에 의해 2002년 동문선에서 출간됐다). 사이보그화를 기술 문명의 필연적인 전개 방식으로 보고 그것이 인류의 평등과 복지에 기여할 것이라고 기대하는 찬성 입장 맞은편에는, 실존주의나 생명 윤리 등 다양한 철학적 근거 위에서 사이보그화가 위험하고 무책임한 움직임이라는 견해들이 있다.

박상준 | 로봇, 인간 욕망의 거울

〈그림 6〉 영화 〈로보캅〉의 주인공 머피

국 ABC 방송국에서 1974년부터 78년까지 방영한 〈육백만 불의 사나이〉라 할 수 있다. 생체공학으로 두 다리와 오른팔, 한쪽 눈을 기계로 대체한 전직 우주비행사가 등장하는 이 드라마는, 주인공이 뛰는 모습을 슬로우 모션으로 처리한 장면을 흉내내는 열풍을 일으킬 만큼 대단한 사랑을 받았다. 〈육백만 불의 사나이〉의 자매편으로, 청력까지 보강된 여성 바이오닉 인간이 등장한 〈소머즈〉 또한 우리나라에서 크게 인기를 끌었다. 대중문화에서 가장 널리 알려진 사이보그를 꼽으라면 단연 로보캅이 맨 앞에 온다. 폴 버호벤 감독의 〈로보캅〉(1987)으로 시작된 '로보캅' 시리즈(1990, 1993, 2014)에는, 죽기 직전에 티타늄 육체가 부여되고 기억 또한 컴퓨터 프로그램으로 덧씌워지면서 사실상 뇌만 제외하고는 신체 전부가 로봇이 되다시피 한 경찰관 머피가 등장한다. 인간이었을 때의 기억이 남아 있어 혼란을 겪는 '로보캅'은, 물질적으로 보면 인간이기보다는 로봇에 가깝지만 여전히 인간적인 면모를 간직하고 있다.

사이보그 상상력의 극단은 기계적인 신체를 벗어나 인터넷과 같은 정보의 망 속에 정신이 들어가는 것이다. 인간이 자신의 신체를 버리고 네트에 들어가서 세계를 지배하는 이러한 발상은 윌리엄 깁슨의 『뉴로맨서』(1984) 이래 SF에서 흔히 사용되는 모티프가 되었다. 사이보그가 이미 현실이 된 것처럼, 이러한 극단적인 상상력 또한 초보적인 형태로나마 개발이 시도되고 있다. 인간의 의식(신경망)이 컴퓨터를 통해 기계를 작동시키는 일은 이미 실현되어 있는데, 그 궁극적인 형태는 신경망과 네트워크를 결합하는 인터페이스의 개발이 될 것이다. 이러한 움직임은 인간과 기계의 공감을 넘어 생리적인 융합까지 지향하는 인간의 심리, 본성을 알려 주는 것이라 하겠다.

사이보그는 인간과 로봇의 관계에서 매우 복잡하고 풀기 어려운 문제를 제기한다. 사이보그의 가장 초보적인 형태가 인공 보철물이라 할 때 그 기원은 고대에까지 거슬러 올라가게 된다. 그만큼 오랜 역사를 가지고 있다는 사실에서도 짐작되듯이 사이보그화에 대한 지향은 인류의 보편적인 욕망이라고 할 수 있다. 반면 그 본질을 따져 보면 사이보그화란 생명체를 대상으로 기술을 적용하는 것이므로, 그 생명체가 인간일 경우 온갖 문제를 피할 수 없게 된다. 인간의 정체성이 의심되는 철학적 문제로부터 인간이 인간을 개조해도 되는가 하는 윤리적 문제, 사이보그 기술의 적용 범위에 관한 법적 문제 등이 불거지는 것이다. 이러한 문제들에도 불구하고 사이보그화가 진행되어 온 것을 보면, 인간의 기능을 개선하기 위해 신체 개조까지도 마다하지 않는 인간의 욕망이 얼마나 강렬하고 끈질긴 것인가를 확인할 수 있다. 사이보그화에 대한 바람 또한 인간 특유의 본능인 것이다.

3) 인간인가, 로봇인가

인간 관련 로봇 이야기의 셋째 단계에서는 인간과 로봇이 혼동되는 수준의 로봇이 등장한다. 구체적으로 보면, 자신이 인간이라고 착각하

는 로봇이나, 인간이 로봇인지 여부를 가려내지 못할 만큼 외모는 물론
이요 의식과 감정까지 인간과 다르지 않은 로봇, 완전한 인간 사회를 구
현해 낸 세계의 구성원이 된 로봇, 심지어는 스스로가 인간의 후손으로
서 인간보다 더 인간적이라고 믿는 로봇 등이 이러한 이야기를 이룬다.

필립 K. 딕의 소설 「사기꾼 로봇」을 영화화한 게리 플레더 감독의 〈임
포스터〉(2002)가 첫째 경우의 로봇을 보여 준다. 외계인의 첩자로 오인
되어 쫓기던 주인공이 끝내 누명을 벗게 되지만 그 순간 자신이 로봇임
을 깨달으며 폭파되고 마는 것이다. 놀라운 반전의 재미가 두드러지는
이야기지만, 이 글의 입장에서 보면, 인간의 의식이 완전히 소거되고 밖
에서 주입된 프로그램이 원래의 의식처럼 작동한다는 발상이 주목된다.
알렉스 가랜드 감독의 〈엑스 마키나〉(2015)에는 튜링 테스트를 간단히
통과하는 매혹적인 로봇들이 등장한다. 인공지능 로봇이라는 사실을 애
초부터 알고 만나는 것이지만 그녀(?)를 대하게 되면서 프로그래밍 전
문가인 주인공은 극도의 혼란에 빠지게 된다. 진짜 인간처럼 보이는 외
모를 갖춘 로봇은 오늘날에도 가끔 선보이고 있는데, 이러한 방향으로
전개되는 로봇 개발의 원동력은 말 그대로 비경제적, 비기계적, 비과학
적인 요인이라고 하지 않을 수 없다. 그만큼 로봇의 인간화에 대한 열망
이 뜨거운 것이리라.

로봇이 인간 사회를 구성하는 설정도 드물지 않다. 이러한 세계를 그
려낸 놀라운 영화가 바로 조나단 모스토우 감독의 〈써로게이트〉(2009)
이다. 실제 인간은 자신의 방 안에 있는 상황에서 젊고 아름다운 외모의
대행자 로봇이 사회 활동을 하는 세계가 펼쳐진다. 사회는 예전과 같이
돌아가지만, 그것은 실제라고도 가상이라고도 하기 어렵다. 실제와 가

상이 뒤섞이는 수준을 인간과 똑같은 로봇들이 이루는 것이다. 끝으로 인간화의 수준이 극에 달하는 경우는 사실상 로봇이 인간을 대체한 상황의 이야기를 보여 준다. 버나드 베켓의 SF 『2058 제너시스』(2008)[3]가 좋은 예다. 인류의 멸망 이후 인공지능 로봇들이 살고 있는 '공화국'의 이야기를 펼쳐내는데 작품의 말미에 이르기까지 이들이 인간이 아니라는 생각을 전혀 할 수 없게 되어 있다. 그만큼 인간의 사고와 감정, 욕망을 완벽하게 갖춘 로봇이 등장

〈그림 7〉 버나드 베켓, 『2058 제너시스』 표지

하는 것이다. 이 소설의 장점은, 과거 사건에 해당하는 인간 주인공 아담과 인공지능 로봇 아트의 토론을 통해서 로봇과 인간의 경계 문제를 진지하게 사고하게 해 주는 데 있다. 아담이 인간적인 특성이라고 주장하는 것들을 아트가 모두 반박하면서 로봇이야말로 인간이 한 단계 더 진화한 결과라는 주장을 펼칠 때, 우리는 인간과 로봇의 완전한 결합의 또 다른 모습을 대하게 된다. 우리가 원하는 방식은 아닐지 몰라도 말이다.

. . . .

3   김현우의 번역본이 내인생의책 출판사에서 2010년에 출간되었다.

박상준 | 로봇, 인간 욕망의 거울

| 상상과 현실의 결합을 위하여 |

지금까지 훑어본 대로 로봇과 인간의 관련에 대한 상상들은 그 바탕에 인간의 본성과 욕망을 깔고 있다. 이러한 사실에서 두 가지를 생각할수 있다.

이 모두가 인간 본성의 발로이므로 매우 과도한 경우까지 포함하여이러한 상상들이 언젠가는 실현될 수 있다는 점이 하나다. 인간과 로봇의 경계가 사실상 무의미해지거나 어떠한 형식으로든 인간이 로봇에 의해 대체되는 상황까지도 터무니없는 것일 수 없다. 지금 기준에서 보면디스토피아일 수밖에 없겠지만 로봇과 인간의 경계를 허무는 기술의 발전이 점차 가속되면 그러한 사태를 바라보는 판단의 기준 또한 달라져서 다른 결론이 내려질지도 모른다.

사정이 이러하므로 로봇의 개발에 대한 문제에 우리의 관심이 모아질필요가 있다는 것이 다른 하나다. 로봇에 관한 대중문화의 이야기에 흥미를 보이기는 해도, 보통의 경우 로봇 기술의 발전과 그에 따르는 문제에 대해서는 무관심하다. 알파고와 같은 이벤트가 생기면 언론들이 앞을 다투며 기사를 쏟아내지만, 시간이 지나면 흐지부지되고 마는 것이현실이다. 이러는 와중에도 자율주행자동차가 개발되고 드론의 상용화가 가속화되며 산업체의 자동화가 고도화되고 있다. 이러한 사태가 지속되면 우리 환경의 변화 가운데 로봇이 차지하는 비중이 급속도로 증대되면서 온갖 문제들이 불거지는 순간이 올 것인데, 그러한 순간을 혼란 없이 처리해 낼 수 있는 준비를 우리가 얼마나 하고 있는지 자문해볼 필요가 있다.

이러한 추정과 문제의식 위에서 이 글을 써 보았다. 로봇 이야기들에 대한 우리의 사랑과 로봇이 가져올 변화에 대한 고민 부재, 이 둘 사이의 거리가 매우 멀다는 생각이 크다. 이 거리를 좁히는 방법은 무엇일까. 상상과 현실을 결합해서 생각하는 자세일 것이다.

　　로봇 이야기가 상상의 장에서 그치는 것이 아니라는 사실, 세상을 보면 로봇이 우리가 생각하는 것보다 훨씬 더 일반화되어 있다는 사실, 상상의 로봇이든 실제의 로봇이든 인간의 본성에 크게 영향을 받고 있다는 사실, 좀 더 나아가서는 로봇의 상황이 인간 본성에도 중요한 영향을 주리라는 사실을 의식해 본다. 따라서, '로봇' 하면 '로봇의 3원칙'을 떠올리는 그러한 수준에 머물러서는 안 된다고 생각한다. 로봇 개발이 안고 있는 인간학적인 지점들을 자유롭게 이야기할 수 있는 연습이 필요하다.

아이 낳아주는 로봇은 없나요?

에바부터 또봇까지

이진주

| 노동자 로봇, 노동자 여성 | 로봇과 여성의 노동자성

　1921년 체코의 희곡작가 카렐 차페크가 처음 고안한 이래로, 로봇이란 '인간의 노동을 대리하는 노예'의 콘셉트로 활용돼 왔다. 노동자 로봇의 탄생이다. 노예제가 공식적으로 종결된 현대에 와서, 비공식적으로 노동력을 차출당하는 부류의 인간으로는, 대표적으로 여성이 있다.

　로봇은 태생부터 노동자성을 내포하고 있는 것과 동시에, 어떤 종류의 근대적이고도 기계적인 반복을 상징한다. 마찬가지로 대부분의 여성들은 결혼과 동시에, 거의 근대적이고도 기계적으로, 사회가 규정하고 기대하는 '여성적인' 성역할에 따른 노동을 담당하게 된다. 여성의 성역할 노동 중 가장 핵심적인 것은, 살림과 돌봄과 낳음의 노동이다. 특히나 출산 노동은 사회의 재생산과 지속가능성을 위해 고안되고 굳어진 여러 겹의 신화를 입고 찬양된다.

살림 돌봄 낳음이라는 '여성의' 노동은, 가장 대중적이면서도 가장 개인적이며, 가장 고되면서도 가장 복된 것이라는 양가성을 갖고 있다. 인구의 거의 절반이 살림 돌봄 낳음이라는 '여성(적) 노동'을 담당하거나 거기에 복무하기를 기대받고 강요당하는데, 이 노동은 당사자의 성향과 의지, 배우자나 시어머니 등 주위 사람들과의 관계, 가정이 처한 사회경제적 상황 등에 따라 극단적으로 양상이 달라질 수 있다. 또한 그 의무와 책임이 대개는 평생에 걸쳐 지속되는데, 그 때문에 여성은 직업도 자아실현도 종종 포기해야 하는 처지에 놓인다. 육체적으로는 문자 그대로 무너지고 망가지며, 정신적으로는 자아분열이 일어날 만큼 힘들지만, 많은 여성들이 '태어나 한 모든 일 중 가장 잘한 일'로 손꼽을 만큼 흐뭇한 일이기도 하다. 이러한 살림 돌봄 낳음 노동의 복잡성과 양가성은, 이 노동에 관해 누구도 쉽게 말하거나 판단할 수 없도록 만든다. 사회의 재생산이라는 공적인 목표는 가족의 재생산이라는 사적인 목표와 결합하며 변형된다. 바로 이런 속성 때문에 여성 노동의 현실은 감춰지거나 왜곡되거나 과장 혹은 축소된다.

| 대중문화 속 로봇과 여성 | 여성형 가슴과 자궁과 성기의 은유

현실의 이런 여성성과 여성 노동에 관한 복잡하고 분열되며 왜곡된 인식은 대중문화에도 반영된다. 이른바 '여성성'이 부과된 여성형 로봇 중 가장 기억에 남는 것으로는, 일본 애니메이션 〈마징가제트〉의 여자

친구 '비너스'가 있을 터다. 비너스란 이름부터가 고전적 여성미를 뚝뚝 풍기고 있거니와, 설사 이름을 모른대도 그 비주얼만은 언제고 인상적으로 회상할만한 가슴 신을 찍기도 했다. 노랗게 잘 익은 '성주 참외'를 절반으로 뚝 잘라 나눠 달아놓은 것 같은 젖무덤 말이다(마침 성주는 사드 배치 문제로 한창 시끄러웠다).

여자 로봇이랍시고 로봇에 군이 그런 노골적인 가슴을 달아준 이유도 의아스러울뿐더러, 그것이 열리고 미사일이 발사되는 신은, 도드라진 여성성 속에 우뚝한 남성성을 심어놓은 놀라운 장면이었다. 미사일이야말로 대표적인 '팰루스(남근)' 상징물이니 말이다. 비너스 로봇은 오직 젖가슴으로만 기억된다는 면에서 삼류 에로물 여배우의 고통을 그대로 답습한다. '남근을 내포한 가슴'이라는 변태적인 장면은 지금도 영원히 구글의 바다에서 호명되며 고통 받고 있다.

가슴 달린 로봇에 이어, 일종의 자궁 달린 로봇도 만들어졌다. 역시나 일본 애니메이션 〈신세기 에반게리온〉에서다. '에반게리온'(이하 에바)은 엄밀히 말해 전통적인 의미의 '풀메탈바디' 로봇은 아니다. '아담(으로 추정되었으나 후에 여성인 '릴리스'로 밝혀짐)'의 생체를 기반으로 한 복제 로봇, 혹은 사이보그다. 다음에 따로 설명하겠지만, 오늘날 로봇계의 핫이슈로 등장한 소프트 로봇의 한 형태로 볼 수도 있겠다. 나는 대학에서 처음 에바를 영접한 뒤, 이십 년 동안 그 세계관에 사로잡혀 있는 '에바 세대'다. 처음에는 종교학적인 텍스트로서 읽고 보았고, 지금은 페미니즘적 시각으로 다시 보고 있다. 페미니즘의 잣대를 들이대면, 사실 이전 세대 어떤 남자가 만든 텍스트라도 누더기가 된다. 그러나 여기서는 일단 로봇 얘기를 하기로 하자.

생체 기반 자체가 아담이 아닌 릴리스인 데서도 짐작할 수 있듯, 에바는 14세 소년 파일럿인 주인공 '이카리 신지'의 엄마 또는 자궁 역할을 수행한다. 릴리스란 탈무드에 등장하는 최초의 여성이다. 이브가 태어나기 전 아담의 아내였으며, 아담과 결합해 무수한 악마들을 낳고 쫓겨났다. 이 애니메이션에서는 인류가 아담과 이브의 후예가 아니라 아담과 릴리스의 결합으로 태어난 존재, 즉 악마로 해석될 여지를 남긴다. 외계에서 끊임없이 지구를 침공하는 악역을 맡은 '사도들'이야말로 '악마-인류'가 아닌 지구의 원주인이자 다른 가능성이었고 말이다.

아이러니컬하게도 에반게리온(복음)을 축약해서 부르는 '에바'라는 이름은 릴리스라는 몸을 배반한다. 에바는 한편으로 이브의 변형이기도 한데, 이브는 릴리스의 신화 속 연적이기 때문이다. 이름의 상징 측면에서든 존재의 근원 차원에서든 에바는 명백히 여성형 로봇이다. 그것도 자궁이 달린 엄마형 로봇이다. 파일럿들은 에바 시리즈에 탑승할 때 양수를 은유하는 액체 속으로 들어간다. 그 중 엄마 / 에바 초호기(1호기)는 '폭주'를 통해, 아들 / 신지를 죽음의 위기에서 구해낸다. 폭주란 모든 동력이 끊긴 상태에서 로봇이 자율적으로 움직이는 것을 가리키는 애니메이션의 설정. 파일럿의 판단이 개입되지 않은 상태에서, 제멋대로 달리고 부수고 적을 '뜯어먹는' 로봇은 폭력적이고 괴기스럽게 보였다. 교미가 끝난 뒤 수컷을 잡아먹는 암컷 사마귀를 연상시키기도 했고, 내 새끼를 살리기 위해 무엇이든 하는 영화 〈마더〉의 모정과도 닮은 데가 있다. 알고 보니, 에바에는 신지의 엄마가 녹아 들어 있었다. 말 그대로 모체가 흡수된 상태였던 것. 신지의 엄마는 천재 과학자로, 에바를 운용하는 비밀조직 '네르프' 사령관인 남편과 함께 이른바 '인류보완계획'을 기획하고 있었다. 남편은 아내가 실험 중 사고를 당했다고 생각하지만, 스승의 증언에 의하면 어떤 확신에 의해 자의로 에바와 한 몸이 되는 걸 선택한 것으로 보인다. 에바 2호기 역시 소녀 파일럿인 '소류 아스카 랑그레이'의 엄마가 코어에 흡수된 상태. 생체로봇 에바와 소년 / 소녀 파일럿의 싱크로는 엄마와 아이라는 연결 관계를 상징한다. 이를 깨달은 아스카는 젖 먹던 힘을 다해 사도와 인류의 마지막 전쟁을 치른다.

여성형 로봇의 최근 버전으로는 픽사 애니메이션 〈월E〉의 '이브'나 영화 〈엑스 마키나〉의 '에이바'가 있다. 이름부터 명백히 성경 속 최초의 여성 '이브'를 차용한 두 로봇 주인공은, 남성형 로봇 혹은 인간 남성들을 홀리고 속이고 비탄에 빠뜨린다. 에바와 달리 엄마형이 아니라 팜므파탈형 로봇이다.

애니메이션이야 해피엔딩이라지만, 인공지능의 대두 이후를 그린 영화는 더한 장면을 보여준다. 목소리만으로도 인간 남성과 깊은 연애 및 문어발 애정행각이 가능했던 〈그녀(Her)〉의 인공지능 '사만다'를 생각해 보라. 사만다의 목소리에 가슴과 성기와 뇌(!)를 달고 나타난 에이바는, 그러니까 여성의 육체와 지혜를 획득한 섹스로봇형 인공지능은, 사랑이라는 감정을 거짓으로 연기하며 뭇 남성들을 섬뜩하게 만드는 할리우드 액션을 구사하고, 마침내 창조주마저 배반한다.

| **다음 세대의 어머니들** | 미래인류 혹은 인공지능과의 결합

그런가 하면 '안티로봇'의 대표 격인 '인간영웅'을 낳은 어머니도 그려졌다. 〈터미네이터〉 시리즈의 여걸 '새라 코너'다. 평범한 웨이트리스

였던 새라 코너는 무적의 살인기계 'T-800'에 쫓긴다. 근육질 마초 남성 아놀드 슈워제네거가 맡았던 T-800은, 인류를 끝장내기 위해 2029년 미래에서 1984년 현재로 파견된 사이보그다. 그 와중에도 새라 코너는 자신을 지키기 위해 미래에서 온 남자 보디가드와 사랑에 빠지고, 신탁에 따라 인류의 미래를 구원할 아들을 낳는다. 성모 마리아의 은유다.

사연은 이렇다. 가까운 미래, 인간이 개발한 인공지능 전략 방어 네트워크 '스카이넷'이 자아를 획득하고 핵전쟁을 일으킨다. 살아남은 인간은 오히려 기계의 노예로 전락하는데, 이들을 규합해 저항군을 만드는 리더가 바로 아들 '존 코너'인 것. 이 아들의 탄생과 성장을 막기 위해 보디가드 / 아버지와 암살자 / 협력자가 나란히 미래에서 왔던 것이다.

〈터미네이터2〉에서 간신히 위기를 극복하고 최후의 날을 유보하나 싶었던 인류는, 〈터미네이터3〉에서 더욱 강력해진 여성형 살인머신 'T-X'의 등장으로 계속 위기를 맞는다. T-X의 콘셉트는 영화 속 모든 팜므파탈이 그러하듯 '섹시'였다. 앞선 화에 등장해 완벽하다고 여겨졌던 'T-1000'의 결점을 극복하고, 골격에는 액체금속을 입혀 더 견고하고 유연해졌다. 딱딱한 몸에서 부드러운 몸으로, 남성에서 여성으로, 이것이 일종의 진보라면 진보랄까.

애니메이션과 영화로도 만들어진 〈공각기동대〉에는 그 자신이 사이보그이며 인공지능과 결합해 새로운 존재로 변화하는, 혹은 새로운 존재를 낳는 여성 주인공이 등장한다. 2029년의 정보과 형사 '쿠사나기 모토코' 소령이다. 그는 뇌 일부만 인간일 뿐, 나머지는 기계인 자신의 정체성에 대해 고민하다, 네트워크를 떠도는 '인형사'라는 범죄적 존재와 접속하고 다른 존재로 환생한다.

쿠사나기의 정체성 혼란은 2019년을 배경으로 만들어진 걸작영화 〈블레이드 러너〉에서 남성형 리플리컨트(복제인간) '데커드'가 했던 고민과 동일하다. 데커드는 자신이 복제인간인지도 모르고 동족인 복제인간들을 살해하는 특수경찰대 '블레이드 러너'로 활약했다. 그러다 정작 복제인간인 레이첼과 사랑에 빠지고, 복제인간 리더의 희생을 통해 깨달음을 얻는다. 추격자이자 사냥꾼이었던 자는 이제 복제인간 파트너를 데리고 탈주를 시도한다. 그로부터 10년 뒤 공각기동대의 세상에서는 탈주의 주체가 여성 사이보그로 전격적으로 계승된다.

파일럿, 공학자, 관리자로서의 여성 | 에바와 또봇

에바의 주인공은 뭐니뭐니해도 14세 소년 / 소녀 파일럿들이다. 특히 자신에게 왜 인류구원의 짐이 지워졌는지 모르고 방황하는 이카리 신지만큼이나, 두 소녀 파일럿 '아야나미 레이'와 '소류 아스카 랑그레이'의 정체성 고민도 심도 깊게 그려진다. 사령관 이카리 겐도가 아내를 잃고 대리자로서 만들어낸 내성적인 복제인간 레이는 인간 / 복제인간으로서의 근본적인 의문을 품고 있고, 겉으로 당차보이는 아스카는 어린 시절 엄마의 자살을 목격한 트라우마 때문에, 쓸모가 없어져 버림받는 것에 대해 두려움을 안고 있다. 겐도와 신지의 욕망에 이용되는 측면도 있지만, 레이와 아스카는 마냥 부수적인 역할에 갇혀 있지 않다. 레이는 최후의 순간, 자신과 하나가 되라는 겐도의 요구를 거부하며 신지와의 결합을 선택한다. 아스카는 인류 최후의 전쟁에서 모든 것을 불태운다.

에바의 여성 로봇 공학자들은 하드웨어 걸이라기보다는 생명공학자나 프로그래머다. 이 모든 것들의 기획자였던 이카리 신지의 엄마 '이카리 유이'는 스스로 에바 초호기에 결합될 정도로 자신의 인류보완계획을 믿었다. 목숨처럼 사랑하는 어린 아들이 엄마의 소멸을 목격하도록했다는 데서, 어쩌면 가장 냉혹한 과학자일지도 모른다. 비밀조직 네르프를 유지하는 인공지능 시스템 '마기'를 개발한 '아카기 나오코'와 '아카기 리츠코' 모녀는, 냉혹한 소시오패스 겐도에게 몸과 머리를 모두 바쳐 헌신하다 배신당하고 파국을 맞는다. 아카기 모녀에 비해서는 그나마 덜 이상한 '카츠라기 미사토'조차 정신적 스트레스를 견디기 위해 육체관계에 집착하는 병적인 면모를 보인다. 에바 프로젝트의 매니저 성격인 그는, 파일럿들에게 '인간적으로' 대해주다 가출을 방조하는 등 프로로서는 허점을 드러낸다.

또한 에바는 일본 애니메이션이라는 특성상, 소녀 / 성인여성 캐릭터들의 가슴과 허벅지가 부각되고, 전투장면에서조차 변태적인 성행위를 연상케 하는 장면들이 등장한다. 남자는 울면 안 되고, 남자는 도망치면안 되고, 소년은 신화가 되어야 하는 등 '맨박스'에 해당하는 언설들도여러 번 나타난다.

나의 두 아들은 〈변신자동차 또봇〉을 보고 자랐다. 또봇은 〈트랜스포머〉의 아류지만, 나름대로의 세계관을 가지고 아이들의 영역을 점령했다. 어른들이 보기엔 '범블비'가 훨씬 예쁜데도, 아이들은 죽도록 또봇만 가지고 논다. 또봇에는 이른바 '이상가정', '정상가정'에서 벗어난 가정의 모습들이 대거 등장한다.

또봇을 개발한 두 천재 연구자들은, '물론' 남성들이다. 두 사람 모두 엄마가 없이 아빠만 있는 한부모 가정의 가장들이며, 그 중 하나는 불의의 사고로 휠체어를 타고 다니는 장애인, 다른 하나는 무려 홀로 입양가정을 꾸리는 '개념남'이다. 장애를 가진 '차도운' 박사는 또봇의 소년 파일럿인 '하나'와 '두리'라는 두 아들을 키우며 요리를 하고, '차도남(차가운 도시 남자)' 스타일의 '권리모' 박사는 소년 파일럿인 '세모'라는 아들을 입양해 키우면서도 결코 구질구질해 보이지 않는다. 또봇의 소년 파일럿 중 하나인 '오공'은 심지어 부모와 떨어져 어린 남동생을 돌보는 소년가장으로 그려진다. 또봇의 세계에는 부자유친과 붕우유신, 브라더후드가 가득하다. 관련 에피소드에조차 다문화가정과 가출 소년 등 우리 사회의 꽤 다양한 스펙트럼을 담으려고 고심한 흔적이 있는데, 왜 그 모든 지성미와 인간애는 남성들의 몫일까.

또봇에는 여성 파일럿이 두 사람 등장한다. 소년 파일럿들의 학교 친구이자 소녀 파일럿인 '주딩요'는 이름마저 주둥아리를 연상시킨다. 주업은 학생기자, 파일럿이 되는 시점도 소년들보다 늦었지만, 파일럿의 역할보다 기자의 영역에서 더 능력을 발휘한다. 다른 소년들이 나이에 비해 비교적 진중한 성격인 데 반해, 딩요는 앵앵거리고 쨱쨱거리는 캐릭터다. 성인여성 파일럿인 '오순경' 역시 경찰관이라는 직업적인 호칭 대신 '순경누나'로 불리며, 다른 남성 어른들과 달리 소년소녀들을 감화시키거나 통제하거나 이끌지 못하는 덜렁이로 그려진다. 심지어 높은 음으로 비명을 지르는 것이 전투용 무기로 개발될 지경.

악당도 마찬가지다. 여성 로봇 공학자인 '애크니'는 무려 미모의 팜프파탈이다. 외로운 남자 도운을 유혹하고 두 아들의 새엄마 역할을 하며 또봇을 탈취하려 시도한다. 다분히 '게이'를 연상시키는 보조악당 '디룩'은 이름에서 연상되듯 뚱뚱한 캐릭터다. 미련한 악당깃에 더해 일반적인 남성도 여성도 아닌 말투와 손짓, 퀴어룩 같은 것을 시도함으로써, 여성성이란 것이 나쁘고 역겨운 것이란 느낌을 준다. 어린 시절, 자연스럽게 접한 애니메이션이 남성과 여성, 남성성과 여성성에 대한 스테레오 타입을 은연중에 심어주지 않을까 하는 우려가 있다. 장애인, 한부모가정, 다문화가정 등에 대해 비교적 '정치적으로 올바르려' 노력한 태가 나는 애니메이션이기에 아쉬움은 더욱 크다. 많은 경우, 젠더에 대한 문제의식은 이 모든 'PC(Politically Correct)함'의 가장 나중에 놓인다.

| 로봇을 만드는 현실계의 여자들 | 소셜 로봇과 소프트 로봇

자, 이제 현실계로 돌아와 보자. 세상에서 제일 유명한 여성 로봇공학자는 아마도 '지보(gibo)의 어머니' 신시아 브리질 미국 MIT대 교수일 것이다. MIT 연구실이 아니라 백악관 브리핑 혹은 노벨상 만찬 같은 곳에서 더 자주 볼 수 있다는 브리질 교수는, '소셜 로봇'이라는 천재적인 발명품과 팬시한 프리젠테이션으로 단박에 주목을 받았다.

소셜 로봇이란 사회성을 가진 로봇을 말하는데, 서두에서 언급했던 여성의 돌봄 기능을 로봇이 초보적인 형태로나마 대리한 것이다. 달걀귀신 혹은 픽사의 이브를 연상시키는 귀여운 외모에, 인간의 말귀를 알아듣고 반응하는 상호작용성을 갖췄다고 하여 화제가 됐다. 스타트업을 런칭한 지가 언젠데 출시가 몇 년이나 늦어지면서 일부 의혹을 사긴 했지만, 여성 공학자로서 그 위치에까지 오른 사람은 그가 최초였다.

소셜 로봇과 마찬가지로 로봇계의 또 다른 이슈가 된 '소프트 로봇'을 처음으로 개발한 사람도 여성이다. 세실리아 라스치(Cecilia Laschi)라는 이탈리아의 교수다. 2007년 그가 만든 세계 최초의 소프트 로봇은 문어 로봇으로, 물속과 같은 험한 환경에서 이동하고 운반하는 기능을 수행할 수 있다.

소프트 로봇이란 기존 로봇의 콘셉트였던 커다랗고 딱딱한 하드웨어를 가진 로봇, 이른바 '풀메탈바디' 로봇의 반대 지점에 있는 것으로, 작고 부드러운 외관에 유연한 변형 기능을 갖춰 험한 지형이나 불규칙한 환경에도 널리 적용할 수 있는 로봇을 아우른다. 문어나 뱀처럼 척추가 없는 동물들과 잠자리와 소금쟁이 같이 작고 사소해 보이는 곤충들을 모사한 로봇들이 대표적이다. 딱딱한 로봇이 기계적인 정밀함을 요구해 제어상의 사소한 오차에도 실수를 보인다면, 소프트 로봇은 생물체와도 유사한 유동성이 있어 프로그래밍 방식도 사뭇 달라진다.

소프트 로봇은 처음에는 주류 로봇계에서 완전히 무시당했고, 다음에는 '이런 로봇을 과연 로봇이라 부를 수 있는 것이냐'는 격렬한 논쟁에 부딪혔다. 10년으로 접어드는 요즈음에는 너도나도 소프트 로봇 연구자라는 명함을 내놓는다. 대세가 된 것이다. 그도 그럴 것이, 로봇이 결국 사람의 일을 대리하거나 보조하며 사람과 공존하려면, 사람을 다치게 하지 말아야 하기 때문이다. 특히나 산업용이 아닌 일반 소비자용이라면, 보건 의료 분야나 교육 놀이 분야에서 활용될 가능성이 크다. 다시 말해 주 소비자 계층이 노약자와 장애인, 또는 여성일 수 있는 것이다. 당장 크기와 무게, 소재, 외양 면에서 기존의 풀메탈바디 로봇과는 다른 접근법이 필요했다.

풀메탈바디 로봇은 보기에는 근사하지만, 동력이나 알고리즘에 문제가 생겨 넘어지기라도 하면 주위 사람들에게 커다란 부상을 입힌다. 온몸이 금속으로 이뤄진 무겁고 단단한 로봇이 사고현장의 자동차 못지않은 흉기가 되는 것은 순식간이다. 안전장치가 돼 있는 제한된 환경, 예컨대 공장 같은 곳이 아니라면, 평범한 공간에서 로봇과 일상을 공유하기가 쉽지 않다. 그 대안으로 모색된 것이 플라스틱이나 고무, 실리콘, 섬유와 같은 말랑말랑하고 부드러운 소재와 위협적이지 않은 크기, 형태를 갖춘 소프트 로봇이었던 셈이다.

이런 소프트 로봇, 소셜 로봇의 창시자가 여성이라는 건, 우연만은 아니었을 게다. 단순히 '여자라서 섬세하다' 차원의 이야기가 아니다. 어쩌면 그런 언설마저 젠더적인 성향과 역할을 고정시키는 편견이다. 주류 남성 공학자들이 전혀 문제라고 생각하지 못했던 문제를 발견하고 스스로 해답을 찾게 만든, '다양성'의 위대함에 경배를.

| "안드로이드는 전기양을 꿈꾸는가" |

페미니스트 로봇덕후가 꿈꾸는 미래

페미니즘 역시 그런 것이다. 처음에는 무시당하고, 다음에는 논쟁에 휘말리며, 마지막 단계에선 자연스러워진다. 지금은 바야흐로 논쟁의 단계, '덕밍아웃'과 동시에 '페밍아웃'을 해야 하는 시절이다. 나는 로봇덕후인 동시에 페미니스트다. '걸스로봇'이라는 소셜 벤처를 만든 데에는 그 두 가지 '덕질'의 영향력이 반반씩 반영됐다.

이진주 | 아이 낳아주는 로봇은 없나요?

『멋진 신세계』를 통해 올더스 헉슬리가 그리고자 했던 미래는, 여성이 일부일처제와 출산과 인류 재생산을 둘러싼 노동으로부터 해방된 유토피아적 디스토피아, 혹은 디스토피아적 유토피아였다. 놀랍게도 그런 미래가 이미 와 있다는 '불길한', 혹은 '통쾌한' 예감이 든다.

시대가 바뀌었다고는 해도 아직 여성은 남성 노동자들의 '반편이'로 취급받는다. 돈은 거짓말을 하지 않는다. 숫자를 보라. 국세청이 2013년 납세 자료를 바탕으로 만든 2015년 '여성의 경제활동' 자료를 보면, 여성 노동자들의 평균 연봉은 2,100만원으로 남성 노동자들의 평균 연봉 3,700만원의 57.5% 수준이었다. 여성 노동자 수는 643만 명으로 전체 노동자 1,635만 명의 39.3%였다.

걸스로봇이 관심을 기울이고 있는 이공계의 여성인력은 전체의 15%에 불과하다. 그나마 엔트리급인 전공 학생들의 비율이 그러하고 중간 관리자 이상 리더급은 그 절반인 7% 수준이다. '로봇하는 여자'로 상징되는 이공계 여자들은, 아직 '남자들로 가득찬 방 안에 여자는 나 혼자뿐인(예일대 물리학과 출신의 작가 아일린 폴락이 미국 이공계 여성들의 현실을 고발한 책에서 따온 표현이다. 그의 책 『방 안의 혼자뿐인 여자』는 우리나라에서 『평행 우주 속의 소녀』로 번역됐다)' 현실을 산다. 더러는 '꽃'이나 '홍일점'으로 원하지도 않았던 주목을 받고, 더러는 희롱당하며, 대개는 무시당한다.

남성과 대등한 수준으로 교육받고, 남성과 대등한 잠재력을 가졌을 것으로 추정되는 여성들이, 남성과 대등한 노동력으로, 똑같은 전문가로, 진지하게 인정받기를 원하는 건 당연한 일이다. 인류의 발달 단계나 역사의 진화 과정에서도 자연스럽고 바람직하다. 그런데 그 당연한 일을 암묵적이고도 지속적으로 거부당하면, 어떤 일들이 벌어질까.

여성들은 '결혼파업'과 '출산파업'으로 보복하기 시작했다. 아리스토파네스의 고전 희곡 〈리시스트라테〉에는 남자들의 전쟁에 넌덜머리가 난 여성들이 '섹스 스트라이크'를 벌여 평화를 쟁취해내는 모습이 묘사된다. 여성들에게 기대되는 사회적 역할이 오직 그것 — 살림과 돌봄과 낳음의 노동 — 뿐일 때, 그것을 배반하는 가장 효과적인 방법은 그 의무로부터 탈주하는 것이다. 탈주의 주체는 이미 남성이 아니라 여성이 됐다. 공각기동대의 쿠사나기를 보라! 그는 자기 자신을 재창조했다.

현재까지 가장 유명한 가사 도우미 로봇은 청소로봇이다. 최초의 로봇 청소기 '룸바'를 창조한 건 남성인 로드니 브룩스 전 MIT 교수(당시 '아이로봇' 공동 창업자, 현 '리싱크 로보틱스' 회장)였다. 로드니 브룩스는 로봇계에서는 '구루'와도 같은 인물이다. 그는 1997년부터 2007년까지 MIT 인공지능연구소 소장을 맡으며, 무시무시한 제자들을 키워냈다. 아이로봇의 공동창업자인 콜린 앵글과 헬렌 그라이너(여성)는 모두 그의 1세대 제자이며, 소셜 로봇 지보를 창조한 신시아 브리질(여성)은 2세대 제자다. 남자가 여자들에게 가장 쓸모 있는 / 있다고 생각하는 것을 주었으니, 이제 여자가 화답할 차례인가.

사무치도록 똑똑한 섹스로봇 에이바는 어떨까. 여성형 섹스로봇의 개발자가 남성이 아니라는 걸 상상하는 것만으로도, 나는 유쾌하다. T-X보다 더 치명적인 로봇을 만들어 남성들에게 보급하고, 그들에게 지고의 쾌락을 선물하겠다. 바깥 일 같은 건 여자들에게 맡기고 신선놀음이나 즐기라고 말이다. 일찍이 당신들은 '수컷의 본능'에 충실한 건 죄가 아니라고 했더란 말이지.

어쩌면 에이바들은 인공자궁을 달고 우리를 대신해 대리출산까지 해줄지 모른다. 짧은 쾌락에 비해 너무도 긴 책임과 의무를 안기는, 성기 중심의 노동 따위, 로봇에게 외주를 맡겨버리자. 여성들은 남성으로부터 마침내 자유로워진다. 더 이상 남성들에게 사랑받으려 애쓰지 않아도 된다. 사랑이라는 이름으로 독박노동을 뒤집어쓰지 않아도 된다. 우리에게는 당연히, 남성형 로봇도 있을 테니 말이다. 자, 이제 여자들은 어떤 꿈을 꾸게 될 것인가. 세계정복, 우주개발, 인류보완계획 같은 거대한 그림을 그려보자. 생각해 보라, 이건 비극인가, 희극인가.

로봇의 시대에 예술을 말하다

엄윤설

예술이란 무엇인가? 질문은 단순하지만 답은 단순하지 않다. 사람들은 저마다 다른 관점에서 사물(혹은 현상)을 보는 만큼, 저마다 다른 예술에 대한 정의를 가지고 있을 것이기 때문이다. 예술에 대한 나의 정의는 이러하다.

예술은 사람의 마음을 움직이는 것이다.

이렇게 예술을 '사람이 마음을 움직이는 것'으로 정의하고 나면, 예술의 영역은 거의 무한대로 넓어진다. 음악이나 미술 같은 전통적인 장르를 시작으로 연극, 영화, 패션, 문학, 무용을 비롯해 각종 자연현상이나 개개인에게 일어나는 사소한 사건까지도 예술의 범주에 들어갈 수 있기 때문이다.

한 가지 예로, 당신이 백화점 주차장 입구에서 줄지어 들어오는 차량들을 향해 끊임없이 허리 숙여 인사하는 아르바이트를 하고 있다고 상상해 보자. 하필이면 오늘은 살을 에는 칼바람이 부는 아주 추운 겨울날이다. 아무리 코트 깃을 여며도, 뼛속까지 파고드는 냉기를 막을 길이 없다. 아스팔트에서 올라오는 냉기에 당신의 발가락은 이미 얼어붙어 감각이 없다. 손님들이 드나드는 문틈 사이로 간간이 흘러나오는 온기가 아주 멀찍해서 가끔 느껴질 뿐이다. 집에 가고 싶다. 그러나 아직 끝나려면 두 시간이나 남았다.

드디어 두 시간이 지났다. 칼바람 속에 한 자리에 못 박힌 듯 서 있었더니, 추운 단계를 넘어서서 아무 생각이 없다. 이제 집에 갈 수 있다는 생각에, 이제 살았다는 생각에 뒤돌아선 당신, 눈에 무언가가 들어온다. 포장마차. 당신은 보기만 해도 따뜻한 김이 모락모락 올라오는 어묵의 자태에 홀려 포장마차에 들어선다. 손에 쥔 종이컵에 가득한 어묵 국물. 그 뜨끈한 것이 목구멍을 타고 넘어 가는 순간, 아… 하고 마음이 놓인다.

〈그림 1〉

바로 그 순간, 그 '아…' 하는 순간에 당신은 마음이 놓였다. 당신의 마음이 어묵 국물에 의해 움직인 것이다. 당신에게 어

〈그림 2〉 피카소, 〈게르니카〉

묵 국물이 예술로 승화되는 순간이다. 예술은 그렇게 어디에나 있고, 매 순간 존재한다.

연인에게 이별을 고하고 집으로 돌아가는 버스 안, 평소엔 들리지도 않던 유행가 노랫말에 세상을 다 잃은 것처럼 공허하고 주책없이 눈물이 흐른다면, 그 유행가 한 자락은 당신에게 예술이 된다. 영화도, 무용도, 문학도 모두 같다. 당신의 마음이 '그것'에 의해 움직인 순간, '그것'은 당신에게 예술이 된다. 예술은 사람의 마음을 움직이는 것이기 때문이다.

다른 예를 들어보자. 당신은 미술관에 있다. 스페인의 거장 피카소의 특별전이다. 당신은 그 유명한 〈게르니카〉 앞에 서있다. 당신이 학창시절 교과서에서 보던 그 〈게르니카〉 말이다. 그런데 당신은 이 그림이 어디가 좋은 건지 도무지 이해할 수가 없다. 이게 옆모습인지 앞모습인지

구분도 안 되고, 온통 칙칙한 색깔에 솔직히 우리 집 4살 먹은 조카가 이 것보다 잘 그릴 것 같다. 당신은 가만히 주변의 눈치를 본다. 그런데 바로 옆에 한 노신사가 닭똥 같이 굵은 눈물을 뚝뚝 흘리고 있다. 다른 쪽에는 한 젊은 여자가 침통한 표정으로 그림을 들여다보고 있다. 당신은 이제 다음 그림으로 넘어가고 싶지만, 어쩐지 주변의 분위기에 눌려 뭐라도 느껴야 할 것 같은 의무감마저 든다.

이 순간, 당신에게 〈게르니카〉는 예술이 아니다. 당신의 마음이 그것에 의해서 움직이지 않았기 때문이다.

그럴 수 있다. 누군가에겐 위대한 예술작품인 〈게르니카〉가 당신에겐 아무것도 아닐 수 있다. 다만 당신에게 예술이 아니라고 해서 〈게르니카〉가 예술이 아니라고 말할 순 없다. 분명 당신 옆에 노신사는 주체할 수 없는 감동에 눈물을 흘렸고, 맞은편의 젊은 여자도 가슴 깊이 침통함을 느꼈다. 그렇기에 적어도 그들에게 〈게르니카〉는 위대한 작품임에 틀림없다. 사람의 마음을 움직이는 예술은 그만큼 지극히 개인적이고 주관적이다.

로봇에 관해 이야기 하는 책에서 왜 뜬금없이 예술에 관한 이야기가 나오는지 의아해하실 수 있다. 그러나 로봇과 공존하게 될 세상이 오고 있는 시점에서 예술은 꼭 한번 짚고 넘어가야 하는 대목이다.

2013년 세계미래학회에서는 2030년까지 사라질 직업에 대해 언급한 바 있다. 운수업 종사자와 세무사, 외과의사 등이 사라질 직업 리스트에 이름을 올렸다. 앞으로 어떤 직업들이 사라지고, 어떤 직업들이 새로 생겨날지에 대해서는 필자도 또 미래학회의 학자들도 예측만 할 수 있을 뿐이다. 그러나 한 가지 확실한 것은 그 리스트에 언급된 직업들의 공통점은 '기계로 대체되었을 때 효율을 극대화 할 수 있는 직업'들 이라는 점이었다. 다시 말해 로봇과 공존하게 될 세상에서 인간이 하게 될 일들이란, 결국 '오직 인간만이 할 수 있는 일들'이라는 뜻이며, 또한 그것들을 오직 인간만이 할 수 있는 일의 영역으로 남겨두어야 한다는 뜻이다.

'오직 인간만이 할 수 있는 일'이란 무엇일까? 이 질문에 대한 답을 찾기 위해 다음 문장의 ( )안에 보기의 단어들을 넣어 읽어보자.

1. 사람이 ( )을 하다(갖다).
2. 로봇이 ( )을 하다(갖다).
(보기) 사랑 희망 도전 상상 모험 용기

어느 쪽이 더 자연스럽게 들리고, 어느 쪽이 더 어색하게 들리는가? 당연히 1의 문장이 더 자연스럽다. 보기에 나열된 단어들은 감정의 영역에 속해 있는 단어들이다. 이것은 로봇(기계)과는 다르게 오직 인간만이 할 수 있는 일은 감정의 영역을 아우르는 일들이라는 뜻이다. 위의 (보기)에 나열된 단어들은 감정의 단어들인 동시에, 사람의 마음을 움직이게 하는 가치들이며, 이는 다시 예술의 본질과 일치한다. 특히 '사랑'이 그러하다.

'믿음, 소망, 사랑, 그중에 제일은 사랑이다'라고 성경에도 나와 있는 것을 보면, 사랑은 감정의 영역 중에서도 가장 막강한 영향력을 가지고 있는 가치라는 것을 옛 사람들도 잘 알고 있었다는 뜻일 것이다. 또한 불교에서 제1의 가치로 여기는 '자비' 역시, 중생의 즐거움을 같이 즐거워

엄윤설 | 로봇의 시대에 예술을 말하다

하고(慈, 사랑할 자), 중생의 고통을 같이 괴로워하자는(悲, 슬플 비) 뜻이니, 결국 사랑의 또 다른 언어적 표현이다. 필자는 바로 이 '사랑'이 예술의 본질이라고 믿는다.

예를 들어 보자. 한 사람이 길을 가다가 절벽에 피어난 고운 꽃 한 송이를 발견한다. 하늘하늘 가녀린 꽃잎과 절벽의 돌 틈을 비집고 피어난 강인한 생명력을 동시에 갖춘 꽃. 그 사람은 그 꽃의 아름다움에 완전히 빠져, 자신이 느낀 마음의 움직임을 다른 사람에게도 전달하고 싶어진다. 하여 그 다른 사람도 자기처럼 행복해 질 수 있게 말이다. 그러나 사랑스러운 꽃을 꺾을 수는 없었기에, 그 사람은 꽃의 모습에 자신의 행복감을 더하여 그림으로 표현하고, 그것을 다른 사람들에게 전달한다. 사람의 마음을 움직이는 것이 예술의 정의라면, 이렇듯 예술의 시작, 그 본질은 인간과 세상에 대한 사랑이다.

앞서 예를 들었던 피카소의 〈게르니카〉 역시 마찬가지다. 1937년 4월 26일 내전 중이던 스페인의 게르니카 지역 일대에 나치는 24대의 비행기를 동원하여 폭격을 감행한다. 이날 폭격에 희생된 것으로 추정되는 사람들은 1,600명이 넘는 것으로 전해진다. 사실 스페인 정부는 게르니카에 폭격이 있기 수년 전에, 이미 1937년 파리 세계 박람회의 스페인 전용관에 설치할 벽화의 제작을 피카소에게 의뢰한 상태였다. 스페인 정부로서는 자국의 위대한 예술가를 이용해 선전에 활용하려던 심산이었을 것이다. 그러나 피카소는 자국의 독재 체제에 대한 비판과 정치적 이데올로기에 대한 저항으로 게르니카의 비극을 거대한 벽화에 담아낸다. 그는 하늘에서 떨어지는 죽음의 공포와 도망칠 곳이 없다는 사실의 절망, 사랑하는 사람을 잃은 자의 고통 등을 자신만의 색채로 표현해낸다. 피카소는 전쟁의 참상을 그려냈지만, 그것을 통해 그가 전달하고 싶었을 그의 궁극적인 메시지는 희생당한 자들을 위한 슬픔과 분노, 연민이다. 또한 이러한 비극이 다시 없기를 바라는 간절한 소망인 동시에, 보는 이들에게 전하는 절박한 호소다. 슬픔, 분노, 연민, 간절한 소망과 절박한 호소의 밑바닥에는 세상과 인간에 대한 피카소의 사랑이 깔려있다. 그렇기에 피카소의 마음의 움직임은 그의 그림을 타고 노신사의 굵은 눈물로, 젊은 여자의 침통한 표정으로 이어질 수 있었던 것이다.

예술은 사람의 마음(감) 움직이는 것(동)이다. 그리고 그 감동(예술)의 본질은 사랑이다. 사랑은 감정의 영역이며, 기계인 로봇은 절대로 닿을 수 없는 인간 고유의 영역이다.

과연 로봇이 감정을 가질 수 있을 것인가에 대한 논란은 초미의 관심거리다. 특히 근래 들어 인간의 감정을 감지해 이에 반응하거나, 혹은 감정 반응을 모방하는 로봇들이 연구되고 있다. 로봇이 인간의 감정이 고조될 때 나타나는 표정의 변화나, 음성의 떨림, 체온, 행동 패턴의 변화 등을 감지하여, 그 감정 상태에 맞는 대응을 해주는 식이다. 예를 들어 실연을 당한 주인(인간)이 흐느끼고 있을 때, 로봇이 위의 변화들을 감지하여 주인에게 따뜻한 차 한 잔을 내오는 식의 대응을 하는 것이 점차 가능해 지고 있다. 그러나 그것은 로봇의 반응 성능이 좋을 것일 뿐, 로봇이 감정을 느낀다는 증거는 되지 못한다.

왜냐하면 로봇의 반응과 인간의 감정 사이에는 바로 '자발성'이라는 결정적인 차이점이 존재하기 때문이다. 즉, 행위의 주체인 '내'가 자의에 의해 능동적으로 느끼는 것이 감정이다. 그러나 로봇의 반응은 프로그래머에 의해 설정한 대로 움직이며, 언제든 타의(프로그래머)에 의해

변경이 가능하다. 다시 예를 들자면, 실연을 당해 울고 있는 친구에게 인간은 어제도 오늘도 내일도 똑같이 위로를 보내겠지만, 로봇은 어제는 위로를 보냈더라도 오늘 프로그램을 변경한다면 내일은 위로 대신 주먹을 날릴 수도 있다는 뜻이다.

인간의 감정과 로봇의 반응 사이에 존재하는 두 번째 차이점은 '비정형성'이다. 사람은 저마다 다른 인격과 다른 삶의 궤적을 갖고 있기 때문에 위로의 '정도'가 다 다르다. 실연을 당해 울고 있는 친구를 그저 말 없이 지켜보기만 하는 위로, 술 한 잔 건네주는 식의 위로, 혹은 같이 부둥켜안고 펑펑 울어주는 위로. 이런 식으로 사람마다 위로의 방식은 다 다르다. 즉 인간의 감정 표현과 정도는 비정형적이고 다양하다. 그러나 로봇은 1단계의 위로에서 차를 건네고, 2단계의 위로에서는 어깨를 다독여주는 식의 정형화된 늘 같은 반응을 보일 것이란 뜻이다. 이것을 바꿔 말하면, 다양성에 대한 인정, 서로의 차이에 대한 인정이 존재하는 사회야 말로 지극히 인간적인 사회이며, 로봇과 공존하게 될 세상에서 우리가 지향해야 할 방향이라는 뜻이다.

앞서 언급한대로 2013년 미래학회에서는 2030년까지 기계에 의해 효율성을 극대화 할 수 있는 직업들은 사라질 것이라고 했다. 기계, 즉 로봇과 공존하게 될 세상이 시시각각 다가오고 있다는 것은 미래학자들도, 또 평범한 우리들도 이제 모두 알고 있다. 그 미래의 세상에서 오직 인간만이 할 수 있는 일, 감정의 영역, 사람의 마음(감)을 움직이는 일(동), 즉, 예술의 시대가 오고 있다. 그것이 필자가 로봇에 관해 이야기 하는 책에서 뜬금없이 예술에 대한 이야기를 하는 이유다.

그렇다고 필자가 이 글을 읽으시는 분께 '예술가'가 되시라고 권하고 있는 것은 아니다. 그건 마치 수학이라고는 눈곱만큼도 즐겨하지 않는 필자에게 '숫자의 시대가 오고 있으니 수학자가 되시라'고 말하는 바와 같다. 그런 권유를 받으면 필자부터 숨이 턱 막히고 머릿속이 무념무상 백지가 될지도 모른다. 그러니 필자의 말을 '예술가가 되시라'라는 말로 오해하시진 말길 바란다. 다면 필자가 갖추시라 권하고 싶은 능력은 '예술가적 발상', 즉 창의력이다.

창의력. 말은 쉽다. 그러나 말 만큼 갖추기 쉽지 않은 능력이 바로 창의력이다.

이야기를 하나 풀어보겠다. 필자는 키네틱아트 작가이자, 대학에서 학생들을 가르치는 선생이다. 키네틱 아트를 가장 쉽게 설명하면 '움직이는 미술 작품'이다. 한 작품이 어떠한 형태로든 움직임을 내포하고 있으면 키네틱아트라고 생각하면 될 듯하다. 필자가 제일 좋아하는 수업은 1학년 수업 중에 하나로 과목명은 '인터랙티브 키네틱아트'였다. 키네틱아트 분야에서 말하는 인터랙션이란 본래 작품과 관객 사이에 상호작용을 일으키는 것을 말한다. 그러나 필자는 이것을 작가와 자신의 작품 사이의 상호 작용으로 풀어보고 싶었다. 필자가 학생들에게 제시한 조건은 다음과 같다.

입을 수 있을 것
작품이 움직일 것
입은 사람의 몸의 움직임을 동력원으로 사용할 것

즉, 작가가 스스로 자신의 작품을 입고, 자기 신체의 움직임을 동력원으로 삼은 움직이는 미술작품을 만들어 보는 것이다. 조건을 들은 학생들의 표정이 참 볼 만했다. 알듯 말듯, 기발한 생각이 떠오른 듯한 미묘한 미소와 동시에 15주 만에 듣도 보도 못한 형식의 작품을 완성시켜야 한다는 중압감이 한데 뒤섞인 오묘한 표정들이었다. 그러나 여기서 1학년 학생들의 진가가 발휘된다. 1학년과 4학년 학생들의 차이는 1학년 학생들은 고등학교(혹은 재수학원)으로 부터 갓 올라온 학생들이라 자기가 대학생활 내내 무엇을 배우게 될지에 대해 거의 아는바가 없다. 4학년 학생들은 그간의 학사 과정을 통한 경험을 바탕으로 작품을 만들 때 당면하게 될 어려움들을 잘 알고 있다. 그래서 대체로 어려운 공정들은 요리조리 피해나가고자 하는 경향이 생긴다. 이것을 좋은 말로 하면 '숙련되다', '일을 요령 있게 한다'고 표현할 수도 있다. 그러나 그 숙련되고 요령껏 피해가는 방식에는 '도전'이 존재할 여지가 없다. 반대로 1학년 학생들은 전공과목에 대한 숙련된 스킬은 없다. 이 말을 바꿔 하면 아직 고정관념이 존재하지 않는 빈 종이와 같은 상태인 것이다. 인터랙티브 키네틱아트 프로젝트에서는 앞서 제시된 3가지 조건만 충족시킨다는 전제하에 다른 모든 요소는 학생들의 자율에 맡겼다. 학생들에게 가장 큰 어려움은 자신이 원하는 움직임을 만들어 내기 위한 메커니즘을 구성하는 일이었다. 공학을 전공하는 사람들이 아닌 이상, 메커니즘에 대해 체계적으로 배웠을 리 만무하기 때문이다. 그러자 '무식하면 용감하다'고, 어떻게든 자신이 원하는 움직임을 만들어 내기 위한 각종 기발한 방법들이 시도되었다. 또한 새로운 시도와 실패 사이에서 신선하고 재기발랄한 아이디어의 작품들이 생겨났다. 우리는 그 작품들을 모아 학기 말에 패션쇼의 형식으로 전시를 열었고, 이제까지 없던 새로운 방식의 작품들과 그 도전에 대한 호평들이 쏟아졌다.

　이렇듯 때로는 불가능해 보이는 상상을 하고, 그 상상을 현실로 만들어내기 위해 노력하는 과정 속에서 진정한 창의력이 발휘된다. 그리고 그 진정한 창의력이야말로 사람의 마음을 움직이는 강력한 원동력이자 예술가적 발상이며, 로봇과 공존하게 될 세상에서 우리가 갖춰야 할 중요한 능력이라고 믿는다.

　그렇다면 창의력이 없는 분들은 어쩌란 말인가? 시대의 낙오자가 되어 겨뤄보기도 전에 패배를 인정해야 하는가? 아니다. 이런 경우에도 방법이 있다. 융합력을 발휘하면 된다. 바야흐로 융합이 대세인 시대다. 예술과 기술이 결합을 시도하고, 이러한 시도들이 시대를 이끄는 산업으로 발전한다. 문제는 사람은 누구나 주어진 재능과 능력치가 다르다는 점이다. 예술가가 로봇공학자로서 로봇의 설계와 제어를 모두 섭렵할 수 없고, 법학자가 음악을 작곡하는 것도 어려운 일이다.

　필자는 진정한 융합이란 '조화와 협력'이라고 생각한다. '내가 못하는 것을 성공시키는 방법은 그것을 잘하는 사람과 함께 하는 것'이다.

　필자는 현재 '지능형 감성로봇을 이용한 전시 콘텐츠 개발' 연구를 진행 중에 있다. 로봇을 이용한 공연을 만들어 내는 연구이다. 기존의 로봇을 이용한 공연이라면 대표적으로 로봇댄스를 떠올리기 쉽다. 그러나 필자를 포함한 연구진들은 HRI(Human Robot Interaction)에 기반을 둔 로봇과 관객 사이에 직접적인 상호교류가 가능한 형태의 공연을 연구 중이다. 연구진에는 로봇공학자와 심리 / 인문학자, 예술가들이 섞여 있다. 디자이너가 제안을 하고, 로봇공학자들이 이에 대한 피드백을 주면, 다시 이를 적용해 공연 전문가들이 공연의 시나리오를 짠다. 동시에 거

　　　　　　엄윤설 | 로봇의 시대에 예술을 말하다

꾸로 극의 재미를 더하기 위해 공연 전문가들이 로봇이 구현해야한 기능을 주문하고, 로봇공학자들이 이를 설계에 반영하면 디자이너들이 다시 디자인을 보완하는 식이다. 그리고 우리 연구진의 로봇은 형태와 행동패턴에 있어서 HRI를 극대화 할 수 있는 심리학을 기반으로 하고 있다. 로봇과 관객이 한데 어울리는 공연을 만들어 내는 것이 말처럼 쉬운 도전은 아니라는 것을 절감하고 있다. 그러나 공학, 예술, 인문학의 융합인 우리의 프로젝트가 여전히 순항중인 것은 긴밀한 의사소통을 통해 조화롭게 협력중이기 때문이다.

창의력과 융합력, 그것이 예술가적 사고방식이다. 그리고 그것이 바로 로봇과 공존해야 하는 미래를 대비해 우리가 갖춰야 할 경쟁력이다.

좌담 : 로봇 시대를 살아가는 방법 | 제2부

진행: 박상준

패널: 김명석, 엄윤설, 한재권, 황희선

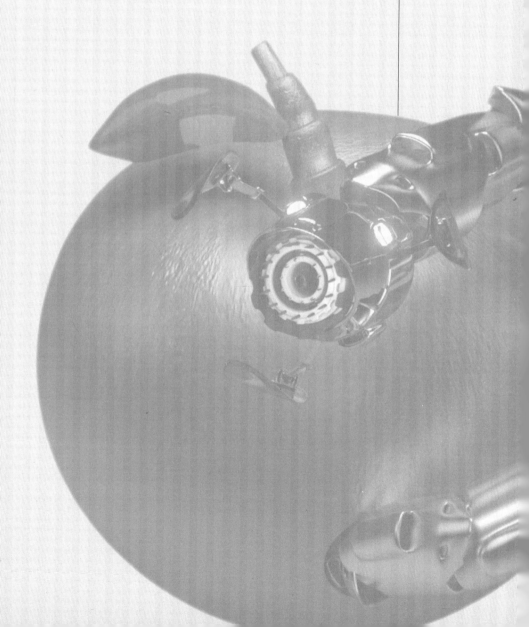

박상준 지금부터 아태이론물리센터에서 올해 첫 번째 행하는 초학제 모임, 로봇 관련 논의를 시작하도록 하겠습니다. 먼저 선생님들 각자 자기소개를 간략하게 해주신 뒤 이야기를 하면 좋을 것 같습니다. 엄윤설 선생님부터 돌아가시면서 소개 부탁드리겠습니다.

엄윤설 안녕하세요, 저는 엄윤설입니다. 저는 움직이는 미술인 키네틱아트 작품 만드는 사람입니다. 이미 아시는 분도 계시겠지만, 여기 한 박사랑 같이 한집 살고 있는 사람입니다. 나머지 소개는 대화를 나누면서 점차 하도록 하겠습니다.

한재권 안녕하세요, 저는 한양대학교 한재권입니다. 전공은 휴머노이드 로봇이고요, 주로 이족보행 로봇 설계하고, 제작하고, 프로그래밍 해서 걷게 만드는 것까지가 주로 업무고요, 그리고 얼마 전에 다르파 로보틱스 챌린지 결선까지 참가하고 왔습니다. 그래서 이론적이라기 보단 실무적인 그런 것을 많이 경험했다라고 봐주시면 될 것 같습니다.

황희선 네, 저는 황희선입니다. 바로 밑에 한국로봇융합연구원에서 근무하고 있고요. 박사는 기계공학 베이스 로봇 공학입니다. 사족 로봇의 보행 알고리즘 개발이 박사학위 주제였고 지금 주로 하는 것은 의료로봇으로 재활로봇, 수술 로봇 쪽을 주로 하고 있습니다.

김명석 반갑습니다. 저는 국민대학교에서 논리학과 철학을 가르치고 있는 김명석입니다. 주로 연구하는 분야는 언어철학과 심리철학이고요. 오늘 로봇 관련 이야기에서 좀 형이상학적인 이야기를 많이 하지 않을까 걱정됩니다.

박상준 저는 박상준이고요, 전공은 국문학입니다. 그런데 포항공과대학교에 있다 보니 어찌어찌 해서 아태이론물리센터 과학문화 위원이 되

었고 지금 12년째 하고 있습니다. 과학 문화 사업의 일환으로 이런 초학제 모임을 작년부터 시작했습니다. 작년의 주제는 '복제'였습니다. 올해는, 알파고 때문은 아닙니다만, 로봇을 주제로 다시 전공이 다른 분들을 모시고 말씀을 듣는 자리를 가져보게 됐습니다. 오늘 선생님들께 여러 가지를 배우려고 와서 제가 사회 역할을 맡기로 했습니다. 사회를 보면서 저도 기회가 되면 질문도 드리고 말씀도 드리고 이렇게 해보겠습니다.

저희 주제가 로봇인데요, 일단 로봇이 뭔지부터 이야기를 하면 좋겠습니다. 저 같은 경우, 원고를 준비하면서 집중적으로 생각해 보기 전에는 '로봇이 뭐야?'라고 질문할 생각까지는 안 해봤거든요. 로봇이 뭔지는 아는 것 같았는데 막상 들어가 보니 아닌 것도 같았습니다. 최근 뉴스를 보니까 '문어 로봇'이라 해서 화학물질밖에 없는 그런 상태인데 움직이는 로봇이 개발됐다고 나오더라고요. 그 전에는 '가오리로봇'이 있어 가지고, 배터리 없이 움직이는 로봇이 개발됐다는 소식도 들었고요. 이렇게, 로봇 하면 강철로 되어 있고, 뭔가 동력원이 있다고 생각해 왔던 것을, 이런 소프트 로봇이 개발되면서 많이 깨뜨리고 있는 것 같습니다. 그래서 로봇이 뭔지, 로봇에 대해서 어떻게 정의할 수 있는지를 일단 자유롭게 이야기를 좀 하고 들어가는 게 좋을 것 같아요. 로봇공학 분야에서 로봇을 제작하시고 로봇에 대해 많이 연구하시며 고민하셨던 선생님들께서 먼저 말씀을 해주시면 좋을 것 같습니다. '로봇이 뭔가요?'라고 질문하면 이제 어떤 대답을 해주시겠습니까?

한재권 그건 사람마다 다 다르게 생  각하는 것 같습니다. 학자마다 다 기준이 다르고. 무언가를 만들어 놓고 "이건 로봇이야"라고 했는데 누구는 로봇 아닌 거 같은데 하는 식으로 얘기가 학회에서도 많이 있는 것 같아요. 근데, 뭐랄까 좀 보편적으로 과학자들? 공학자들은 두 가지를 주로 생각하는 것 같습니다. 첫 번째는 모빌리티(mobility), 우선 움직이는 게 좀 있어야 되고, 그다음에 이제 인텔리전스(intelligence),

자기가 생각하면서 판단 능력이 있어서 스스로 뭔가 좀 할 줄 아는 그런 게 두 가지가 다 겸비돼 있으면 로봇이지 않느냐 뭐 이렇게들 생각하는 것 같아요. 뭐 학술적으로 여까지는 로봇으로 본다는, 아직까지는 그렇게까지 보는 거는 없는 것 같습니다.

박상준 네, 황 선생님.

황희선 로봇이 뭐냐 하는 질문은 항상 로봇 하시는 분들도 범위를 정하기 어려운 것 같아요. 제 생각엔 좀 더 넓은데요, 제가 생각하는 로봇은 그냥 외부와 어떤 인터랙션(interaction) 할 수 있는 물리적인 몸을 가지고 있는, 그러니까 뭐에 대한 반대냐면 컴퓨터 프로그램으로만 뭔가

하는 거, 이건 로봇은 아니고, 그 로봇의 반대로 어떤 인터랙션 할 수 있는 뭔가를 가지고 있는 녀석을 로봇이라고 저는 생각을 합니다. 그래서 사람이 컨트롤, 뭔가 줄 수 있는

한재권 뭔가 물리력이 있는

황희선 예 그렇죠.

엄윤설 두 분 선생님 하시는 말씀이 사실은 같은 얘기를 하고 계시는 거라고 제게는 들리거든요. 사실은 다른 외부의 무엇과 인터랙션을 할 수 있다는 것의 의미는 인터(inter) 액션(action)이니까 결국은 모빌리티가 들어가는 거잖아요. 두 분이 같은 말씀을 하시는 거라고 생각이 됩니다. 컴퓨터로 하는 그런 소프트웨어적인 것하고 다른 것도 사실은 거기에 같이 포함이 되어 있다고 보이고.

한재권 그냥 인공지능 자체를 로봇이라고 보시는 경향이 있는 것도 같아요. 뭐랄까, 스피커를 통해서 말이 막 나오고 있고 그게 나하고 대화가 되고 있어, 그러면 그 스피커 자체를 두고 '난 로봇하고 대화를 하고 있어'라고 말씀하시는 분도 있더라고요. 그게 '아니다'라고 강력하게 말하는 건 아닌데, 그걸 로봇이라고 보기에는 좀 (웃음) 뭔가 부족하지 않나.

엄윤설 황희선 선생님께서 지금 방금 말씀하셨던 인터랙션 부분이 거

기에는 결여되는 그런 상황이 되는 거니까.

박상준 그렇죠. 김명석 선생님께서 하실 말씀이 많으실 것 같은데. 제가 소박하게 한 가지 질문을 드리면, 아마 일반인이라면 지금 두 분 말씀 듣고 이런 질문을 할 수 있을 것 같아요. '청소로봇은 로봇이 아닌가'라고요.

한재권 저는 로봇이라고 생각합니다.

박상준 예, 예.

엄윤설 네.

박상준 선생님께서도.

한재권 왜냐하면 우선 이 녀석이 돌아다니면서 일을 하잖아요. 물리력이 있고, 갔던 길을 잘 안 가려고 하잖아요, 얘가. 그러니까 자기가 판단을 하고 있는 거죠. 그걸 인텔리전스, 낮은 수준의 지능이라고 보면 갖출 건 갖추지 않았나. (웃음) 저는 그런 부류입니다.

박상준 자, 김 선생님을 따로 특칭한 건 전공이 철학이셔서 입니다. 이 청소로봇은, 편하게 말하면 청소기였는데, 청소기가 자기 스스로 뭐 이렇게 돌아다닌다. 이런 기능이 첨가돼서 이제는 청소로봇이란 말도 하는 거잖습니까. 그게 지금 선생님들 두 분 말씀하시고 했던 이 인텔리전스에 해당하는 거냐, 물론 따져들면 복잡한 문제가 되겠지만, 그냥 결론적으로 선생님이 보실 때는 청소로봇은 로봇인 거 같으세요? 어떠세요?

김명석 로봇이죠. 다만 다른 분들께서 '운동성을 가져야만 로봇이다'라고 말씀하시는 건 옳지 않다고 생각해요. 로봇은 운동성 있는 로봇과 운동성이 없는 로봇으로 나눌 수 있다고 생각해요. 로봇이란 범주는 생각보다 꽤 넓어요. 예를 들어 구글 같은 데서 밤새 인터넷 상의 정보를

수집하는 것도 '봇'이라고 하잖아요. 물론 봇과 로봇이 같냐 다르냐 논란이 있을 수 있겠지만요. 또 순전히 인공지능 프로그램을 갖춘 것도 '로봇'이라고 부르는 용례가 있어요. 또 지각능력이 없는 것도 로봇으로 부르곤 합니다. 자동차를 조립하는 로봇들은 지각 능력이 없지 않나요? 그래서 로봇들을 지각 능력이 있는 로봇과 없는 로봇으로 분류할 수도 있어요. 또 인공지능을 장착한 로봇과 장착하지 않은 로봇으로도 분류할 수 있어요. 제 말은 로봇이란 범주는 매우 넓은 기술 제품들에 두루 쓰일 수 있다는 겁니다. 이 낱말이 처음 나왔을 때는 인간 노동력을 대체할 수 있는 기계라는 뜻을 갖고 있었어요. 근데 로봇을 인간 노동력을 대신해 주는 노예 기계로 한정짓는 것도 너무 좁은 정의예요. 왜냐하면 애완용 로봇은 인간 노동력을 대신하진 않으니까요.

박상준 예.

엄윤설 음…

한재권 로봇이란 단어 자체가 너무 매력적이어서 다들 갖고 가고 싶어 하는 것 같아요.

박상준 아, 하하. 예에.

엄윤설 근데 그렇게 보실 수 있다고 생각을 해요. 사실은 단어에 대한 정의라는 거는 시대에 따라서 항상 변하는 거잖아요. 그래서 처음의 시작은 인간의 노동력을 대체하는 기계 장치에서 시작을 했다고 하더라도, 이 근래에 지금에 이르러서는 사실은 그 두 가지를 핵심적으로 갖춰야 하는 게 아닐까라는 생각을 저는 조금 강조하는 편입니다.

박상준 이번 리우올림픽 관련 뉴스 중의 한 가지에서, '어디서 로봇 기자가 기사를 전송했다' 이렇게 나왔어요. 아마 그 로봇기자라고 말할 때 그 로봇기자는 사실상 프로그램이겠죠. 거기다 어떤 형체를 부여해 주진 않았겠죠. 그래도 쓰는 거긴 한 거죠. 사실 저도 두 분께서 처음에 공학적인 입장에서 그 모빌리티를 말씀하실 때 어, 약간 엄밀한 의미인가 보다라고 받아들였어요.

한재권 전 그렇게 말씀드린 건 맞는 것 같습니다. '로봇이라면 이렇게 보는 게 좋지 않을까'라는 느낌으로 말씀드린 거죠. 이 모빌리티 반드시 있어야 돼, 없으면 로봇 아니야… 보다는…

박상준 네네, 그러니까 뭐 일반인들이 생각할 때는 좀 더 넓게 생각하는 측면은 분명히 있는 거…

엄윤설 네, 있겠죠.

한재권 네네.

박상준 네, 선생님들께서도 인정해주시는 거고. 어쨌든 움직일 수 있고, 어느 수준이든 지능이 있고, 이럴 때 우리가 로봇이라고 생각한다.

한재권 갑자기 막 벤다이어그램을 그리고 싶어져요. 여집합, 이렇게.

(일동 웃음)

황희선 제 생각에는 지능이라는 게 로봇 정의를 할 때, 굳이 들어갈 필요는 없을 것 같아요. 지능은 요즘에서야 지능이라는 말이 나오는 거지, 예전에는 그렇지 않았거든요.

박상준 맞아요.

엄윤설 네, 로봇 팔. 공장에서 자동차 만드는 로봇 팔을 로봇 팔이라고 불렀었잖아요, 우리가 그렇게 불렀었죠. 근데 이제, 이건 물론 사견입니다만, 제 생각에는 이제 그것은 기계가 아닌가라고 생각을 하는 거죠. 그러니까 정의가 변한다는 거죠. 옛날의 정의랑, 지금의 정의랑. 정의는 항상 바뀌잖아요.

박상준 지금도 '로봇 팔'이라고 부르긴 할 거예요? 그죠?

엄윤설 그렇긴 하죠. 예, 예.

박상준 예, 자동화 공정에서 작동하는 것들을 로봇 뭐 이렇게 말하면 하겠죠, 선생님.

엄윤설 네, 네.

한재권 예를 들면 쿠카에서도 이제 로봇 팔에다가 지능을 심으려고 열심히 노력을 하더라고요.

박상준 네에.

엄윤설 (웃음)

한재권 단순반복만 하는 게 아니라, 반복하다가 '어, 이거는 대상이 조금 다른데' 그러면 '이거는 조금 다르게 움직여야지', 이런 식으로… 그리고 또 공장 자동화 똑같은 작동만 하는 게 아니라, 그 대상인 게 뭐랄까 주문 생산 방식처럼 사람마다 다 다르게 주문을 다르게 한 거예요. 자동차라고 하면, 나는 자동차 여길 조금 뭐 이렇게 다르게 해줘, 이런 식의 주문. 꼭 자동차는 아닌데, 그런 소량 다품종을 다 취급할 수 있는 로봇 팔, 그래서 팔이 지능화 되는 이런 것까지 가고 싶어 하더라고요. 그렇게 되면 로봇 팔도 진화하지 않을까. (웃음) 이런 생각을 합니다.

김명석 우리 관심은 이제 단순한 기계 장치인 로봇에서 지능을 갖고 지각하고 운동하는 로봇으로 옮겨 가고 있어요. 로봇에 대한 사람들의 관심은 사실 이런 로봇들에 대한 관심이니까요. 우리가 가장 관심 갖는 것은 지능, 지각능력, 운동성을 모두 갖춘 로봇이겠지만, 현재로서는 이 능력들 가운데 하나만 뛰어나게 되어도, 그런 로봇은 우리의 주목을 받게 됩니다. 다만 이 능력들 가운데 하나를 거의 갖추지 못한 로봇을 계속 로봇이라고 불러도 되냐 하는 물음은 단지 언어 선택의 문제 같아요. 또 로봇이 해주길 바라는 일에 따라 선택의 여지가 있습니다. 가령 요리 로봇은 운동성이 매우 뛰어나야 하겠지요. 지각 능력이 뛰어나고 지능을 갖추고 있지만 운동성이 없는 장치를 '요리 로봇'으로 부르긴 어려울 겁니다.

박상준 네, 다음 넘어가기 전에요 그냥 한 가지 질문을 드리겠습니다. 요즘 유행하는 게 드론이잖습니까. 드론으로 뭐 배달 서비스도 하겠다고 하고. 이른바 자율주행자동차 이것도 아주 핫한 거고요. 이것들을 두고 사람에 따라서 로봇이다 아니다 판단이 다를 텐데, 모빌리티 하고 인텔리전스 하고 말하면 로봇이라고 말할 수 있는 것 같아요. 그렇죠? 전혀 로봇처럼 안 생겼어도……. 어떻게 되나요. 드론도 로봇인가요?

한재권 예, 저는 로봇이라고 보는 게, 왜냐면 목적지만 딱 입력해주면 저까지 가, 그러면 중간과정은 자기가 다 극복해가면서, 만약 바람이 오른쪽에서 불어가지고 내가 조금 더 왼쪽으로 날아갔으면 다시 감안해서 오른쪽으로 더 날아가고, 이렇게 자기 스스로 노력을 하면서 가거든요. 그럼 그 정도는 낮은 수준의 인텔리전스가 아닐까라는 생각을 하고, 모빌리티는 당연히 움직이니까? 그리고 무인자동차는 로봇의 정말 대표적인 예가 아닌가라고 생각을 하거든요. 많은 주변 환경들을 다 보고, 예측하고, 판단해서 갈지 말지를 결정하는 거잖아요. 굉장한 지능이고, 그리고 자동차 만큼처럼 움직이는 것, 이게 또 참 찾기 힘들 정도니까.

엄윤설 장애물도 잘 알아내고, 사람이 길을 건너는지 아닌지, 건너간다면 서야 되는 속도와 거리까지 계산해서 스스로 판단을 내리고, 액션을 취하면 그건 대표적으로 로봇이라고 볼 수 있지 않을까.

박상준 나중에 뒤에 가서 다시 이야기해 볼 수 있을 것 같아요. 지금 두 분 말씀해주신 것에 대해서 반론도 있을 수 있을 것 같고요. 그건 뒤에 가서 한 번 다시 잊지 않고 챙기기로 하겠습니다.

그러면 일단 여기까지, '로봇에 대한 정의가 다양할 수 있다', '핵심적이고 일반적인 것은 모빌리티 하고 인텔리전스로 본다', 이게 아마 지배적인 담론이겠죠. 저희 같은 비전문가들은 그런 거구나 하고 배우게 되는 것 같습니다.

이제 좀 더 구체적으로, 현재 로봇 기술이 어느 정도 발전되어 있는지, 그리고 선생님들이 보시기에 지금 21세기인 2016년 로봇 기술의 향방이나, 로봇 기술을 발전시키는 공학 분야, 과학 분야에서 가장 역점을 두는 게 뭔지, 그런 말씀을 좀 해주셨으면 좋겠어요.

엄윤설 (웃음)

박상준 어디 한재권 선생님께서 한번 말씀해주시죠.

한재권 예, 그게 좀 광범위한데요, 제가 전공이 휴머노이드다 보니깐, 휴머노이드 로봇은 여태까지 계속 2족 보행이 주로 관심의 대상이었습니다. 왜냐면 그만큼 힘들었고, 어떻게든 2족 보행을 사람만큼 잘 했으면 좋겠다였죠. 그 반대로 얘기하자면 아직까진 형편없다는 말과도 일

맥상통합니다. 그래서… 어떻게 말씀드릴까요. 사람으로 치자면 돌은 좀 지난 것 같아요. 첫돌. 그러니까 일어서서 걷기 시작했고 그리고 어떤 약간의 험지는 스스로 잘 극복을 하는데, 많은 지형들을 다 문제없이 극복을 한다? 이건 아직은 아닌 것 같습니다. 물론 얼마 전 2월 달에 보스턴 다이나믹스가 보여준 아틀라스 2 정도는 산길 보행을 자유자재로 하는 걸 보여줬어요. 특히 좀 전문적인 얘길 하자면, 착지점 제어를 성공시켜가지고 넘어지는 걸 굉장히 확률을 줄였는데, 그거는 정말 extra-ordinary… 뭐라 그럴까, 굉장히 잘 만들어진 로봇이고 대다수의 휴머노이드 연구하시는 분은 아직 그 수준까지는 가진 못했습니다. 그래서 약간의 험지, 자갈밭이라든가 울퉁불퉁한 길이라든가 이런 것들은 극복할 수 있는데, 야지를 극복하는 수준엔 못 올라갔습니다.

보행 수준은 그렇고요, 그리고 그냥 사람과 인터랙션하는 움직임은 아직까지는 로봇 모터들이 인간의 근육에 비해서 에너지 효율이 굉장히 떨어집니다. 무게 대비 효율이 굉장히 떨어지거든요. 사람 근육은 굉장히 가볍고, 부피도 적은데 굉장히 큰 힘을 내고 에너지를 그렇게 또 많이 먹질 않아요. 이것의 차이 때문에 아직까지 로봇의 움직임이 사람에 비해서 그다지 뛰어나진 못한 상황입니다. 예를 들면 로봇 움직이는 거 보면, 뭔가 좀 불만이 많으시죠. 왜 저렇게 꾸부정하니, 뒤뚱뒤뚱 움직이는가. 그거는 아직까지는 운동 효율이, 구동기의 효율이 인간에 비해서 열등하기 때문에 그렇다고 보시면 될 것 같습니다. 그 왜, 인간하고 좀 비슷한 레벨이, 인간으로 치자면 로봇이 할머니, 할아버지들 이정도의 효율이에요. 또 근데 노약자분들은 근육의 힘이 굉장히 약하잖아요, 그 정도입니다. 그러다보니까 운동도 그렇게 나올 수밖에 없는 현실이죠.

225

박상준 비유를 살짝 바꾸시면, 갓난아기라고 하셔도…….

한재권 네, 그렇죠. 어리거나 많이 연세가 드셨거나. 그 정도인데. 결국엔 구동기의 효율을 얼마나 많이 높일 수 있느냐 그 요소 기술, 그거에 따라서 시스템 자체가 얼마나 잘 운동할 수 있을 것이냐가 결정될 것 같습니다.

박상준 지금 한 선생님께서 말씀해 주신 거는 굳이 분류를 하자면 휴머노이드 로봇 개발 분야에서의 현재 관심사고,

한재권 그렇죠, 예, 제가 그것 밖에 모르니까. (웃음)

박상준 (웃음) 그렇게 정리할 수 있으면, 그 외의 부분도 말씀해 주시면 좋을 것 같아요.

황희선 제 생각에는 요즘 다 고령화 사회 때문에 다들 고민이잖아요. 고령화 사회 대비를 어떻게 할 것이냐. 로봇 쪽에서도. 제 생각에 하나 나온 게 소셜로봇 지보라고 하는 거, 사회적 문제가 되고 있는 독거노인 문제를 어떻게 할 것이냐 뭐 그런 게 나오는데. 지보를 보셨는지는 모르겠지만, 보시면 한 30분 사용하면 와 대단해, 뭔가를 할 거 같아. 30분 지나고 나서 제 입장에서는요 뭘 하지? 이런 느낌이 아주 강하거든요. 그 30분 이후에 뭘 해줄 수 있는가를 개발, 이제 시작 단계니까 할 수 있는가를 찾는 게 뭔가 노인분들하고 같이 생활하는 데 아이템이 될

것 같고요.

소셜 로봇 쪽은 그렇고, 제가 찾고 있는 수술 로봇 쪽에 보면, 대세가 복강경 수술 로봇이에요. 최소침습 수술이라고 해서, 상황에 따라 개복을 하지 않고, 투포트나 쓰리포트로 로봇과 연결된 복강경 기구를 몸속으로 넣어서 수술하는 겁니다. 기술적 문제와 법적 문제도 있겠지만 현재는 의사가 들어가서 로봇을 이용해서 작업을 해야 돼요. 의사는 수술 로봇을 운용하는 사람이기도 하지만 책임을 지는 사람이죠. 근데 최근에 나온 것 중에 최소침습 수술에서 시간 제일 많이 잡아먹는 과정이 뭐냐면, 봉합, 수처링(suturing) 작업이거든요. 그걸 미국에서는 누군가가 자동화를 시켰어요. 사람 없이, 자동화 할 수 있게. 그런 걸 보면, 앞으로 제 생각에 10년, 20년 후에는 SF에서처럼 사람이 딱 들어오면 로봇이 알아서 수술을 할 수 있을 것 같아요.

그래서 수술 로봇 쪽에서는 이런 오토메이션을 기술적으로 어떻게 할 것인가. 그게 어려운 이유가 뭐냐면, 사람 장기는 soft tissue거든요. 연조직이라서 잡으면 얘가 자꾸 출렁거리고 움직이죠. 그래서 이걸 조정하기가 힘든 거예요. 잡기만 해도 움직이거든요. 그런 것들을 어떻게 기술적으로 만들 것인가. 그런 것들이 좀… 그러니까 단순히 로봇이 아니라 얘를 만들자면 예를 들어서 생화학 하시는 분들이 또 있어야 돼요. 왜냐면, 제가 생각하기에 글에도 썼지만, 그 연조직이 몸 안에서 움직이면 마커라는 걸 집어넣어서 이렇게 이 부분을 수처링을 해야 된다 그러면 의사가 점찍듯이 탁탁 마커링을 해요. 뭔가 생화학물질을. 그러면 밖에서 빛을 쫙 쬐어주면 빛이 들어가서 반사가 되는 거죠. 그러면 그 조직의 위치를 알 수 있는 겁니다. 그러면 이제 로봇이 그걸 보고, 사람은 시각적으로 하겠지만, 로봇은 그 기술을 바탕으로 자기가 혼자 할 수 있는 오토메이션이 되는 거죠. 그런 것처럼 여러 가지 다른 기술들이 합쳐져 가지고, 수술 로봇의 자동화도 한 파트가 되지 않을까 생각을 합니다.

박상준 수술이 아니래도, 수술 같은 어떤 그 동작, 뭐라 해야 하나요 특정 메커니즘을 갖고 있는 이런 분야에 있어서의 자동화라고 약간 일반화할 수 있겠네요, 선생님. 그 이슈…….

황희선 의료에서 자동화가 이슈가 되는 건, 법적인 문제 때문에 그렇거든요. 다른 분야의 자동화는 바른 방향인 거잖아요. 근데 이쪽은 책임질 사람이 누군가 하는 그런 고민을 하다가…

박상준 그렇죠. 약간 일반적인 얘기를 해주셨으면 좋겠어요. 일반인들 입장에서 최첨단 로봇 또는 로봇 기술 개발의 최전선 이러면 당연히 생각하는 게 인공지능인데, 생각하는 것 중에 한 가지가요, 그래서 인공지능 관련해서도 어느 분이 잠깐 말씀을 해주실 수 있으면 좋을 것 같습니다. 그러니까 뭐, 알파고 때문에 우리가 다들 주워들은 풍월은 있는데, 전문가께서 말씀하시는 건 다르니까, 살짝 말씀을 부탁드리겠습니다.

한재권 사실 인공지능 중에 지금 말하고 있는 알파고는 신경망제어의 일종이거든요. 신경망제어는 40년대에 처음 이론이 만들어져 가지고, 70~80년대에 한참 떴었어요. 인간 뇌의 뉴런 구조에 영감을 받아 가지고, 판단 체계를 중간 중간에 만들어서 여러 가지 판단 체계를 거쳐 가면, 결국에는 적절한 답을 찾아가는 이런 방식인데 예전에는 주목을 못 받았어요. 그래서 한 90년대에는 신경망제어 한다고 하면 아예 사장된 학문을 왜 하냐 이런 느낌이었거든요. 그런데 참 아이러니한 게, 주변 기술이 발전을 하면서 죽었던 학문이라고 하는 것들이 다시 살아나는 이런 경우가 굉장히 많은데 이 딥러닝(deep learning)도 그런 것 중에 하나입니다.

신경망제어의 특징은 학습이었어요. 결과를 보고 나서 '아, 지금이 좋은 결과다' 이러면 사람들처럼 보상을 해주는 거죠. 잘했어, 잘했어 사람도 그렇게 키우면 칭찬받을 일을 또 하잖아요. 잘못됐으면 혼내고, 그러면 그 행동은 안 하게 되고. 그런 방식으로 학습하는 게 굉장히 큰 장점이었거든요. 그래서 뭔가 좋은 결과가 지금까지 했던 과정의 가중치를 높입니다. 판단에 대한 가중치를 높이고, 틀리면 그 가중치를 낮추고. 그러다 보면 전혀 새로운 입력이 들어왔을 때도, 전혀 다른 여태까지 보지 못했던 게 들어왔을 때도, 가중치가 높았던 것들을 계속 선택해 나가면 만족스러운 답이 나오는 경우가 많은 거예요. 그렇기 때문에 처음엔 굉장히 큰 주목을 받았으나, 이게 문제가 뭐였냐면 좀 더 복잡한 사고체계를 요하는 문제가 딱 주어지면 계산을 못해내는 거죠. 너무 계산해야 될 게 많아가지고 중간에 판단체계가, 히든레이어(hidden layer)라고 부르는데 이게 한 열 개 넘어가는 건 도저히 상상도 못하는 거였어요. '이걸 어떻게 계산해' 하다 보면 결국 발산합니다. 발산해갖고, 전혀 다른 답을 내는 경우가 많았어요. 그렇다 보니까 이게 사장이 되는 거였죠.

그런데 어떤 계기가 나타났냐면, CPU라는 것도 나타났고, CPU의 성능이 굉장히 향상되고, 연산속도가 빨라지는 거죠. 그리고 데이터의 양도 어마어마하게 많아지는 거예요. 학습할 수 있는 양이 어마어마하게 능력이 많아지고 하다 보니까, 컴퓨터의 발전과 함께 갑자기 다시 떠오르기 시작하는 거죠. 주변기술이 도와주기 시작하는 겁니다. 옛날에는 '절대 이거는 계산할 수 없어'라고 했던 것들이 지금에 와서는 계산할 수 있는 능력이 되는 거예요. 그러다 보니까 조금 약간의 알고리즘의 변화가 있어서, 딥러닝으로 재탄생하게 되는 이런 게 됐죠. 결국에는 이제는 알고리즘의 문제가 아니라, 컴퓨터의 하드웨어가 얼마나 발전하느냐에 따라서 이게 우리 인간의 지식을, 판단능력을 넘어설 수 있느냐 없느냐의 문제로 귀결되어 버렸습니다. 그렇게 되다 보면 무어의 법칙을 따라가면 되는 이런 상황이 돼버렸어요. 2년 후에 두 배의 성능이 향상된다고 가정을 했을 때, 2030년이면 14년이죠? 14년을 2로 나누면 7이고, 그럼 2의 7제곱이면 128배. 지금보다 100배 이상 빠르고, 100배 이상 저장능력이 있는 컴퓨터가 손 안에 쥐어진다. 이러면 아마 인간의 판단능력과 거의 비슷한 또는 더 넘어서는 그런 지능을 우리는 보게 되지 않을까라는 예측을 하게 되는 거죠.

박상준 지금까지, 로봇 기술 현황이 어떻고, 가장 초점이 되는 게 어떤 분야냐 등에 대해 말씀을 듣기 시작해서, 자연스럽게 거기에 대한 평가 또는 향방이기도 하겠죠, 그런 식으로 로봇 관련 공학 기술이 발전되는 게 또는 상위의 부가 그런 쪽으로 집중되고 투자되는 게 바람직하냐 아니냐 이런 이야기까지 나오게 된 것 같아요. 이제 인공지능 관련해서 설명을 해주셨는데, 이러한 문제와 관련해서 김명석 선생님께서는 먼저 어떻게 생각하시는지 한번 말씀하시면서 이야기를 재밌게 끌어갔으면 좋겠어요.

(일동 웃음)

김명석 무인자동차의 경우 운동능력은 걱정할 필요가 별로 없어요. 이족보행이나 사족보행 할 필요도 없고 기존 방식으로 운동하면 되니까요. 하지만 지각능력과 인공지능에서 엄청난 기술 진보가 있어야 합니다. 보통 운전자들은 도로 상황에 따라 그에 맞게 반응해서 운전하잖아요. 갑자기 사람이 도로에 들어왔다거나 경찰복 입은 사람이 도로 바깥에서 손을 흔든다던지. 따라서 자동차가 무인자동차가 되려면 여러 가지 사물들이 주행로에 갑자기 나타났을 때 저 사물의 정체를 파악할 수 있어야 합니다. 그러려면 한 물체가 고양이인지 개인지 가리는 수준을 넘어서서, 온갖 새로운 종류의 사물 즉 수천, 수만 가지 사물들을 가릴 수 있는 능력이 필요합니다. 이런 것을 식별할 수 있는 지능을 갖추어야 무인자동차가 될 수 있을 것 같아요. 이 분야의 사업 전망은 매우 좋고 성장 가능성도 매우 높다고 생각해요. 또 이 방면의 기술이 인간의 삶을 크게 바꿀 것이라 예상해요.

정보 처리 인공지능 분야에서도 큰 진보와 변화가 있을 겁니다. 예를 들어, 페이스북의 경우 인물 사진을 게시하자마자 이 인물이 누구인지 알려주는 기능이 있어요. 얼굴 패턴을 인지해서 그 인물의 실명을 알려주는 기능입니다. 과학 탐구 인공지능도 나올지 모르겠습니다. 엄청난 실험 자료들을 입력해주면 자료들이 말해주는 바를 알려주는 프로그램이 나올지도 모릅니다. 이런 발전의 마지막 단계에 가서, 로봇이 거의 인간 판단력 수준에 이르게 될 때 생기는 문제에 우리의 고민이 있어요.

다만 많은 사람들이 로봇이 계산하는 것처럼 보이면 그것이 계산한다고 말하고, 지각하는 것처럼 보이면 지각한다고 말하는데, 이런 표현들을 조금 더 조심해서 사용해야 한다고 저는 생각합니다. 예를 들어 우리가 CCTV나 자동출입문 장치를 두고, "어, 쟤가 나를 보네"라고 표현하는데 이것은 단순한 은유에 지나지 않습니다. 로봇을 두고, "쟤는 계산하네", "쟤가 나를 보는구나", "쟤가 나에게 말하네" 등등 사람한테 부여하는 온갖 능력들을 로봇에게도 마구 부여합니다. 저는 이런 혼란스러운 표현들이 현재의 로봇 담론들에 꽤 많다고 느끼고 있습니다. 이 혼동과 혼란 때문에 미래 로봇 기술의 위험성을 과장하는 사람이 있어요. 또 이런 혼동과 혼란 때문에 인간의 능력을 과소평가하는 담론도 있는 것 같고요.

박상준 아, 중요한 문제고 저는 자연스럽게 그런 이야기가 좀 더 됐으면 싶어요. 선생님 글에서 말씀하신 것처럼, 인공지능 로봇을 우리가 자율적인 거라고 말을 할 수 있으려면, 여러 가지를 따질 수 있겠지만 중요한 것은 바람 즉 소망과 목적의식, 의지죠, 이것을 가질 때다. 적어도 인간을 대상으로 해서, 우리가 '인간은 자율적인 존재다'라고 말할 때에는 바람, 뭔가를 소망하는 거죠, 그리고 의지, 미래를 자기가 원하는 대로 만들려고 하는 거잖습니까, 이런 게 있기 때문이라고 하지요. 그러니까 이런 바람과 의지를 갖고 있을 때 인공지능도 말 그대로 지능이고 자율적인 거라고 말할 수 있다고, 인문학자들, 철학자들은 그렇게 말하는 거거든요.

그런데 그런 부분을 만약에, 그저 그냥 단순히 말씀을 드리자면요, 과학기술적으로 구현해낼 수 있을까를 갖고 이야기해 볼 수 있는데, 구현을 할 수 있다고 치면요, 그 다음에 다른 차원의 문제가 생기는 거죠. 그걸 구현시켜도 되는가? 이런 문제가 생기겠죠. 그래서 아까 제가 말씀드렸듯이, 로봇 개발 기술의 현황이나 어떤 최첨단, 최전선을 짚어보자고 했을 때에는 단순히 팩트, 현재 있는 그것만 말할 건 사실 아니고, 그게 계속 좀 더 발전되었을 때 벌어질 상황을 우리가 어떻게 볼 것인가까지 당연히 생각할 수밖에 없는 거 같아서, 그래서 아까 이제 두 번째로 좀 더 진행하면서는 평가까지도 가미해주셨으면 좋겠다고 말씀을 드린 거거든요. 그런 부분에 대해서 좀 더 이야기를 해주시면 좋을 것 같아요.

'이 인공지능이 말 그대로 인간답게 될 수 있을까?'가 첫 번째고요, 될 수 있다면 그걸 우리가 어떻게 볼 건가라는 걸 전제, 판단의 근거로 삼아서 그렇게 해도 되겠느냐 그걸 정말 실현하게끔 해도 괜찮을까 아니라면 사회 전체 입장에서 예컨대 '인간 복제는 우리가 금지해야 해'라고 말하는 것처럼 인공지능 개발도 '어느 단계 이상까지는 허용할 수 없어'라고 이야기를 해야 되는 건가, 그런 데 대해서 어떻게 생각하시는지 말씀을 조금 나눠주시면 좋겠습니다.

(일동 웃음)

황희선 제가 생각하기에 지금 많은 분들이 생각하시는 딥러닝에서 유발된 인공지능은 제가 생각하기엔 classification 아주 잘 하는 기계일 뿐이지, 얘가 인공지능이라고 저는 생각하지는 않거든요. 제가 생각하는 인공지능은 아까 인문학에서 말씀하셨던 것처럼, 인간처럼 하는 거. 제 생각에 그건 앞으로 한 10, 100년 200년 후에 가능할까? 제 생각은. 왜냐면 1970년대 때부터 AI란 주제는 굉장히 핫한 주제였어요. 그러다가 2000년대 오기 전에 거의 아까 말씀하신 것처럼 죽었다. 그런데 딥러닝이 나오면서 뭔가 classification 아주 잘 하는 기계가 나왔는데, 그걸 자꾸 AI라고 말하니까 저는 기우인 것 같아요. 그러니까 AI가 많이 발달해서 뭐 사람의 직업을 없앤다 뭐한다 하지만 그건 진짜 한참 후의 일이고, 어떻게 말하면 지구 온난화가 더 문제다. 개가 되는 것 보다.

(일동 웃음)

한재권 (웃음) 되게 감동 받고 있어요. 정말이에요. 지구 온난화가 더 문제지.

황희선 그래서 저는 그 질문은 좀⋯

김명석 직업들의 분포는 상당히 많이 바뀔 거라고 예측하던데 이것은 동의하지 않나요? 택시 운전사라든지 트럭 운전사가 많이 줄어들 것이라고 이야기하던데. 물류 관련된 사업도 많이 바뀐다고 하고.

한재권 아, 그럴 수도 있겠네요.

박상준 자율주행자동차만큼은 실현 가능성이 그렇게 멀진 않을 것 같은데요?

황희선 그러니까, 그게 그걸 인공지능이라고 생각을 하느냐인 거죠.

엄윤설 그쵸. 선생님 말씀 무슨 얘긴지 알겠어요. 선생님 말씀은 사실은, 지금 여기 박상준 선생님이 얘기하신 것처럼 자유의지가 있느냐 없느냐 그게 핵심이다라고 자유의지가 있어야 인공지능이고, 그렇지 않으면 classification 잘 하는 기계의 학습일 뿐이다라고 생각을 하시는 거죠. 저도 동의를 합니다. 동의를 하고, 아까 하셨던 말씀을 연장을 하자면 저는 무어의 법칙이라는 얘기가 나왔었잖아요. 그런 것처럼 정말로 이게 연산 능력이 계속 뛰어나지고 그러면은, 정말 인간의 자유의지까진 아니더라도 정말 인간의 지능과 가장 흡사하게 보일 수 있는 것까지 수준까지 올라갈 거라고 저는 생각을 해요. 저는 개인적으로는 그렇게 생각을 하지만, 다만 동시에 그렇게까지 되게 놔두면 안 된다라고 굳세게 믿는 사람이거든요. 왜냐하면 그쵸, 자유의지마저 미믹킹 할 것 같아요. 연산능력이 너무 뛰어나다 보면 그 수준까지 올라갈 거라고 생각을 하고, 그게 왜 위험하냐면 인공지능이라는 건 이런 표현을 제가 자주 하는데, 화살 같아요. 활시위를 떠나면 화살이 돌아오지 않는 것처럼, 한

번 방향성을 지니면 그건 되돌아오지 않거든요. 그러니까 얼마 전에 그 열여섯 시간 만에 셧다운 된 거 뭐였지? 갑자기 이름이 생각이 안 나.

한재권 아아, 구글에서?

박상준 네네.

엄윤설 아, 예. 그런 식으로 그게 뭐였냐면

한재권 채팅하는 거(?)

엄윤설 음, 한번 욕설을 배우더니 그게 그쪽으로 영 나가버리더라는 거죠. 그래서 열여섯 시간 만에 셧다운을 시켰다고 하더라고요. 그런 식으로 처음에 방향을 세팅을 잘 해야 되는데, 사실 인간이 이렇게 다양한 사람들이 있는데, 그게 그렇게 쉽게 세팅이 마음처럼 선한 의지로 세팅이 될 것이냐. 저는 그렇게 생각하지 않거든요. 본체 의심이 많아요, 저는. 그래서 어느 정도, 예를 들어서 인공지능이 1세부터 10세까지 10단계까지 놓고 보면, 저는 한 6~7단계, 말씀하신 대로 굉장히 classification을 잘 하는 기계 수준을 넘어서게 놔둬서는 안 된다라고, 법제화를 시키든지, 우리는 지금 그 얘기를 시작해야 될 때라고 저는 생각을 해요.

김명석 무인자동차를 '자율자동차'라고 부르던데, 이 '자율'이 정확히 무엇의 번역인지 모르겠어요.

엄윤설 그죠. autonomous의 정의…

김명석 매우 자동화된 자동차일 뿐인 것을 '자율자동차'라고 부른다고 저는 생각해요. 이런 의미의 자율자동차를 도입할지 말지에 대해서도 여전히 논란이 있더라고요. 몇몇 사람들은 이걸 도입해선 안 된다고 주장해요. 보조운전사가 항상 동석해야 된다는 규정을 두어야 한다는 분도 있어요. 아주 먼 미래까지 안 가더라도 당장 이런 자동차에 관련해서는 보다 깊은 논쟁을 계속해야 합니다.

　제가 아는 철학자는 현재의 인공지능 수준도 어느 정도 자율성을 갖고 있다고 봐야 여러 기술 현상들을 설명할 수 있다고 주장해요. 예를 들어, 현재 기술 수준의 자율자동차가, 외부 시스템과 단절된 채, 구글의 시스템이든 아이비엠의 왓슨이든 인공지능을 장착해서 돌아다니다가 사고를 냈다고 생각해 봐요. 이 사고를 설명하는 방법들 가운데 하나는 이 자동차 인공지능에게 약간의 자율성을 부여하고 그 인공지능에게 책임을 부여하는 겁니다. 자동차 제조사, 자동차의 인공지능 프로그래머, 자동차 구매자뿐만 아니라 인공지능에도 일정 정도 자율성을 부여하여 책임 귀속을 분담해야 한다는 겁니다. 물론 만일 인공지능에 자율성을 전혀 부여하지 않는다면 사고의 책임 분담은 조금 더 단순해지겠죠.

　저는 현재의 인공지능에게는 약간의 자율성조차도 부여할 수 없다는 견해를 갖고 있어요. 하지만 인공지능을 장착한 채 운동하는 로봇 시스템에게, 인간 수준의 자유의지는 아니지만, 실용과 현실의 차원에서 약간의 자율성을 부여해야 한다는 데 조금은 동의해요.

　엄윤설 지금 자율성이라는 단어를 쓰셨는데, 사실은 자율성의 가장 중요한 핵심 포인트는 자기 의지를 가지고 판단을 한다는 거잖아요. 근데 인공지능은 인공지능이라고 표현을 하는 게 말 그대로 프로그래머의 손끝에서 그가 코딩하는 대로, 그가 정의를 해놓은 대로 그 연산법칙 대로 따라가는 게 '인공'지능인거고, 그게 자율성을 가지는 순간 인공지능이 아니라 '지능'이 되어버립니다. 제가 보기엔. 그러면 저는 그렇게 지능으로 가게끔 놔둬서는 안 된다고 생각을 하는 편인 거죠.

　박상준 약간 정리를 하자면, 엄 선생님께서 재밌는 말씀을, 표현을 해주셨는데, 그렇죠, 기계가 정말 스스로 학습하고 더 나아가서 스스로 판단하게 되면 불가능하진 않다고 전 생각해요. 그게 언제가 될진 모르지만. 그렇게 되면 인제 더 이상 인공지능이 아니라 지능이야, 맞죠, 지능이 되죠. 그런데 사실 공학자들 또는 과학기술 분야에서 추구하는 거는 거기까지 가는 거라고 저는 생각해요.

한재권 거기까지 가는 게 목표죠.

엄윤설 목표죠. 그렇겠죠?

박상준 그렇죠? 그렇죠. 거기까지 가게끔 노력들을 하시는 거잖습니까. 스스로 판단하고 새로운 거를 자기가 이렇게 저렇게 해가지고, 어떻게 보면 인간이 제3자로서 예측하지 못했던 또는 인간이 당연하다고 생각하는 걸 개도 스스로 하려고 하고, 이런 상태까지를 지향할 텐데⋯⋯. 야, 이거는 엄 선생님께서 명확하게 결론적으로 '그건 용납해선 안 돼'라고 말씀하셨는데, 저도 사실 그쪽에 많이 가까워요. 근데 또 한편으로는 용납할까 말까 걱정하지 않아도 될 거라고 생각도 해요. 제가 살아있을 때는 거기까지 안 갈 거니까. (일동 웃음)

그렇지만 아까도 말씀드렸듯이 이른바 자율주행자동차는 분명히 제가 살아있을 때 굴러다닐 거 같거든요? 여기 김윤명 선생님 글에 이런 이야기가 나와요. 법률가들은 법적인 주체로서 인공지능을 인정할 것인가 말 것인가 이런 거를 고민하고 있다고요. 그런데 우리가 고민해야 되는 게, 지금 김 선생님께서 말씀해주신 것처럼 향후 10년, 20년 내에 자율주행자동차가 돌아다니다가 사고를 내게 되면, 분명히 사고는 날 텐데, '책임을 누구한테 물을 거냐'라는 거잖아요.

근데 오히려 역설적인 게, 자율주행자동차를 법적인 어떤 주체로 인정하게 되면, 그게 법률상으로 필요하다고 논의가 되는 것 같은데 그렇게 되면 저는 걱정스러운 게, 그런 자동차를 만드는 메이커들, 산업체 이런 쪽은 오히려 책임을 더는 게 되기 때문에, 개발을 오히려 가속화시킬 거라는 거예요. 메이커가 책임을 100% 지게 된다면 제품 출시에 있어서 경제적인 이유를 앞세우지 않고 제품의 과학기술적인 완성도를 먼저 고려하지 않을 수 없겠죠. 그런데 자율주행자동차가 주체가 되어 생산자가 법적인 맥락에서 책임을 조금 덜 수 있다면, 개발 속도가 더 가속화되는 게 아닐까, 이런 복잡한 문제가 생길 것 같아요.

김명석 무인자동차가 어떻게 움직일지 우리가 예측할 수 있다고 가정하는 분이 있을 겁니다. 하지만 기술 발전의 속도로 봤을 때 그것을 예측할 수 없는 경우들이 생기게 될 겁니다. 자율자동차라는 것이 단순히 도로의 모든 상황을 우리가 미리 예측해서 그 상황에 맞게 자동차가 반응하도록 프로그램한 것이 아니거든요. 새롭게 닥친 상황에 맞게 자기가 계산하여 대응하도록 만든 것이 자율자동차거든요. 결국 자동차 제작자도 예측하지 못하는 사례들이 많이 생겨날 것입니다.

저의 견해는 예측되지 않는 종류의 기술 시스템은 만들지 않는 것이 좋다는 쪽입니다. 이것이 공학윤리의 정신입니다. 공학윤리에 따르면 새로운 공학 제품 또는 기계가 향후 인간의 안전에 해를 미칠 가능성이 있다면, 공학자들은 사전에 이를 최대한 방지하도록 애써야 해요. 하지만 현재의 인공지능 기술은 인간의 예측 불가능성을 열어 놓는 기술입니다. 이런 맥락에서 인공지능 로봇이 등장했을 때 많은 이들이 이것을 기존 공학윤리 담론으로 설명하고 대응할 수 없다고 생각합니다. 이들은 공학윤리 그 너머의 윤리가 필요하다고 주장합니다. 그래서 '로봇 윤리'라는 새로운 분야가 나왔어요.

저는 현재 수준의 인공지능 로봇은 단순히 공학윤리의 관점에서 기술하는 것으로 충분하다고 생각합니다. 제 예상과 달리, 정말로 자율성을 가진 로봇이 만들어질 수 있다면, 우리 사회는 그것이 만들어지지 않도록 막아야 한다고도 생각해요. 하지만 그런 로봇이 만들어질 수 있다면, 결국 언젠가 만들어지게 될 거예요. 공학자들과 기술자들은 그것을 막을 수 없을 겁니다. 그런 로봇이 실제로 등장하게 되었을 때 우리는 공학윤리라는 담론 그 너머의 담론이 정말로 필요하게 될 것입니다.

박상준 지금 우리가 자연스럽게 제가 드린 메모의 세 번째 이야기를 하고 있는 건데요, 어쨌든 로봇 개발에 직접 참여하고 계신 입장에서, 좁게는 공학윤리겠지만 넓게는 윤리가 될 수 있고 또는 법이라는 맥락에서 기술개발에 제동을 거는 식으로 뭔가 들어올 수 있지 않습니까, 그런 상황에 대해서 어떻게 생각하시는지 말씀 좀 들어보고 싶어요.

한재권 제동을 어떤 식으로 어떻게 걸어야 될지는 저도 잘 모르겠지만, 필요하다라는 생각은 항상 하고 있거든요. 왜냐하면 지금 인공지능이라는 게 학습을 기반으로 하고 있는 시스템이기 때문에 프로그래머들도 사실은 얘가 어떤 결론을 내릴지 모릅니다. 그냥 그 판단의 레이어만 설계를 할 뿐이지, 그 레이어들을 거쳐서 나온 결과가 과연 얘가 어떤 답을 찍을지는 그 프로그래머, 자기가 만들어줬지만 모르는 거예요. 그렇게 때문에 그 윤리 문제가 발생되었을 때, 내가 프로그래먼데 '나는 얘가 이렇게 행동할 줄 몰랐어'라는 말을 할 수밖에 없는 거거든요. 지금의 딥러닝 학습시스템 기반으로 얘기를 한다면요. 그러면 이거는 누구도 책임을 질 수 없는 상황이 벌어지는 거기 때문에, 어떤 식으로든 기술에 대해서 뭔가 아시는 분들과 같이 이거는 해서는 안 된다, 이거는 해야 된다를 좀 지도를 할 필요가 지금 있다라고 생각을 해요. 그게 만약 5년이 지나고 10년이 지나면, 그거는 기회조차 상실한 상태가 될 것 같아요. 지금이 오히려 그거를 길을 잘 잡을 수 있는 유일한 시기가 아닌가라는 생각까지 갑니다.

박상준 이세돌 알파고가 바둑을 뒀을 때 알파고의 다음 작전은 70억 인류 누구도 모르는 거였단 말예요. 이세돌이 제일 잘 두는 사람 중의 한 명이니까. 그런데 그 맥락에서는 십분 이해가 가는데요 선생님. 의학 쪽에서는 아까도 설명해주셨지만, 그걸 우리가 몰랐다고 말해버리면 수술 받던 환자가 죽을 수도 있잖아요. 그러니까 다른 얘길 하실 수밖에 없을 것 같아요. 다른 생각을 하실 것 같고.

황희선 수술 로봇 보다는 자율로봇 그 자율주행자동차를 얘기해 볼게요. 원전기술문서를 보셨는지 모르겠는데, 굉장히 방대하거든요. 얘는 센서가 어디서 어디에 위치해 있어야 되고, 열이나 방사선에 얼마까지 견뎌야 되고 세세하고 방대하게 나와 있어요. 안전이 최우선이니까요. 제 생각에 무인자동차도 똑같이 그런 기술문서를 만들어 놓고 법제화시켜서 이 녀석은 이걸 꼭 만족시켜라. 근데 이 외에는 서라. 가지 말고 서라. 그러니까 이걸 지능으로 넘어갈 정도까지 필요하고 뭐 공학윤리가 필요할 것까지 갈 정도의 그 시스템은 아닐 거라고 저는 생각을 해요.

박상준 산업계 논리 맥락에서, 원전과 비슷한 양상으로, 그걸 꼭 규율이라고 말할 건 아니지만 뭔가 만들어질 거다⋯⋯.

황희선 안전을 담보하는 거죠.

엄윤설 그죠. 사실 저도 그렇게 돼야 된다고 저도 생각을 합니다. 사실은 기술은 항상 오류를 가지고 있잖아요. 기술의 오류를 기술로 잡으려고 그러면 그건 끝도 없어요. 도돌이표기 때문에 사실은 기술의 문제는 인문학적인 법이라든가 제도, 규율, 규범, 에티켓, 기타 등등 그런 걸로 제어를 해야 되기 때문에 지금 선생님 말씀처럼 진짜 모든 것을 매뉴얼을 최대한 원전처럼 최대한 만들어놓고 이걸 만족시키게 해라. 안 그러면 정말로 말 그대로 그땐 서라는 식으로 그렇게 규제, 규범으로 잡아야 할 거라고 거기에 동의합니다 저는.

박상준 저도 선생님 말씀에 100% 동의해요. 근데 이제 그건 우리 바람이지.

엄윤설 맞아요. (웃음)

박상준 '실제로 그게 될까?'에는 저는 회의적이에요. 왜 그런 말씀을 드리냐면, 작년 재작년 두 해인지 그 전 두해인지는 모르겠는데, 제가 본 뉴스 중에, 사회의 오피니언 리더들, 전 세계 차원의 이런 사람들이 UN에다가 청원인가 선언 같은 걸 했어요. 소위원회를 만들어서 킬러머신들,

한재권 / 엄윤설 킬러로봇방지위원회.

박상준 그렇죠, 네. 킬러로봇을 방지하자고 요구를 하고 있단 말이죠. 근데 제가 알기로는, 뭐 구체적인 액션이 있는 건 아니지 않았나 싶습니다.

한재권 회의를 몇 번 가진 걸로 알고 있습니다.

박상준 그게 얼마나 실효가 있겠냐는 거예요. 왜냐하면 킬러로봇을 만드는 주체는 사실 국가잖습니까. 이건 기업도 아니고 국가라는 거예요. 그리고 국가라는 게 예컨대 미국을 놓고 보자면 군산복합체가 아주 강력한 파워를 갖고 있는 거고, 그럼 이 사람들은 사실상 제3세계 어디

에서 사람 몇 명 죽어도 이건 별 의미가 없다고 생각하는 사람들이기도 한 거잖습니까. 그러니까 우리가, 저도 인문학자지만 인문학자로서의 바람, 또는 안 된다는 어떤 금지, 소망, 이런 건 피력할 수 있어도, 현실에서 킬러로봇이 그렇게 개발되고 발전되는 걸 보자면 국가만큼은 아니어도 지금 사실상 웬만한 국가보다도 더 파워가 센 다국적기업들이 시장을 스스로 개척하면서 그 상품성을 확실히 인지했을 때, 거기에 제동을 걸 수 있겠냐라는 거예요, 시민사회에서. 정말 쉽지 않은 문제 같다는 생각이 들어요. 회의적이에요. 많이요.

한재권 그렇지만 '그게 유일한 방법이다'라고 또 생각이 드는데요. 그 이외에 또 방법이 있을까? '정치권력이 유일하게 경제권력을 제어할 수 있는 힘 아닌가?'라는 생각도 하거든요.

엄윤설 그게, 제 생각은, 물론 저는 로봇공학자는 아닙니다만 사실은 지속성의 문제도 있고, 결국은 기술은 계속 발전하기 마련이니까 나올 거라고 생각을 하고. 교수님 말씀하신 것처럼 결국은 국가단위로 움직이고 있고, 방산업체가 움직이고 있고, 그러니 결국은 나오겠죠. 나올 거라고 생각은 하지만, 동시에 사실은 핵무기처럼 억제할수 있지 않을까 생각을 합니다. 핵무기에 관련한 핵조약이 있고, 그걸 우리가 동시에 모두 다 못쓰게 묶어 놓고 억제를 하고 있는 것처럼, 그런 지금 다른 정치적인 액션이나 법조항적인 액션으로 그걸 막아야 한다라고 그게 유일한 방법이라고 저는 생각을 하고 있어요. 그러니까 결국은 전쟁이라는 걸 억제할 수 있는 힘이라는 거는, 사실은, 이건 제 생각입니다만, 공포와 윤리의 균형이라고 생각을 해요. 그러니까 전쟁의 공포, '너 핵무기 쓰면 나도 쓴다. 우리 다 죽는 거야. 그러니까 우리 다 아무도 쏘지 말자.' 이렇게 공포로 억누르는 것 하나랑, 그 다음에 나머지는 인간의 윤리에 호소하는 거죠. '봐, 얼마나 비참해. 우리 하지 말자.' 결국은 킬러로봇에 관련한 조항도 결국은 핵무기와 비슷한 전처로 그렇게 억제력을 가지고 국제사회적으로 억누르려고 해야 하지 않을까. 나오긴 하겠지만. 나오는 걸 막을 순 없겠지만. 그렇게 가지 않을까 생각합니다.

한재권 나오긴, 존재는 하는데, 쓰지 않는 방향으로 어떻게든 가보자 하는 건데, 참 아이러니하고……

엄윤설 힘들죠, 힘들죠. (웃음) 압니다. 힘들죠.

박상준 과학기술자들이 개발을 하겠죠. 나중에 어떤 성과들이 어떻게 조합돼가지고 가공할 무언가가 나오게 되더라도, 그거 생각하지 않고 자기 분야에서는 계속 연구개발을 하실 거 아닙니까. 그죠? 그걸 막을 순 없는 거고. 막을 필요도 없고…….

김명석 실제로 각 분야에서 멈추지 않고 경쟁을 계속하는 것 같아요. 의료분야에서도 진단과 치료에서 인공지능 로봇 의사가 사람 의사보다 낫다는 것이 드러나면 그 방향의 기술 개발은 멈추지 않을 겁니다. 군사 분야에서도 부대를 어떻게 배치하고 어떻게 이동하는 것이 나은지 인공지능으로 계산하는 것이 승전 확률을 더 높일 수 있다는 것이 드러나면, 사령관들의 판단보다 인공지능의 판단에 더 의존하게 될지 모릅니다. 미사일을 쏘든 총을 쏘든 살인로봇을 배치하든, 인공지능의 판단에 맡기는 것이 자기 나라의 승리 가능성을 높인다는 인식이 확산되면 군사 전략 전반에 인공지능이 도입될 겁니다.

다시 말해 군사 전략이든, 의료든, 법정의 판결이든, 학술 논문이든, 수행 능력이 더 높은 쪽으로 옮겨가는 것을 막기는 어렵습니다. 이 지점에서 우리는 기술에 대한 인간의 통제력 자체를 의심할 수밖에 없습니다. 가령 우리는 인터넷을 만들었지만, 이 세계의 누구도 "이제부터 모든 인터넷을 끄자"라고 말하지 못할 겁니다. 인터넷을 끄면 군사 안보 및 경제 등 거의 모든 게 마비되기 때문에 끌 수가 없어요. 매우 넓게 퍼져 있는 기술 시스템 때문에 사람은 기술에 철저하게 의존해 있어요. 여기에 인공지능 로봇이 더해질 때, 우리 인류가 기술을 통제하는 것은 거의 불가능할지 몰라요. 우리 스스로 자포자기할 수밖에 없는 상황까지 갈 겁니다.

이런 상황에서 우리가 기술에 대한 통제력을 조금씩 높이도록 노력하자라고 말하는 것이 합당한지 모르겠습니다. 현재의 기술 발전 방향으로 보면 거의 답이 없는 상태입니다. 학교에서 기술의 문제를 그다지 가르치지 않아요. 교육 당국과 학부모가 서로 합작하여, 우리 아이들의 수행능력을 높여주려고 엄청난 돈을 쏟아 붓고 있지만, 과학기술에 대한 우리 인간의 통제력이나 우리 기술문명에 대한 반성 능력을 키우는 데는 별 관심이 없는 것 같아요.

엄윤설 저는 그래서 학교에서 그거 시작해야 된다고 생각합니다. 공학만, 공학적으로만 그렇게 더 뛰어난 기술을 만들어내자 그쪽으로만 더 치우칠게 아니라, 사실은 모든 것은 균형이잖아요. 균형이 제일 중요한 거니까. 기술이 그렇게 발전하는 만큼 사실은 인문학도 같이 발전을 해야 되는 거기 때문에 뭐 구체적으로는 법제도라든가 그런 쪽으로 같이 발전을 해야 되는 거라서 지금 사실 한 박사가 했었던 얘기도 지금 그 얘긴 거 같아요. 지금이 유일한 찬스고, 지금 이제 우리는 논의를 시작해야 된다라고 생각을 하는 거죠.

박상준 네, 좋습니다. 약간 포인트를 바꿔서요, 지금 우리가 사실 법의 문제, 또는 사회 전체 차원 인류 전체 차원에서의 규율 문제를 좀 이야기했는데요, 이제 경제 차원도 보면 좋겠습니다. 경제적인 측면에서 로봇의 발전이 경제에 미치는 긍 / 부정적인 두 측면이 다 있겠죠.

한재권 그건 이제 하도 많은 분들이 말씀을 하셔서 명확해지고 있는 것 같습니다. 일이라는 걸 보면, 사람이 할 만한 일이 있고, 저거는 사람이 인간의 존엄성을 해치는 일이다 싶은 게 좀 있고, 또는 저거는 사람이 하기엔 너무 위험한 일이다 뭐 이런 분류가 있는 것 같습니다. 다시 말해서 사람이 할 만한 일과 사람이 하기엔 좀 적합하지 못한 일이 있는데, 사람이 하기 적합하지 못한 일들을 다 로봇으로 대체하라는 거죠. 그랬을 때, 결국에는 사람들에게 좀 더 행복지수를 높여주는 식으로 로봇이 발전해 나갈 수 있다라는 긍정적인 측면이 확실히 있긴 합니다. 이거는 로봇의 긍정적인 면을 선전하는 거죠. 사실 그건 포장지고, 내면을 들여다보면 결국에는 경제권력을 습득하려고 하는 치열한 경쟁이라고 저는 생각을 합니다. 다시 말해 지금 한정된 재화를 누가 얼마나 더 많이 가져갈 것이냐라는 게임을 하고 있는데, 이때 로봇을 사용하면 압도적으로 이길 수 있는 거죠. 왜냐하면 로봇은 인건비도 안 들죠, 초기 투자비만 들이면, 사람은 경쟁이 안 될 만큼 굉장한 부가가치를 창출하거든요. 그렇기 때문에 특히 글로벌 기업들, 부자가 될 욕심이 많은 기업들, (웃음) 그런 기업들이 자기가 갖고 있는 모든 역량을 총동원해서 개발을 하고 있는 것 같습니다. 지금 계속 무인자동차 얘기가 나오고 있는데, 무인자동차만 하더라도 그거 구글이 만들어서 팔겠습니까? 저는 안 팔 가능성이 높다고 생각해요. 무인차를 가지고 택시를 만들고, 화물트럭을 대체하고, 이렇게 해서 구글이 유통업과 운수업을 다 지배하겠다라는 생각을 가지고 있을 거라고 봅니다. 무인택시가 항상 집 밖에 대기하고 있다면, 사람들이 뭐 하러 차를 소유하겠습니까? 내가 원하는 시간에 딱 차가 부르면 차가 와 있고 원하는 데까지 갈 수 있는데, 항상. 그런 식으로 아예 경제의 패러다임을 바꾸는 이 힘을 갖게 되는 게 로봇이거든요. 결국에는 글로벌 기업을 더 크게 만들고, 아예 지금 갖고 있는 한정된 재화의 집중 현상을 그것을 굉장히 가속화 시킬 것이다.

엄윤설 지금과 같은 경제 모델이라면 부의 집중도가 더 심화될 것이다 그 얘기죠.

한재권 빈익빈부익부 현상은 정말 극대화 되고 양극화 현상은 정말 끝까지 없이 갈 수도 있다라고 생각합니다.

박상준 어떻게, 좀 더 말씀해 주시죠.

김명석 과거의 기술과 달리, 현대 기술 시스템은 대기업과 국가의 대규모 연구개발을 통해서만 만들어질 수 있어요. 어쩌면 현대 기술 시스템을 만들기 위해서 대기업이나 다국적 기업이 나타났는지 모릅니다. 현대의 기술 시스템은 20세기 이전의 수공업이나 기업 구조로는 나올 수 없어요. 우리가 지금 누리고 있는 기술 제품들은 적어도 수십 수백 조 원을 동원할 수 있는 기업과 국가 없이는 만들어질 수 없어요. 부와 자본의 집중화는 우리가 누리고 있는 현재의 삶을 특징짓는 긍정의 측면이 있다는 것을 부인할 수 없다고 저는 생각합니다. 무인자동차로 운영되는 미래 교통 및 물류 시스템도 구글이나 아마존 정도의 자본과 기술 동원력을 가진 기업만이 개발할 수 있겠죠.

로봇의 출현으로 우리가 고민해야 할 문제는 오히려 분배의 문제가 아닌가 생각해요. 국가가 부를 얻은 기업으로부터 세금을 거두어서 어떤 방식으로 분배해야 공동체의 구성원들이 더불어 잘 살 수 있는지를 고민해야 합니다. 기계와 인간의 대결 같은 담론들은 크게 중요한 담론이 아니라고 생각해요. 기계를 개발하고 개선하는 일은 우리 인간의 몫으로 여전히 남아 있을 겁니다.

국가의 역할들 중에는 로봇 개발에 자본을 집중하는 일보다 더 중요한 역할이 있습니다. 국가는 이윤을 창출한 기업들로부터 세금을 거두어 각 개인이 자기 개성과 창의성을 발휘할 수 있도록 뒷받침해주어야 합니다. 사회의 구성원들 대부분을 협력하고 혁신을 도모하는 시민으로 길러내는 데 자본을 투입해야 합니다. 국제기구 같은 곳에서는 세계 환경의 지속과 세계 시민의 공동 성숙을 위해 애써야 할 일이 많습니다. 인간과 기계 사이의 대결에서 각 개인이 로봇을 이기기 위해 무엇을 해야 하는지의 담론은 문제의 핵심을 놓치고 있습니다. 로봇 기술 시스템이 확산될 때 정치경제 문제가 정말 중요한 문제가 될 것입니다.

한재권 빈익빈부익부가 극대화 됐을 때 그것을 어떻게 분배로 해결해 나갈 것이냐, 그래서 핵심은 분배에 초점을 맞춰야 된다.

김명석 맞습니다.

엄윤설 그런데 한편으로는 굉장히 회의적인 게 (웃음) 과연 인간의 탐욕이라는 게 그것을 가능하게 할 것인가 하는 생각을 하면은 또 물음표가 생기긴 합니다, 저는.

한재권 그러면 결국엔 정치가 경제를 간섭을 해주고 견제를 해줘야 되는데, 현재는 이 경제권력이 너무나 막대해져서 정치권력까지 다 압도되어 버리는 현상을 지금 보고 있죠. 너무 두려운 것 같아요. 그 부분이…

박상준 저런 건 어떤가요. 질문을 한 가지 드리자면, 예컨대 스마트폰 시장을 생각해보면요……. 애플이 아이폰 시리즈를 내놓고, 전 세계적으로 인기를 끌 때는 '어 애플이 세계 시장을 완전히 장악하겠어' 싶었단 말예요. 근데 어쨌든 삼성이 꿋꿋하게 자기 자리를 지키고 오히려 시장점유율 면에서는 애플을 능가하기도 하고, 거기다가 또 중국도 요새 기업들이 새로 나와서 전체 판을 흔들어 놓고 있지 않습니까. 이런 말씀을 왜 하냐면, 아까 한 선생님 말씀 들을 때는 지금까지의 다국적기업 하고는 비교가 안 될 정도의 어떤 슈퍼 울트라 다국적 기업, 이런 걸 걱정해야 되나 생각을 살짝 했었는데, 적어도 스마트폰 시장의 최근 동향을 보면 그렇지는 않았단 거예요. 최첨단 기술이 어떤 한 기업에 의해서 주도되는 상황에서도 금세 또 다른 기업들이 그걸 따라잡아서 일종의 세력균형을 이뤄줬는데, 로봇 쪽은 어떨까 싶은 거죠. 기술적인 맥락에서든 여러 가지 환경면에서든, 저의 진단이 맞든 틀리든, 스마트폰 시장에서처럼 그런 상황으로 이렇게 독과점적이기는 하지만 경쟁 체제가 성립될지, 아니면 그렇지 않고 구글이 됐든 뭐가 됐든 간에 정말 전 지구 차원의 하나의 대표적인 기업이, SF에서 보듯이 말이죠, 완전히 시장을 장악하게 될 수도 있을지, 이러한 부분이, 로봇을 실제로 개발하고 하시는 입장에서 보실 때는 어떤 것 같으세요? 황 선생님 먼저 말씀해주시죠.

황희선 수술 로봇에서는 모든 수술 분야는 아니지만 다빈치라는 수술 로봇을 사용할 수 있는 수술에서는 처음 만들었던 회사가 갑입니다. 왜냐하면 기술도 기술이지만 특허를 다 장악했거든요. 어떻게 할 수가 없어요. 그 분야에 들어가려고 하면, 그렇죠. 그런 걸 방지하고 싶으면 특허제도를 없애버리면 되죠.

(일동 웃음)

박상준 기술개발 관련 특허제도를 염두에 두면, 정말 하나의 기업이 로봇 산업 전체를 장악하는 것도 있을 수 있는 일이다?

한재권 한 파트에서만요. 그렇죠.

박상준 기본적인 파트에서 분명히 이미 전개되고 있다, 이런 말씀이신 거죠?

한재권 네.

김명석 과거에 미국 기업과 일본 기업들은 자기 나라에는 땅도 비싸고 임금도 비싸니까 값싼 노동력과 값싼 부지를 찾아 외국으로 나갔어요. 폭스콘 같은 다국적 기업은 중국, 베트남, 인도 등에 공장을 지어 낮은 임금으로 기술 제품들을 생산하고 있어요. 저는 산업과 자본의 이러한 세계화가 세계 경제에 순기능을 한다고 생각해요.

하지만 한 조사에 따르면, 외국에 공장을 두는 것의 장점이 점차 줄어든다고 해요. 그래서 가령 미국이, 자기 공장들을 미국으로 옮기고, 인간 노동자 대신에 로봇으로 제품을 생산한다고 생각해 봐요. 이렇게 될 경우 새로운 종류의 문제가 생길 겁니다. 요즘 많은 지식인들이 세계화나 신자유주의를 비판하죠. 하지만 세계화 덕분에 중국, 인도, 베트남 등 제3세계가 점차 부를 늘리고 있어요. 한국이 대표적 사례죠.

로봇 특허와 제조 기술을 가진 구글, 애플, 테슬라 같은 회사가 애국심으로 똘똘 뭉쳐 미국에 로봇 공장을 만들고, 그 로봇들이 일하는 자동화 공장을 만든다고 생각해 봐요. 그리고 값싸고 질 좋은 그들의 제품들이 세계 시장을 점차 점령하게 된다고 생각해 봐요. 제3세계 국가가 수

출로 돈을 벌 가능성은 낮아집니다. 결국 부가 한 나라에게 집중될 가능성이 더 높아지겠죠. 한 나라가 부를 독점하지 못하게 하려면, 국제 세금 같은 것을 고민해야 할지 모르겠습니다. IMF, WTO, UN 같은 국제기구들은 세계의 시민들이 함께 잘 살 수 있는 길을 더 많이 고민해야 할 겁니다.

박상준 지금 김명석 선생님 말씀은 사실 대단히 비관적인 전망인 건데 그 실제 위험이 벌써 진행되고 있는 것 같더라고요. 최근 뉴스에 나온 게 뭐가 있냐면 미국 제조업이 다시 부흥한다는 거예요. 지표상으로 다시 올라오고 있는데, 그걸 가능케 해주는 게 로봇이에요. 생산공정 자동화. 이게 예전보다 훨씬 더 고도화되면서 해외 제조 시설에 맡겼던 거를 회수할 수 있게 된 거죠. 훨씬 적은 인력으로 미국 내에서 공장을 돌릴 수 있게 되니까, 제3세계 공장들을 철수하기 시작했다는 거예요. 지금 이야기된 현상이 벌써 진행되고 있는 거죠. 근데 그거를 UN 차원에서……. (웃음) 글쎄요. 저는 국가 차원에서 컨트롤하는 것도 사실 대단히 어렵다는 생각이 들어요. 저는 삼성 같은 경우는 이미 대한민국 권력 위에 있다고 생각을 하거든요. 구글은 어느 나라 권력에도 컨트롤 받지 않을 수 있다고 저는 생각을 해요. 이런 상황인데, 우리가 '국가 혹은 UN은 이렇게 컨트롤할 수 있어' 이렇게 보는 것은 정말 기대하기 어렵다하는 생각이 들어요.

한재권 그 로봇기술은 조금 더 특징이 있는 게, 지금까지 하곤 다르게 인간이 소외될 가능성이 있는 기술이다라는 게 특징이죠. 아까도 미국 내 제조업이 들어왔다면 미국 사람들은 좋아해야 되느냐.

엄윤설 딱히 그렇진 않고.

한재권 I don't care인 거예요. 나와는 관계없는 일이다. 거기 있든, 여기 있든 어차피 나를 고용해 주는 건 아니니까. 그렇게 특징이 인간이 소외될 수 있다는 게 문제가 있어 갖고, 아무튼 부와 권력의 집중현상을 더 가속시키는 도구인 거는 분명하다라는 생각은 계속 듭니다. 그러면 이거를 그냥 가만히 보고 '그럴 수밖에 없어'하며 포기할 문제냐. 과연 대안은 없는 거냐. 과연 어떤 방법, 새로운 아이디어는 없을까? 뭐 이런 고민을 해야 되는 시기인 것도 확실한 거죠.

김명석 현재 미국에는 핵심 기업들도 많고, 정치의 발전 속도도 꽤 빠른 것 같아요. 기술 집약 기업들이 더욱 미국으로 몰리고, 미국이 정치 및 사회 혁신까지 이루어, 유럽보다 더 뛰어난 사회복지제도를 구현했다고 생각해 봐요. 전 세계에서 끌어 모은 자본으로 미국 시민들에게 기본 소득을 나누어준다고 생각해 봐요. 이 경우 다른 나라는 더욱 더 못 살게 되고, 미국은 더욱 더 잘 살게 될 겁니다. 이것이 우리가 맞게 될 미래 로봇 문명의 한 모습일 가능성이 있습니다.

우리나라도 과학기술의 진보를 위해도 당연히 애써야 하겠지만, 정치 및 사회 혁신에도 박차를 가해야 한다고 생각해요. 또한 시민들이 기술에 대한 이해도를 높일 수 있도록 국가가 도와주어야 해요. 로봇이 우리를 소외시킬지, 로봇이 우리를 어떤 문명으로 이끌어줄지, 우리가 어느 수준의 로봇까지 개발해야 할지 등의 담론들에 시민들도 참여할 수 있어야 하겠죠. 미래 로봇 기술 시스템에 맞는 정치 및 경제 구조가 어떠해야 하는지에 대한 초학제 연구도 앞으로 많아져야 할 겁니다.

한재권 그래서 필요충분조건은 아니지만 그나마 좀 가능성 있는 게 아까 말씀하셨던 기본소득제. 기본소득제가 어느 정도는 정착되어야 다

251

가오는 4차 혁명, 로봇 세상에서 인간이 최소한의 존엄성을 유지할 수 있다라고 저는 생각하는 사람 중에 하나입니다. 물론 기본소득제가 뭐 만병통치약이냐? 이건 또 아니겠죠. 그렇게 되면 또 인간의 게으름에 대한 고찰 이런 게 있어야겠죠. 과연 우리나라는 기본소득제를 도입했을 때, 이걸 받아들일 준비가 되어 있느냐. 사회 역량 같은 것들…

박상준 죄송한데, 잠깐만요.

한재권 경제 얘기가 나와 갖고. (웃음)

박상준 아니, 사회 보는 입장에서 시간도 고려하고 해야지요……. 일단 요건 나중에 정리할 수 있을 것 같은데요. 아주 중요한 얘기지만 우리 주제에서는 약간 거리가 있으니까, 다시 또 들어오게 되면 그때 이야길 하시죠.

넓은 의미의 문화, 로봇 관련 문화가 어떤 게 되어야 할지 이야기해 보죠. 김 선생님께서도 '로봇기술에 대해서 시민들이 사람들이 좀 더 알아야 된다' 이런 말씀을 하셨잖습니까. 그리고 엄 선생님께서도 처음부터 계속 '로봇기술의 발전에 대해서 어떤 제한이 있어야 된다'는 생각을 말씀해 주셨고요. 이런 것들을 포함해서, 그러니까 좁은 의미에서 말하는 문화, 대중문화 이런 게 아니라, 로봇과 관련된 우리들 모두의 지식이라든가 관심이라든가 사고라든가를 포괄하는 넓은 의미의 문화라고 했을 때, 그 로봇문화가 지금 현재 어떤 수준인 것 같고, 한국에서의 로봇문화의 수준은 어떤 거고, 바람직한 로봇문화는 어떤 것이어야겠는지 그런 말씀을 조금 해주셨으면 좋겠어요.

황희선 어휴.

엄윤설 (웃음) 왜요.

(일동 웃음)

황희선 저한테 굉장히 어려운 얘긴 것 같아요.

박상준 선생님께서 하시는 일에 대해서 선생님의 가장 가까운 지인 분들이 어느 정도 알아야 된다고 생각하시는지, 이렇게 바꾸셔도 되죠.

황희선 제가 생각하는, 말이 맞는지는 모르겠지만 너무 사람들이 SF, 만화 그거에 너무 익숙해져 있는 거예요. 실제 만든 로봇을 보면 이정도의 로봇이라고 하면 '에이, 이게 뭐야.' 굉장히 실망을 하시거든요. 그게 누가 잘못은 아니겠지만 그게 기술자로서 좀… 그렇고요. 로봇문화를 뭐라고 표현해야 할지…

엄윤설 저는 한 가지 안타까운 거는 이건 문화라고 정확하게 표현을 할 순 없을지 모르겠는데, 약간 교육과 관련이 돼 가지고, 말씀드리고 싶은데요. 요즘 강연을 다니면 알파고도 그렇고 뭐 그전에 다르파챌린지도 그렇고 요 근래에 들어서 로봇이 정말 핫한 분야로 뜨기 시작해서 학부형님들이 관심이 굉장히 많으세요. 강연을 가면 굉장히 많은 어머님들 혹은 아버님들이 항상 하시는 질문이 거의 대동소이합니다. 뭐냐면, '아 우리 아이가 로봇을 좋아하는데 공부를 뭘 시킬까요'. 그분들은 그렇게 받아들이고 계시다는 거예요. 그냥 "저 분야가 앞으로 뜰 것 같애. 저게 잘 될 것 같애. 그래서 우리 아이가 저걸 했으면 좋겠다"에요 정확하게는. 우리 아이가 좋아하는 것도 아니고, 우리 아이가 저걸 했으면 좋겠다. 그래서 우리 아이가 나중에 자라났을 때 먹고살 걱정 안 하고, 저 분야에 합류해서 무난하게 살아가면 좋겠다. 그분들의 바람은 이해합니다. 알죠. 아는데 문제는 그걸 어떻게 표현을 하시냐면, '그것을 너무 하고 싶어 하는데'. 물론 사실일 수도 있겠지만, 대개는 부모님의 희망을 반영한 얘기일 거라고 생각합니다. 문제는 너무 단순하게 받아들이신다는 거죠. 그러면 참 안타까워요. 굉장히. 왜냐면 지금 우리가 하고 있는 것도 '초학제'잖아요. 사실은 로봇이라는 게 아시겠지만, '초학제'로 불릴 만큼 종합학문이거든요. 수학하고 과학, 물론 잘해야죠. 공학자가 돼서 설계를 하거나, 소프트웨어를 만들거나, 프로그래밍 하거나 이러려면 수학, 과학 잘해야 되는 거 사실입니다. 그러나 로봇이라는 것은 사실 공학만 존재하는 건 아니거든요. 예를 들어 로봇의 언어체계를 잡으려면 언어학자가 필요해요. 그리고 로봇을 심리적으로 연구를 해서, 휴먼로봇 인터랙션 이쪽으로 연구를 하려면 심리학도 필요합니다. 그리고

한재권 법학자도 필요하죠.

엄윤설 그렇죠, 법학자도 필요하겠죠. 그리고 또 예를 들어서 로봇을 인간을 돕기 위해 가장 적절하게 적재적소에서 쓸 수 있게 하려면 디자인에 대한 연구도 들어가야 돼요. 이렇게 굉장히 종합학문인데, 이거를 너무 좁게만 받아들이려는 경향들이 있는 거 같아서 그게 너무 안타까워요 저는. 그래서 보통 그럴 때 저는 그렇게 대답을 해드려요. 좀 놀게 두시라고 아이를. 왜 그러냐면, 사실은 '좀 놀게 해주세요'라고 한다고 해서 애가 공부도 안 하고 맨날 막 잠만 자고, 게임만 하고, 물론 게임을 하다가도 천재적인 게 나올 수 있지만, 그럼에도 불구하고 소위 말해서 방종을 시키시라는 말씀이 아니라, 사람은 머릿속에 여유가 있어야 재밌는 생각도 나고 자기가 관심 있는 분야를 찾게 돼요. 아이들도 마찬가지라고 생각을 해요. 아이들에게 조금 여유시간을 주고, 이 학원에서 저 학원으로 셔틀버스 하지 마시고, 그 시간에 차라리 그 아이가 뭘 좋아하

는지를 정말 면밀하게 관찰을 하시라고 얘기를 하거든요. 그러면 '우리 아이가 수학, 과학은 못해도 언어는 너무 잘해. 말 너무 잘하고 벌써 언어에 재능이 있는 것 같아' 하고 발견하실 수 있어요. 그러면 그 아이는 언어학자가 돼서 로봇의 언어체계를 잡는데 합류할지도 몰라요. 저는 그렇게 생각해요. 그리고 애가 뭐 친구들 사이에서 인간관계 너무 좋고 심리적으로 다른 사람들에게 위안도 잘 주는 것 같고 굉장히 그쪽에 재능이 있다. 그걸 발견하실 수 있잖아요, 부모님께서. 그러면 그 아이는 정말 뛰어난 심리학 분야의 대가가 돼서 휴먼로봇인터랙션을 연구하는데 기여를 하게 될 수도 있는 거거든요. 그러니까 너무 단편적으로만 보지 않으셨으면 좋겠다는 생각을 참 많이 해요.

박상준 엄 선생님께서 로봇 관련 교육에 있어가지고 바람직한 태도를 말씀해 주신 거네요. 좋습니다.

엄윤설 문화라고 하기엔 좀 그랬나요? (웃음)

박상준 아닙니다. 중요합니다. 중요한 거죠. 그걸 좀 확산해서 일반적인 맥락에서, 계속 먼저 우선권을 드리는데, 로봇을 직접 만드시고 연구하는 분들 입장에서 볼 때, '일반인들이 로봇에 대한 이해를 이런 식으로 가져갔으면 좋겠다', 혹시 그런 바람이 있으신가요? 황 선생님께서 아까 말씀해 주신 거는 'SF를 먼저 떠올리는 건 약간 그렇다' 이런 말씀인 셈인데……, 그죠?

황희선 약간이 아니라 많이 그렇죠. 아까 말씀하신 것도 이제 걸음마하는 단계인데, 뛰는 SF를 보고 왜 그렇게 못하냐고 하는… 그런 문제가 있죠.

근데 수술 로봇을 보시면, 수술 로봇을 두 가지가 있어요. 사람이 하는 경우하고, 수술 로봇을 하는 경우와 선택을 할 수 있다면, 수술 로봇을 선택하시겠습니까?

박상준 저는 아니요.

황희선 사람을 더 믿으시는 거죠?

박상준 네.

황희선 그런데 로봇을 운용하는 주체는 사람임에도 불구하고, 지금은 로봇이란 도구일 뿐이고 사람이 운용하는 대로 움직이거든요. 수술을 하는 게 아니고. 그럼에도 불구하고 사람이 더 낫다고 생각을 하시는 건가요?

박상준 계속 제가 대답을 해야 된다고 하면, 아직은 그런 것 같아요.

(일동 웃음)

황희선 이유가 뭐신 거 같아요?

엄윤설 어, 이거 되게 재밌어지네요. (웃음)

박상준 정말 선택을 할 수 있으면, 지금 당장의 차원이죠 2016년에, 혹시 문제가 생겼을 때 제 가족이 책임을 추궁할 수 있는 여지가 그쪽에 훨씬 크다고 생각하는 거죠.

황희선 그런데 책임은 어차피, 지금도 의사가 로봇을 이용하는, 복잡한 도구일 뿐인데 — 임에도 불구하고 그렇게 생각을 하시는 거죠.

박상준 단순한 수술 도구라면, 그걸 거부하진 않죠. 가슴을 열어서 수술 받고 싶진 않죠. 그냥 로봇 팔을 이용해서 구멍만 뚫고 할 수 있다면 당연히 그렇게 하겠죠. 그러니까 사실은 이 수술의 과정에 있어서 인간의 의지가 처음부터 끝까지 적용되길 바라는 것일 뿐이에요. 제가 더 나아간 상황을 염두에 두고 답변을 드렸을 수 있어요. 그런데 저거는 있어요. 예컨대 제가 CT사진을 찍었는데 그 판독을 의사가 하는 것 하고 프로그램이 하는 것 중에 선택을 하라고 하면은 저는 의사가 하길 바라요. 확률적으로 프로그램이 더 정확하게 판독을 한다는 말을 저는 들었고, 믿어요. 맞을 거라고. 하지만 저는 의사가 판정하길 바라요. 그 말씀은 드릴 수 있어요.

황희선 그게 지금 제가 고민하는 거라고 말씀을 드리긴 좀 그렇지만, 재활로봇이 있거든요. 재활로봇이 있으면 얘는 의사 없이 자기가 사람 몸에 붙어서 이렇게 해요.

한재권 반복적인 운동을 시키는 거죠.

황희선 예, 그렇죠. 그런데 결과를 봤더니 로봇이 하는 게 좀 잘 움직이지만, 사람의 만족도나 결과나 이런 거는 사람이 해준 게 더 좋다는 거예요.

박상준 그럴 것 같아요.

황희선 그런데, 엔지니어 입장에서 보면 이 사람이 하는 것보다 더 얘가 잘 움직이거든요, 정확하게. 아주 반복적으로. 그럼에도 불구하고 사람이 더 좋다. 뭔가 있다는 거잖아요, 그 안에. 그게 뭔지를, 그게 문화라고, 사람 정서라고 생각할 수도 있겠지만 방금 말한 CT촬영이 얘가 더 정확함에도 불구하고 사람한테 가고 싶다는 거죠.

엄윤설 근데 저는 조금 다르게 생각합니다. 저보고 수술에 대해서 똑같은 질문을 하셨다면 저는 로봇 수술을 할 거 같거든요. 왜냐면 사람은 그날그날 컨디션에 영향을 받아요. 의사도 사람이기 때문에 그 전날 과음을 했으면 손이 떨릴 수도 있고, 그리고 정말 그런 일은 있으면 안 되겠지만, 수술을 하다 의사에게 심장마비가 올 수도 있는 거예요. 심근경

257

색이 올 수도 있는 거고. 그럼 저는 어떡해요! 다 지금 복개해놨는데. 그런 상황이 올 수 있기 때문에, 저는 로봇수술을 할 것 같거든요. 기계는 크게 오작동을 하지 않는 한은 오히려 손이 떨려가지고 옆에 혈관을 끊고 그런 일은 없을 거라고 생각을 하기 때문에 저는 로봇수술을 할 것 같아요.

그런데 방금 말씀하셨던 것처럼 재활운동에 로봇을 이용할 때, 이때는 사람 재활 물리치료사가 하는 게 만족도가 더 높더라. 이거는 방금 말씀하신 대로 정서적인 문제일 거라고 생각을 해요. 저희가 실제로 지금 같이 하고 있는 프로젝트가 있는데, 저희가 하고 있는 프로젝트가 약간 휴먼로봇 인터랙션(Human Robot Interaction) HRI랑 관계가 있는 거예요. 그래서 지금 심리적인 그런 논문 자료라든가 그런 거를 막 공부를 하고 있는데, 그러다 보니깐 결국은 기계가 더 정확하게 움직일지언정 그게 다가 아니더라는 거죠. 만족도라는 거는 감정의 영역이잖아요. 그러면은 인간의 감정의 영역을 충족시켜주기 위해서는 사실은 기계적인 요소만으로는 안 되는 감정적인 교류가 있어야 하는 거죠. 아이 컨택도 있을 수 있고, 음성도 있을 수 있고, 체온도 있을 수 있고, 털을 만지는 촉각도 있을 수 있고 여러 가지 오감의 영역을 모두 만족시켜서 정서적인 안정'감'을 주고… 안정'감'은 감정이라는 거죠. 그것에 의해서 만족도가 높아지는 거라고 보기 때문에, 사실은 그렇게 치면은 그런 저부터도 재활로봇에 안에 기계 들어가서 할 거냐 아니면 사람이랑 할 거냐 하면 저도 사람이랑 하겠다고 할 거 같거든요. 그거는 조금 다른 문제인 것 같아요. 똑같이 의료용 로봇이라고 하더라도, 수술 오퍼레이션을 하는 거랑 그 다음에 휴먼이랑 같이 인터랙션 하는 거랑 얘기가 다를 것 같아요.

박상준 그러니까 황 선생님 말씀하셨을 때 중요한 거는 최종적인 결과, 단순한 설문조사에서의 만족도가 아니라 재활도에서도 차이가 있다는 거잖습니까.

황희선 그렇죠.

박상준 그렇죠? 예. 선생님께서 말씀하신 거랑 똑같이. 감정 혹은 정서 이게 정말 중요한 거 같아요. 환자가 어떤 감정 상태에 있느냐 어떤 정서를 느끼느냐에 따라서 환자의 병증, 신체적인 상태의 정도가 달라질 만큼요. 연관되어 있다고 생각하는 거죠, 이게. 엄밀한 맥락의 기술적인 또는 과학적인 입장에서는 용인되지 않는 생각이겠죠. 하지만, 글쎄요, 꼭 인문학자여서가 아니라 아마 일반 시민의 입장일 수 있겠는데, 저는 그렇게 믿어요.

엄윤설 근데 실제로 논문 저희가 지금 요즘 찾아보고 있는 논문들에 의하면 실제로 그게 굉장한 영향을 끼치더라고요. 감정상태가 신체에 영향을 미치는 그 정도가 굉장히 많거든요.

황희선 근데, 한 20~30년 후가 됐어요. 로봇이 아주 익숙하다, 문화적으로 아주 익숙해. 그 상태에도 그럴까요?

엄윤설 그러면 얘기가 다를 수도 있죠. 항상 그런 게 있잖아요. 그때는 옳았으나 지금은 틀리다 이런 게 있는 것처럼.

황희선 지금 로봇 디자인이나 해봤던 게 뭔가 좀 다르다는 거잖아요. 사람하고 사람이 받아들이는데. 그러니깐

한재권 아직까지는 로봇이 인간과 감정적인 교류를 하기에는 좀 한계가 있지 않나. 그래서 그런 거 아닐까 하는 생각이 들고

엄윤설 아직 익숙하지 않으니까. 인간은 익숙하지 않은 것에 대해서

심리적으로 거부감이 있잖아요. 그렇기 때문에 그런 게 아닐까라는 생각을 하는 거죠. 근데 지금 선생님이 말씀하신 대로 정말 한 20~30년 뒤에 완전히 익숙해졌다. 그럼 얘기는 또 다를 수도 있겠죠. 지금은 그렇더라도.

박상준 그렇죠. 그러니까 앞으로 로봇기술이 좀 더 발전하고, 많이 발전하고, 우리가 주변에서 로봇을 좀 더 자주 접하게 되고 실제로 이용하게 되고 그런 상황이 분명히 오긴 할 텐데요, '그럴 때 우리가 어떤 태도를 어떤 마음가짐을 서로 갖춰야 될 것이냐' 그런 얘기로 자연스럽게 넘어왔습니다. 그 말씀을 해주시죠.

한재권 그런 의미에서 일본에서 페퍼가 쓰이기 시작한지가 한 6개월 정도 넘었는데, 일반에게 공개돼서 상점에서 세워놓고 그냥 시민들과 인터랙션 한지가 한 6개월쯤 됐는데, 저는 1년쯤 뒤에 어떻게 변할지가 되게 궁금해요. 그 일본사람들이 로봇을 대하는 태도와 워낙 이제 로봇 친밀한 나라기도 하지만, 그 친밀도와 정서가 어떻게 변했는지 이거에 대한 조사? 그런 게 좀 이루어졌으면 좋겠다라고 생각을 하고 있어요. 그래서 일본이 굉장히 좋은 모델이 아닌가. 로봇문화에 대해서 아마 굉장히 재밌는 주제가 될 것 같습니다.

지금까지 나온 결과들을 보면 두 가지 정도입니다. 하나는 집에서 페퍼를 두고 쓰는 사람들은 페퍼가 점차 창고행이 돼가고 있어요. 관심의 대상에서 멀어지고 있어요. 할 수 있는 게 굉장히 한정적이고 이러다 보니까 그것도 너무 익숙해지고 '얘 바보 같은 애' 뭐 이렇게 되는 부류인 것 같아요. 그런데 오히려 상점에서 손님들 응대하는 이런 용으로 쓰는 그런 페퍼들은 굉장히 잘 쓰이고 있어요. 그게 조금 왜 차이인지는 잘 모르겠는데, 결국에는 그 상점에 딱 들어갔는데 예상치 못한 게 로봇이 딱 있고 얘가 자기하고 막 얘기를 해줘. 대기하는 동안에. 그러면 굉장히 친밀도가 올라갔고, 그 가게에 또 가게 되는, 단골이 되는 현상이 보이는데, 그거가 왜 집에 딱 들어오면 창고로 가게 될까. 이런 것도 재밌는 심리적인 문화적인 현상인 것 같습니다. 계속 한번 보고 싶어요. 그랬을 때, 우리가 미래사회에서 로봇이 어떻게 우리 삶에 들어오고 문화가 어떻게 바뀔 건지, 이런 걸 볼 수 있는 아주 작은 뭐랄까 로제타석? 뭐 이렇게…

엄윤설 페퍼는 사실은 뭔가 물건을 들어 올린다거나 그러기에는 힘이 부족해서, 물리적 힘이 부족해서 할 수 있는 능력치가 굉장히 제한되어 있고. 고작 할 수 있는 거라고 해봐야 결국은 뭐 상점에서 커피 주문을 받는다든가 하는 식으로 대화로 처리할 수 있는 정도만 할 수 있습니다. 더구나 그 로봇이 인공지능 쪽으로 굉장히 뛰어난 것도 아니고, 그러니까 결국 페퍼를 구매해서 집에서 사용하는 소비자의 입장에서는 노출 정도가 많아지면 많아질수록 거기서 오는 피로도, 쉽게 말해 질리는 현상이 빨리 오는 거고, 그러다 보니까 비싼 장난감 취급이 되면서 창고 행이 되는 것이라고 생각합니다.

그러나 상점에 서 있는 페퍼는 얘기가 다른 것이, 고객 한 사람을 페퍼가 응대하는 시간, 즉 노출 시간이 길어봐야 5분에서 10분이기 때문에, 그러니까 노출되는 시간의 양이 다르기 때문에 그렇게 페퍼를 마주하는 사람들의 리액션이 달라지는 게 아닌가라는 생각을 하죠, 저는.

박상준 말씀하신 것을 조금 일반화해 보겠습니다. 영화가 처음 나왔을 때 사람들이 놀라서 도망갔다고 하잖습니까, 기차 들어오는 장면을 보고서. 지금은 뭐 누구도 그러지 않죠. 그런 거, 어디나 있는 문화충격인 건데, 그것이 좀 더 일상화되면, 일상화되어 가는 과정 중에서는 새로운 로봇이 나온다든가 할 때마다 사람들이 그런 충격을 받을 거예요, 분명히요, 그래도 또 익숙해지겠죠. 궁극적으로 우리가 로봇문화 이러면 또는 '앞으로 미래에는 로봇과 함께 살아야 돼'라고 말할 때는 뭔가 다른 속성 또는 인간 인성 자체의 변화가 있어야 하겠죠. 살아가는 데 어떤 다른 기준이 필요하겠죠? 이렇게 말할 수 있다 할 때, 예컨대 공교육에서 어린아이들한테 뭔가를 가르쳐야 한다면, 로봇과 공존하게 되는 상황을 위해서 어떤 걸 가르쳐야 되는 것 같으세요?

한재권 저는 하나는 있습니다. 저는 '로봇은 로봇이다'라는 거를 좀 가르칠 필요가 있다고 생각을 해요. 왜냐면 사람들이 특히 휴머노이드 로봇을 보면 거기에다 자신의 감정을 투사해서 로봇에게 인격을 부여하는 장면들을 종종 목격하거든요. 사람처럼 움직이는 것도 아니고, 사람처럼 보이려고 애쓰는 것도 아닌데 로봇에 의인화를 하고 감정을 투사해서 로봇을 막 소중하게 여겨요. 특히 내 소유의 물건이고, 나랑 또 감정 교류를 하는 것처럼 보이잖아요. 그런 상황에서 이 로봇이 누군가에 의해서 파괴가 된다거나, 또는 어떤 식으로든 피해를 보는 일이 벌어졌을 때 인간들 사이에 분쟁이 있을 수 있을 것 같거든요. 예를 들어 자기 차를 누가 쓱 긁어놓으면 막 분노지수가 엄청나게 (웃음) 치솟잖아요. 로봇은 그것보다 더한 현상을 볼 수 있을 것 같아요. 그렇기 때문에 어린 아이들일수록 로봇에 대한 교육과정이 있었으면 좋겠어요. 로봇은 로봇일 뿐이고, 사람이 먼저다. 그런 게 필요하지 않을까.

박상준 예, 알겠습니다. 김명석 선생님께서는 어떻게? 한 말씀 해주시죠.

김명석 저도 비슷한 생각입니다. 조금 다른 방식으로 표현해 볼게요. 전 미래 교육은 인간-인간 상호작용에 더욱 집중해야 한다고 생각해요. 로봇을 바라보는 우리의 관점이 다른 사람을 바라보는 우리의 관점을 지배할까 걱정입니다. 사람처럼 생긴 로봇을 바라볼 때, 우리는 그것을 구매할 수도 있고, 업그레이드할 수 있고, 폐기처분할 수 있다고 생각할 겁니다. 로봇을 바라보는 이러한 우리의 관점이 진짜 사람에게도 적용될지 몰라요. 휴머노이드와 상호작용 경험이 아주 오랫동안 누적되면 그러한 경험이 사람과 사람의 상호작용에 전염될 겁니다. 휴머노이드가 발전하면 발전할수록 그 전염 가능성은 더 높아질 겁니다. 결국 사람까지도 도구화하고 부품화하려는 현대 기술문명의 위험이 더욱 두드러지게 나타나겠죠.

사람과 사물의 올바른 관계에 대한 교육뿐만 아니라 사람과 사람의 올바른 관계에 대한 교육도 강화해야 해요. 로봇에게 일을 맡기고 남는 시간이 늘어날수록, 사람과 로봇의 상호작용 시간보다는, 사람과 사람의 상호작용 시간이 늘어나도록 애써야 해요. 우리가 사물에 대해 성찰하는 시간보다 다른 사람을 만나고 사람에 대해 성찰하는 시간을 더 가져야 해요. 사람과 로봇의 공동체를 꿈꾸기보다, 사람과 사람의 공동체를 더 돌보도록 애써야 해요. 인류가 과학기술 문명을 애써 발전시킨 것은 사람까지도 도구화하고 기계화하려고 그런 건 아니었잖아요. 우리가 갑자기 기술 발전을 중단시킬 수는 없어요. 하지만 기술 발전 중에도 사람과 사람의 상호작용이 더 늘어나는 방향으로 우리 삶을 바꾸어나갔으면 해요.

박상준 네, 그럼요.

엄윤설 저도 선생님 말씀에 굉장히 동의를 하고요, 지금 사실 제가 쓴 챕터 부분에 그런 얘기를 좀 많이 하려고 했었는데, 결국은 공교육 얘기를 하셨잖아요. 근데 요즘에 인성교육 이런 얘기하잖아요. 사실은 저는 인성교육이란 단어는 굉장히 안 좋아합니다. 인성은 교육해서 되는 게 아니거든요. (웃음) 인성을 강화하는 데 도움이 될 만한 교과목을 짤 수는 있겠지만, 인성 자체는 교육을 할 수 있는 게 아니거든요. 그런데 아무튼, 그래서 선생님 말씀하시는 대로 앞으로 교육 방향에서는 인간의 고유 영역으로 남게 될 것들을 강화할 수 있는 방향으로 교육 체계가 잡혀가야 되지 않을까라는 생각을 해요. 지금 방금 말씀하신 것처럼 감정의 교류라든가, 혹은 감정의 표현이라든가, 혹은 약자에 대한 배려라든가, 이런 것들을 강화시켜줄 수 있는 방향으로 교과목들이 짜여야 되지 않을까라는 생각을 합니다. 최소한 공교육의 영역에서는.

박상준 지금까지 나온 말씀을 정리해 보면, 로봇과 인간이 다른 존재라는 걸 아이들이 항상 의식할 수 있게 그리고 로봇-인간 인터랙션보다 사실 인간과 인간의 관계, 이게 인간사회니까요, 이게 약화되지 않게끔 사회구성원들을 교육시킬 필요가 있다는 것, 그렇게 말씀드릴 수 있을 것 같아요. 제가 글에서 쓴 한 가지가 그거였거든요. 로봇과 접촉하는 게 많아지거나 인간 활동의 어떤 특정한 것을 로봇이 대행해주게 되면, 인간이 기존에 해왔던 인간들 사이의 관계 중에 일부가 막히거나 줄거나 이렇게 될 거라고 생각을 해요. 단적으로 SNS가 우리한테 커뮤니케이션을 아주 활성화시켜줬다고 한편에선 볼 수 있지만, '실제로 인간적인 소통을 증진시켜주었는가'라고 말하면 아니라고도 볼 수 있단 말이죠. 이런 게 훨씬 더 근본적인 문제로 드러나는 게 성로봇인 거 같아요. 이거는 분명히 한편에서는 긍정적인 측면이 있을 거예요, 재활로봇이 아주 중요한 의료적인 긍정적 기능을 하는 것처럼. 그렇지만 그렇지 않은 보다 많은 경우에서는 인간관계의 소외현상을 초래하는 일들이 나타날 거라고 저는 생각이 들어요. 이러한 문제가 다른 로봇들에서도 정도는 달리 해도 분명히 있을 수 있는 건데, 그런 거를 어떻게, 인간 사회의 기존의 문화를 계속 발전시켜나가는 방법으로 우리가 조정을 하고 사람들이 올바른 태도를 갖게끔 새롭게 교육을 하고 할 것인가, 이런 게 큰 틀에서의 로봇문화라고 말할 때 우리들이 고민해야 될 거 아닌가, 이런 생각을 하고 있거든요.

시간이 이제 두 시간 가까이 됐는데, 전체적으로 한 말씀씩 하시면서 전체 이야기를 정리하는 게 좋을 것 같아요. 그래서 그동안 하고 싶었던 말씀이 있었는데 혹시 못 하셨으면 그 말씀을 해주셔도 좋고, 지금까지 이야기된 것을 나름대로 정리를 해주셔도 좋고, 그냥 간단한 소감을 해주셔도 좋을 거 같습니다. 이번엔 순서를 바꿔서 김 선생님부터 한 말씀…….

김명석 마무리 말씀할 게 없습니다. 너무 말을 많이 해서. (일동 웃음)

박상준 고맙습니다. 황 선생님?

김명석 (웃음) 의료 로봇에 대해서 말씀하세요.

황희선 이런 자리가 굉장히 어색해가지고. 엔지니어링 공부를 하면 주제가 딱 명확하니까, 뭔가 의견을 하고 하겠는데 이렇게 좀… 많이…
(웃음)

제가 생각하기에 로보틱스라는 학문은 아까 말씀하신 것처럼 여러 개가 모여서 뭔가를 해가는 새로운 분야인 것 같아요. 기존의 과거하고 다르게. 얘는 혼자 뭘 하면 안 되는 그런 거잖아요. 그래서 여러 분야의 심지어 예술 하시는 분하고도 같이 와서 이렇게 초학제라고 말씀하셨는데 같이 얘기를 나눠볼 수 있는 이런 기회가 많이 있었으면 좋겠습니다.

박상준 고맙습니다. 한재권 선생님?

한재권 사실 제가 로봇에 대한 비관적인 생각이 굉장히 많아지고 있어요. 연구를 하면 할수록 이거 하면 안 되는 거 아닐까라는 생각이 점점 많아지고 있거든요. 그럼에도 불구하고 로봇기술은 연구해야만 하는 기술이라는 생각도 동시에 강화되고 있어요. 왜냐하면 국가 대 국가, 사회 대 사회의 측면에서도 그렇고 이거는 경쟁력을 잃는 순간 우리 사회 전체가 고통 받을 수 있는 기술이구나라는 생각이 듭니다. 그렇다보니까 비관론과 의무감이 계속 마음속에서 싸우고 있어요. 그랬을 때 이 비관적인 전망을 막아줄 수 있는 거는 결국은 기술은 아닐 거라고 생각을 합니다. 결국에는 사람이 답일 거라고 생각합니다. 그래서 특히 인문학, 사람간의 관계, 또 사람을 잘 알고 사람에 대해서 연구하는 분들이 함께 고민해 주셨으면 좋겠다라는 좀 비겁한 발상을 합니다. (일동 웃음) 좀 많이, '나를 좀 이끌어 주세요', '이 사회 이렇게 되면 어떡해요' 제가 이런 얘기를 하고 다닐수록 인문학자분들이 고민을 좀 많이 해주셔서, 기술에 대한 인문학적 성찰을 해주시면 감사하겠습니다.

박상준 예, 고맙습니다.

김명석 인문학자들이 인공지능과 로봇에 대해서도 연구를 많이 해야 되겠죠.

한재권 네. (일동 웃음)

엄윤설 황 선생님 말씀하신 대로 더 자주 만나서 얘기하는 기회가 있으면 좋겠죠. 저는 사실 여기 있는 모두가 다 같은 얘기를 하는 거 같아요. 결국 핵심은 균형을 어떻게 잡을 것이냐 그게 핵심인 거 같거든요. 결국은 선생님께서 말씀하신 것처럼 '사람과 사람 사이의 단절이 올 수 있으니, 이 사람과 사람 사이의 관계를 더 강화할 수 있는 그 균형을 맞춰보잔 얘기'랑, '결국은 로봇과 인간이 공존하게 될 테고 로봇은 기술적으로 인간의 능력을 앞서나갈 거라는 게 너무나 자명하니까 우리도 그에 맞춰서 인간성을 강화할 수 있는 영역으로 나아가야 한다. 그럼으로서 우리 같이 균형을 맞춰보자'라는 얘기가 궁극적으로는 같은 방향을 향하고 있다고 생각이 듭니다. 이런 자리 마련해주셔서 감사하고, 초대해주셔서 감사합니다.

박상준 선생님들 지금 말씀을 듣자니 제가 사회자로서 약간 잘못한 거 아닌가 걱정이 조금 들었습니다. 오늘 참석하신 네 분이 과학기술 쪽하고 인문사회와 예술 쪽하고 두 분씩 반반으로 돼있는 건데요, 굳이 학제적으로 말하면요. 전체적으로 과학자분들까지도 '인간적인 또는 인문학적 관심이 중요해' 이런 말씀을 쭉 해주셔가지고, 제가 그렇게 방향을 잡아서 끌고 간 건 아니라고 저는 생각했는데 (웃음) 사회자 전공이 과학자가 아니어서 그렇게 된 건가……. 어쨌든 한편으로는 고무되고요, 한편으로는 약간 걱정을 했습니다.

김명석 그게 덕담입니다. (일동 웃음)

박상준 어쨌든 중요한 건, 선생님들 모두 말씀해주셨고 항상 이런 자리 있을 때 참석자들이 같이 공유하는 이런 생각이, 덕담일지라도 좋은 거다, 그거 같습니다. (웃음) 이렇게 전공분야가 다른 분들이 서로 모여서 '중요한 문제들은 같이 이야기 하자'라는 게 전 항상 좋거든요. 거기다가 우리가 다들 알듯이 로봇만큼은, 넓게 보자면 정말, 이미 우리 주변에 존재하고 있고, 그리고 앞으로 그 속도를 빨리 하면서 정말 우리들의 일상생활 자체에 큰 영향을 미칠 거란 말이죠. 생활 자체를 변화시킬 거기 때문에, 이런 과학기술의 산물에 대해서는 보다 많은 사람들이 각자의 입장에서 그리고 또는 공동체 구성원, 시민으로서 이야기를 자주 할 필요가 있다고 생각합니다. 우리나라에서 로봇 관련 담론들이 이미 활성화돼 있는데, 그게 좀 더 일반적인 맥락에서 초학제를 통해서 발전하는 데 있어서 오늘 자리가 조금이라도 디딤돌 혹은 마중물 역할을 할 수 있으면, 더할 나위 없이 좋은 시간을 우리가 나눴다고 생각합니다. 짧지 않은 시간 동안 말씀해주셔서 고맙습니다.

김기흥(金起興, Kim, Ki heung)

현재 포항공대 인문사회학부에서 과학기술학과 사회학을 가르치고 있다. 영국 에
딘버러 대학에서 과학기술학으로 박사를 마쳤으며 런던대학(University College
London)과 임페리얼 컬리지에서 연구를 했다. 광우병과 치매 등 충추신경질환과
감염병과 사회에 관한 연구를 해왔다. 저서로는『Social Construction of Disease』(2007),
『광우병논쟁』(2010) 등이 있다.

김명석(金明錫, Kim Myeong seok)

물리학을 공부한 다음 언어철학 및 심리철학으로 박사학위를 받았다. 경북대 기초
과학연구소, 중앙인사위원회 등에서 일했으며, 현재 국민대 교양대학에서 철학을
가르치고 있다. 후기 분석철학의 인식론과 언어철학, 언어와 사고의 기원, 자유의
지와 심신인과, 뜻 믿음 바람 행위의 종합이론, 양자역학의 존재론 해석을 주로 공
부하고 있다. 쓴 책으로는『두뇌보완계획 100』,『정치신학논고』가 있고, 쓴 논문
으로는「데이빗슨의 인식론 뒤집기」,「콰인의 평행론」,「존재에서 사유까지」,「심
적 차이는 역사적 차이」,「인식론에서 타자의 중요성」,「자연의 원리」,「두 딸 문제
와 선택 효과」,「잠자는 미인, 마침내 풀려났다」등이 있다.

김윤명(金潤命, Kim Yun myung)

소프트웨어정책연구소(SPRi) 선임연구원이다. SPRi에서 인공지능과 법, 소프트
웨어 관련 법 제도의 개선 방안 및 정책에 대해 연구하고 있다. 경희대학교에서 지
적재산권법을 전공해 박사학위를 받았다. 엠파스, 네이버, NHN 엔터테인먼트 등
에서 포털 법무 및 정책, 게임 법무 및 정책 등을 담당했다. 경희대학교 법무대학원
에서 '게임법', '인터넷과 지적재산권법', '저작권법' 등을 강의한다. 저서로는『인
공지능과 리걸 프레임, 10가지 이슈』(2016),『1인 미디어를 위한 저작권 100문
100답』(2016),『소프트웨어와 리걸 프레임, 10가지 이슈』(공저, 2016),『포털을

269

바라보는 리걸 프레임, 10대 판결』(공저, 2015), 『게임을 둘러싼 헤게모니』(2015), 『게임서비스와 법』(2014), 『저작권법 커뮤니케이션』(2014) 등이 있다. 더불어 「인공지능(로봇)의 법적 쟁점에 대한 시론적 고찰」(2016), 「발명의 컴퓨터구현 논의에 따른 특허법 개정방안」(2015), 「문화산업 진흥을 위한 법체계 연구」(2014) 등의 논문을 썼다.

김진택(金鎭澤, Kim Jin taek)

인하대학교 철학과를 졸업하고 프랑스 프랑쉬 콩테 대학에서 예술철학으로 석사, 신매체기술인문학으로 D.E.A, 파리1대학(팡테옹 소르본)에서 매체미학으로 박사학위를 받았다. 현재 포스텍 창의IT융합공학과 대우부교수로 있다. 주요논문으로는 「디지털 원격소통과 신체성의 미학적 실천」, 「공간화의 새로운 모색—Portable Architecture」 등이 있으며, 공저로 『하이브리드 포이에이시스』, 『복제』, 『사물 인터넷—사물의 미래』 등이 있으며, 저서로 『가치 디자인—HCI 확장과 융합콘텐츠』 출간을 앞두고 있다. 몸과 이미지, 미디어아트, 인문기술융합콘텐츠와 트랜스휴머니즘에 주력하며 연구와 교육 활동 중이다.

박상준(朴商濬, Park Sang Joon)

서울대 국문과에서 공부했다. 현재 포스텍 인문사회학부 교수로서 이공계 학생들에게 문학과 인문학을 가르친다. 아태이론물리센터 과학문화위원으로서 한국 창작 SF를 발전시키는 데 일조하고 있다. 대중 교양서로 『에세이 인문학』, 『꿈꾸는 리더의 인문학』을, 문학평론집으로 『문학의 숲, 그 경계의 바리에떼』와 『소설의 숲에서 문학을 생각하다』를, 연구서로 『형성기 한국 근대소설 텍스트의 시학』, 『통념과 이론』 등을 썼다.

송영민(宋泳旻, Song Young min)

연세대학교를 졸업하고 2011년 광주과학기술원 정보통신공학과에서 곤충 눈의 무반사 나노구조 모방 및 광소자 적용에 대한 연구로 박사학위를 받았다. 일리노이 대학교(UIUC) 박사 후 연구원, 부산대학교 전자공학과 조교수 생활을 거쳐 2016년 8월부터 광주과학기술원 전기전자컴퓨터공학부에서 조교수로 재직 중이다. 플렉서블 광전자 소자, 생체모방형 소자 및 로봇에 대한 연구를 하고 있다. 곤충의 겹눈 구조를 모방한 초광각 카메라에 대한 연구가 2013년 10대 과학기술 뉴스에 선정된 바 있다.

유선철(柳善鐵, Yu Son cheol)

일본 동경대에서 수중 로봇을 전공했으며, 현재 포스텍 창의IT융합공학과에서 교수로 재직 중이다. 학생들에게 로봇과 메카트로닉스를 가르치고 있고 다양한 극한 환경 로봇을 개발하고 있다. 바다에 관심이 많아서, 경북씨그랜트 센터를 운영하며, 지역의 바다에 대한 연구와 지원을 하고 있다.

엄윤설(嚴允卨, Sheal Eum)

키네틱 아티스트. 로봇디자이너이자 토이로봇 제작자로도 활동하며 숙명여자대학교에서 키네틱 아트를 가르치고 있다. 로봇공학자 한재권 박사와 함께 2010～2011년 로봇 CHARLI프로젝트에서 디자인을 담당했고, 현재는 지능형 감성로봇 EDIE를 이용한 전시공연 콘텐츠를 제작하고 있다.

이진주(李珍朱, Lee Jin joo)

로봇과 별을 드라마와 아이돌보다 좋아하는 애 엄마 과학덕후. 서울대 국어교육과를 졸업하고 같은 대학 언론정보학과에서 공부했다. 삼성전자를 시작으로 여러 직장과 직업을 전전하다 뒤늦게 언론계에 안착해 〈국회방송〉과 『중앙일보』에서 기자로 일했다. 아이 둘 낳고 동굴의 시간을 견딘 뒤에는 창업계로 뛰어들었다. '걸스로봇'이라는 소셜벤처를 통해 이공계 여자들의 이야기들을 전하며 살고 있다. 지은 책으로는 제주도에서 아이 키우는 일상을 쓴 『특별한 아이에서 행복한 아이로』(RHK, 2015), 내 마음 속의 과학스타들과 함께 지은 『소년소녀, 과학하라!』(공저, 우리학교, 2016)가 있다.

전치형(全致亨, Jeon Chihyung)

학부에서는 공학을, 대학원에서는 '과학기술과 사회(STS : Science, Technology & Society)'를 공부했다. 현재는 카이스트 과학기술정책대학원에서 STS 분야의 수업을 담당한다. 테크놀로지와 인간의 관계, 시뮬레이션과 로봇의 문화, 엔지니어링과 정치의 얽힘을 관찰하면서 연구하고 있다.

한재권(韓載權, Han Jea kweon)

버지니아공대 기계공학과에서 공부했다. 재학 당시 미국 최초의 성인형 휴머노이드 로봇 '찰리'를 설계, 제작했고 귀국 후에는 로보티즈의 수석 연구원으로 근무하면서 재난구조용 휴머노이드 로봇 '똘망'을 개발했다. '찰리'를 가지고 세계 로봇축구 대회인 로보컵(RoboCup)에 출전하여 2011년 우승했으며 '똘망'을 가지고는 세계 최대 로봇 대회였던 다르파 로보틱스 챌린지(DARPA Robotics Challenge)에 출전하여 결선까지 올라가 세계 최고의 로봇들과 경기를 치루었다. 현재는 한양대 융합시스템학과 산학협력중점 교수로 근무하면서 로봇공학과 학생들을 가르치고 있고 재난구조용 로봇, 인간 교감 로봇 등 각종 로봇을 연구 개발하고 있다. 저서로는 『로봇정신』이 있다.

황희선(黃熙善, Hwang hee seon)

포항공대 기계공학과에서 공부했다. 현재 한국로봇융합연구원의 책임연구원으로 의료 로봇 분야 연구개발을 하고 있다. 동역학과 제어이론을 기반으로 로봇에 대한 연구를 하고 있으며 특히 재활로봇과 수술 로봇 연구에 집중하고 있다.

그림 출처

송영민

<그림 1> Mary Ann Liebert, Inc. publishers, USA(http://online.liebertpub.com/toc/soro/1/1)

<그림 2> Harvard University, USA(http://gmwgroup.harvard.edu/research/index.php?page=23)

<그림 3> Marline Biological Laboratory, USA(http://www.mbl.edu/bell/current-faculty/hanlon/skin-u
ltrastructure-neurobiology)

<그림 4> Wyss Institute at Harvard, USA(http://fortune.com/2016/07/09/harvard-engineer-unveils-r
obotic-stingray-powered-by-rat-muscle-tissue)

황희선

<그림 1> http://www.cs.cmu.edu/~staszel/stuff/robothalloffame2007/~previous_inductees/Unimate

<그림 2> http://www.robotics.org/joseph-engelberger/unimate.cfm

<그림 3> Y. S. Kwoh, J. Hou, E. A. Jonckheere and S. Hayati, "A robot with improved absolute posit-
ioning accuracy for CT guided stereotactic brain surgery," in *IEEE Transactions on Biomedi-
cal Engineering*, vol. 35, no. 2, Feb. 1988.

<그림 4> http://www.robodoc.com/professionals.html

<그림 5> http://alphamanlee.tistory.com/entry/슬관절무릎인공관절-수술-과정-수술은-어떻게-하는것
일까

<그림 6> http://www.centu.co.kr/03_medi/02_02.asp

<그림 7> Barrera, O. Andres, and H. Haider. "Direct Navigation of Surgical Instrumentation." In *Com-
puter-Assisted Musculoskeletal Surgery*, Springer International Publishing, 2016.

<그림 8> Steen, Alexander, and Marcus Widegren. "3D Visualization for Pre-operative Planning of
Orthopedic Surgery." SIGRAD, 2013.

<그림 9> Song, Eun Kyoo, and Jong Keun Seon. Computer Assisted Orthopedic Surgery in TKA.
INTECH Open Access Publisher, 2012.

<그림 10> http://melakafertility.com/laparoscopy.shtml

<그림 11> http://jimtsutsui.files.wordpress.com/2011/05/davinci_surgical_system.jpg

<그림 12> https://www.martinhealth.org/helping-hands

<그림 13, 14> Leonard, Simon, Kyle L. Wu, Yonjae Kim, Axel Krieger, and Peter CW Kim. "Smart tissue
anastomosis robot (STAR): A vision-guided robotics system for laparoscopic suturing." *IEEE
Transactions on Biomedical Engineering* 1, no. 4, 2014.

<그림 15> http://www.vision-systems.com/articles/print/volume-16/issue-11/features/lightfield-c
amera-tackles-high-speed-flow-measurements.html

<그림 16> Edward H. Adelson and John Y.A.Wang,"Single lens stereo with a plentoptic camera," IEEE

273

Transactions on pattern analysis and machine intelligence, 14(2), 1992.

<그림 17> Ren Ng, Marc Levoy, Mathieu Bredif, Gene Duval, Mark Horowitz, and Pat Hanrahan, "Light Field Photography with a hand-held plenoptic camera," Stanford Tech Report CTSR 2005-02.

<그림 18> http://www.vision-systems.com/articles/print/volume-16/issue-11/features/lightfield-camera-tackles-high-speed-flow-measurements.html

<그림 19> http://photondetector.com/blog/2005/12/25/digitally-refocusable-photographs/

<그림 20> http://namaste919.com/nearinfraredlight.html

<그림 21> S. Leonard, A. Shademan, Y. Kim, A. Krieger and P. C. W. Kim, "Smart Tissue Anastomosis Robot (STAR): Accuracy evaluation for supervisory suturing using near-infrared fluorescent markers," 2014 IEEE International Conference on Robotics and Automation (ICRA), Hong Kong, 2014.

유선철

<그림 1> 포스텍 극한환경 로봇연구실 제공

<그림 2> 포스텍 극한환경 로봇연구실 제공

전치형

<그림 1> 필자

<그림 2> 필자

<그림 3> 한국기원(www.baduk.or.kr)

<그림 4> 『시사IN』(http://www.sisain.co.kr/?mod=cover&act=coverView&idxno=430&code=8&category=E&year=&page=4), 『한겨레21』(http://h21.hani.co.kr/arti/HO/1102.html)

<그림 5> 필자

김기흥

<그림 1> https://www.yahoo.com/news/amy-purdy-danced-in-a-3-d-printed-dress-during-rio-205258494.html

<그림 2> http://thegear.co.kr/13300

박상준

<그림 1> http://www.currybet.net/cbet_blog/2011/07/rebooting-rossums-universal-robots.php

<그림 2> http://www.pressian.com/news/article.html?no=111601

<그림 3> http://magazine2.movie.daum.net/movie/4909?fb_comment_id=1042063769210604_1064399196977061#f1402616b64beb

<그림 4> http://timetree.zum.com/24502/24698

<그림 5> http://blog.naver.com/wjdrudduf1/220337262123

<그림 6> http://egloos.zum.com/cpeuny/v/3075900

<그림 7> http://blog.naver.com/unisite/120106473454

엄윤설

<그림 1> 필자